向未来生长

深度学习课堂教学改革的研究与实践

郝晓丽/主编

天津社会科学院出版社

图书在版编目（ＣＩＰ）数据

向未来生长 ： 深度学习课堂教学改革的研究与实践 ／
郝晓丽主编. -- 天津 ： 天津社会科学院出版社，2024.4
ISBN 978-7-5563-0969-6

Ⅰ．①向… Ⅱ．①郝… Ⅲ．①课堂教学－教学改革－
中学 Ⅳ．①G632.421

中国国家版本馆CIP数据核字(2024)第079859号

向未来生长：深度学习课堂教学改革的研究与实践
XIANG WEILAI SHENGZHANG:SHENDU XUEXI KETANG JIAOXUE GAIGE DE YANJIU YU SHIJIAN

选题策划：柳　晔
责任编辑：柳　晔
责任校对：王　丽
装帧设计：高馨月
出版发行：天津社会科学院出版社
地　　址：天津市南开区迎水道 7 号
邮　　编：300191
电　　话：（022）23360165
印　　刷：北京盛通印刷股份有限公司
开　　本：787×1092　　1/16
印　　张：24
字　　数：330 千字
版　　次：2024 年 4 月第 1 版　　2024 年 4 月第 1 次印刷
定　　价：88.00 元

版权所有　翻印必究

序　言

　　人民教育家陶行知先生早在百年前就开始了对乡村教育实践的研究，他在《中国乡村教育之改造》中指出："中国乡村教育走错了路！因为他教人离开乡下向城里跑，……他教人羡慕奢华，看不起务农！他还告诫乡村教师：务必在错误的道路上悬崖勒马，另找出路！"20世纪中期，苏联教育家苏霍姆林斯基也用他的乡村办学实验，为我们提供了"培养全面和谐幸福发展的人"的实践与创新参考。当代"新教育"的倡导者朱永新教授针对乡村学校教育提出："决不能把'跳出农门、逃离农村'作为唯一追求和教育的方向。"在新型城镇化和城乡融合发展的背景下，乡村教育应该走怎样的发展道路，是许多乡村教育工作者思考的问题。在首都教育现代化进程中，乡村学校不应该是旁观者和局外人。没有乡村教育的现代化就没有首都教育的现代化。

　　北京市怀柔区桥梓中学于1958年建校，在60多年的发展历程中，经历了多种办学模式的调整和多所学校的合并，历任干部教师共同努力，一直都在追寻"好"教育的内核品质。进入新时代，乡村学校、乡村师生应该追求什么，才是对未来教育负责任的行动，是移植城市学校的办学模式，还是因地制宜探索一条自己的发展道路。乡村振兴离不开乡村教育的振兴，郝晓丽校长及其团队直面当前乡村学校发展面临的困境和挑战，从学校自身出发，矢志做一个务实的行动者，探索出一条契合乡村学校实际的发展道路。他们积极探讨乡村"好"教育的标准、路径、策略，他们认为"好"的乡村教育应该给农村的孩子以眼界，让他们有一个积极的人生态度，给予他们正向的激励，不断践行做人的道理。通过丰富和改造学校教育的内容和教学的方式，让学生保持思考，学习文化知识，激发好奇心，最终具有建设家乡的理想与本领。

基于对乡村办学的思考，学校认真分析教师发展状况和学生成长表现，明确学校发展的愿景使命和价值追求，把"师生成长的学园、梦想起飞的乐园、幸福生活的家园"作为办学方向，把"为师生成长和幸福生活而教育"作为办学理念，把"培养有幸福成长能力的时代新人"作为育人目标，关注教育教学过程，重塑"爱满天下"的师生关系，从学生的生活实际出发，用"深度学习"课堂教学改革，唤醒教师的成长型思维，理清"以自然为师，向未来生长"的课程文化，让师生的教育生活充满希望与力量。

教育不缺乏理念，缺的是专业而务实的行动。2020 年开始，学校以"人的成长"为本质追求，围绕组织结构、空间改造、教育者提升、学习内容、方式变革、教育评价探索等方面，点亮教育七灯，开启了一系列以"深度学习"为核心的乡村教育教学改革行动研究。课堂教学改革不仅赋能乡村教师专业化发展，更有效地促进学生多元化成长，实现了"为师生成长和幸福生活而教育"的办学理念，也给同类乡村学校教育教学改革提供了借鉴，期待学校未来再发展！

北京市怀柔区教育委员会主任

徐志芳

2024 年 5 月

目 录

序 编 行稳致远,书写教改新篇章

第一编 砥砺深耕,夯实教研一体化

第二编　潜心育人，教学设计共创新

第三编 减负增效,优化作业促发展

序 编　行稳致远，
书写教改新篇章

深化课程改革一

乡村学校"深度学习"教学改革的实践探索

郝晓丽

　　为贯彻落实党的教育方针和落实立德树人根本任务，各级各类学校都将深化教育改革作为发展的主要途径。《北京市"十四五"教育改革和发展规划（2021—2025年）》中特别强调："要切实提升农村教育水平，支持乡村小规模和乡镇寄宿制学校发展……支持乡村学校通过因地制宜、内外兼修等措施，激发发展活力，努力打造一批时代特色鲜明的美丽乡村学校……促进义务教育均衡发展。"要着力培养学生的核心品格和关键能力，探索适应新场景的教学方式。加强对学习认知和学习行为规律的研究……注重启发式、互动式、探究式教学，推动教育教学方式由"以教师为中心"向"以学生为中心"的转变，促进学生自主有效学习。这无疑给乡村学校的教育教学改革之路注入了新的动力。

　　北京市怀柔区桥梓中学作为一所乡村初中学校，秉承"为师生成长和幸福生活而教育"的办学理念，以"培养有幸福成长能力的时代新人"为育人目标。从2019年开始，学校深入贯彻落实北京市基础教育课程与教学改革工作精神，聚焦"深度学习"，在其基本理论框架下，充分发挥教师作为引领者、激发者和唤醒者的角色，将学生核心素养的培育落到学科课堂教学过程当中。在课堂教学改革研究与实践中，学校以教师专业素养提升为前提，以学生核心素养培育为目标，开展课堂教学研究，探讨学生的学习路径,将学科素养落地与学生素养培育对接,实现学生的深度学习。

一、深刻领会深度学习理念,价值引领思维,为改革 提供理论依据

深度学习是与机械记忆等"浅表学习"相对而言的教育理论,1976 年,美国学者马顿和萨尔约在《学习的本质区别:结果和过程》中明确提出了表层学习和深层学习的概念,这是教育领域首次明确提出深度学习的概念。2006 年,学习科学研究的集大成者《剑桥学习科学手册》第 1 版发行,对"学习"的原理、"深度"的学习意味着什么、如何设计学习环境以促进学生深度和高效学习进行了系统综述。

我国学者对深度学习的研究集中在近十几年间。2005 年,上海师范大学黎加厚教授在《促进学生深度学习》一书中率先介绍了深度学习研究成果。此后,钟启泉、郭元祥、郭华、田慧生、崔允漷等学者纷纷启动相关的研究项目,并对深度学习概念进行了本土化阐释。深度学习是在教师引领下,学生围绕具有挑战性的学习主题,全身心积极参与、体验成功、获得发展的有意义的学习过程。这既是教师的教学思想、教学理念,也是学生的学习方式,是培育学生核心素养和提高课堂教学质量的基本路径。

通过对学校大量的课堂观察和听课、评课,我们发现:乡村学校的常态课堂教学中还存在着教师凭经验教学、学生主体地位不凸显、机械化思维训练严重、学科教学重教材、教学浅表化等现象。我们经过广泛调研、深入分析乡村学校教学管理及师生状态发现,学校教育教学理念滞后、学校教育评价以分数为重;乡村教师教学思维固化、观念传统,对教学内容的挖掘能力欠缺;乡村学生见识少、学习内在动力不足是乡村学校课堂教学存在的主要问题。

21 世纪中国学生核心素养倡导学校教育要坚持全面发展、育人为本,面向全体学生、因材施教,聚焦核心素养、面向未来,加强课程综合、注重关

联，变革育人方式、突出实践，这也成为新课程、新课标的重要原则。综合乡村教育发展需求，2020 年我们明确了以课堂教学方式变革推动学生全面发展，进而促进乡村学校教育内涵发展的教改之路。

教育理念、教师思维是制约乡村学校发展的重要因素。紧紧抓住这一关键问题，学校组织教学骨干团队成立学习共同体，用成长性思维训练和深度学习教学理论为教师赋能。成长性思维是一种以智力可塑为核心理念的系统的思维模式，我们坚信智力、能力都是可以通过努力学习和练习得到提高，这对于转变乡村教师原有的固定思维具有重要的价值和意义。在主要干部的带领下，青年教师和骨干教师成为学校成长性思维的学习者和践行者，大家共同读书、学习、交流、分享，为深度学习教学改革提供了思维支撑。

二、深入研究项目驱动任务，团队聚智设计，为课堂实践提供专业支持

聚焦深度学习理论，对接课堂教学改革，我们选择深度学习研究的权威专家之一郭华教授的研究成果，以及威金斯的追求理解为先的教学设计模式，作为教师赋能的理论学习支撑，通过专家指导、学科研读、外出学习、交流分享等方式对深度学习的基本理念、理论体系有了较为全面的了解。

基础教育教学改革的最大困难就是把新的理念转化为课堂行动，改革的关键是如何在实践层面落地。为了引领教师将理论学习的成果落实到学校教学改革实践工作中，课改启动之初，学校在校长与教学副校长的带领下，组建深度学习课堂教学改革团队，提出进行"深度学习"的整体改革，动员所有教研组、备课组以项目为驱动，推进任务，尝试将理论学习的成果进行课堂转化。以大单元教学设计、教师有效提问、小组合作学习、基于学情的学习目标的确定、真实情境下的单元教学目标与课时教学的关系、课时教学活动的设计与实施等项目为纽带，在城乡手拉手学校——北京市海

淀区教师进修学校附属实验学校的带领帮助下，学校若干学科组，尤其是生物、道德与法治、语文、物理、化学等学科，组织团队成员参与读书、研讨，学科教师拓宽了视野，单元教学设计理念及教学活动设计能力均有所提升。

深度学习课堂教学改革实践，从研究单元教学到聚焦学情再到确立学习目标，课改的过程也是从"教"到"学"的方式转变过程。老师们经历理论研究、团队研讨、设计教学内容课堂呈现，最终让我们看到了一线课堂的真实转变。张春丽、郭津聿、陈美奇、于宏丽、彭晓艳等老师利用多种手段开展学情调研，让我们看到学生的认知反馈，颠覆了原有的经验。邢桂英老师的多角度测量"雁栖塔"、鲍晶杰老师的"英文社团招募"与学生的现实紧密相连；刘晓婷老师的"自制酸奶"充满了生活的趣味；张建英、贾娟老师的"美丽桥中的折页设计"让校园景观成为语文学习中的元素；马莹老师创设真实情境，组织学生学习"切割山峰画等高线"的活动，还有尤凤林、苗丽红等老师基于目标的课堂小结等很多优质课都体现出学校对学科知识的结构化梳理和对学生学科能力的培养，有些课堂上学生的能力已经迁移到能够解决生活中具体的问题，而这正是我们要培养学生的关键能力。

三、深层聚焦教学方式变革，多元智能开发，为未来的人才培养探路

"究竟什么是有价值的教育内容？怎样做出顺应时代的选择？"是时代进步留给人类亘古不变的课题，也是教育者不断追寻的方向。在深度学习课堂改革实践的过程中我们意识到知识并非越多越好！用进废退的道理也让我们更加关注在有限的时间里，要选择哪些知识进行教学，才不会浪费生命和资源。在学科工作坊研讨中，我们欣喜地看到，老师们大都选择具有生活价值的知识内容和能够在某些场合实际运用的知识，他们深度研究未来社会发展趋势和学生的成长特点，重视学习内容与生活的相关性，

注重挖掘知识内涵,锻炼深度思维,关注与生活相关的软知识,为学生的未来成长重构学校课程,通过师生的创造性活动,为学生提供适应未来发展的核心素养。

未来世界将在我们面前不断涌现,怎样将教育最具生长活力的"教"与"学"对接融通?广大教师躬身入局,不断深入探索有意义的方法。学生核心素养最终落地的重要环节是"教"与"学"的对接。教师基于学生对学习内容的理解,进行逆向课堂教学设计,最终实现"为理解而教"。各学科教师们面对不同学科的知识重构,以培育学科核心素养为终极目标,在结构化的知识框架下,选择具有代表性的部分,进行大单元教学设计,将典型知识作为突破口,组织课堂教学活动,通过学生对知识的提问、讨论,实现深度学习的认知迭代。最终教师将习得的学科关键能力和必备品格,转化到综合领域灵活运用。

在深度学习课堂教学改革的进程中,我们感受到,学生的好奇心是打开未知世界的钥匙。以前追求标准答案的"教"与"学",磨灭了师生对知识的探究热情。于是在教学改进工作中,我们倡导以学生为出发点,建构重视思维培养的创生型课堂。鼓励教师在课堂教学活动组织的过程中,选择有价值的教学内容,以开放性问题的提出和分析,启发思考、鼓舞质疑、锻炼批判性思维,从而使学生在学习的过程中,获得闯荡未知世界的激情与力量。经典的苏格拉底式问题链,为我们提供了实现全局性理解的参考,同时也提供了发现问题、提出问题的样例。

面对日常生活中的困惑,教师和学生经常开展深度讨论,以寻求解决问题的途径。比如,针对"成长型思维训练"组织的青年教师阅读分享活动,就是基于现实中青年教师的教育理念困惑,而组织的学习讨论活动。我们通过参与者对同一内容的阅读、理解与反思,形成不同视角的概念重构,然后结合不同个体的实践经验,在团队中分享收获和感悟,帮助学习者达成"成长型思维"这一教育理念的全局性理解。

未来教育倡导通过项目式的合作体验,跨学科的融会贯通,师生学习共同体的建立，共同实现学习创造力的提升。我们的课堂教学改革之路将继续沿着以学生的学习为中心，让学习的历程充满乐趣，用真实有效的课堂样态在乡村学校扎根生长，成为未来乡村建设的重要力量。

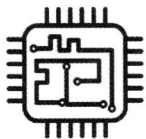

深化课程改革二

改革课堂教学　助推师生成长
——课堂教学改革实施路径

高春丽

2019 年 6 月 23 日中共中央、国务院《关于深化教育教学改革全面提高义务教育质量的意见》指出要强化课堂主阵地作用,切实提高课堂教学质量。2021 年 9 月,北京市教育委员会发布《北京市"十四五"时期教育改革和发展规划(2021—2025 年)》中特别强调要着力培养学生的核心品格和关键能力,探索适应新场景的教学方式。要加强对学习认知和学习行为规律的研究,注重启发式、互动式、探究式教学,推动教育教学方式由"以教师为中心"向"以学生为中心"的转变,促进学生自主有效学习。

义务教育课程规定了教育目标、教育内容和教学基本要求,在立德树人中发挥着关键作用。2023 年 5 月教育部办公厅印发《基础教育课程教学改革深化行动方案》要求:"学校以促进学生全面而有个性地发展、健康成长为目标,高质量落实国家课程,建设校本课程,将课程理念、原则要求转化为具体的育人实践活动,构建体现学校办学特色的课程育人体系,注重持续优化"。三年来,桥梓中学秉承"为师生成长和幸福生活而教育"的办学理念,在"双减"背景下聚焦"深度学习",改革课堂教学,助推教师成长,促进学生全面而富有个性地发展。

一、深研理论，整体规划课堂改革

2019 年 10 月，学校以青年教师、区级骨干教师和备课组长先行学科改进，20 多名青年教师先后组织了十余次成长型思维训练分享活动，在活动中，青年教师结合书籍反思自己的工作和生活，畅谈自己对于教育的理解和新的领悟，感染身边的中青年教师。学校为全体教师甄选推荐教改丛书，鼓励所有教师主动学习，积极改变，自我超越，在持续的反思中感受成长的幸福。

2020 年 9 月，学校多次组织骨干教师、青年教师、教研组长和备课组长共同研讨，解读大单元备课的理念，通过反复打磨，修改了学校教学设计框架，升级教案本，以此引领教研组、备课组聚焦学生为学习主体，开展深度备课。2020 年 10 月，学校组织中青年骨干教师积极参与全国教师专业化发展论坛活动，扩展教师的专业视野，积极联系海淀区教师进修附属实验学校，实地学习大单元备课的实践策略。在收获满满的三天探讨和学习之后，开展校内分享活动。有了真实的体验和实地考察，任课教师对课改有了全新的认识。学校举行备课组长大单元说课和任课教师大单元课时设计基本功比赛，课堂上学生以小组活动的方式，讨论分享，深度学习初步显现。12 月 10 日北京教育科学研究院基础教育教学研究中心来学校视察指导，对以学生为中心的课堂改革给予了肯定和建议，坚定了学校三年课堂改革的步伐。

二、团队协作，优化课堂评价标准

核心素养—课程标准—单元设计—课时计划—课堂展示—课后评价，是环环相扣的教师教育教学活动的基本环节。其中，基于核心素养的单元设计是撬动课堂转型的一个支点，而课堂展示则是师生教与学活动的重心所在，是将素养目标下的单元设计落实到学生个体的锚点。

在学校大单元备课活动引领下，依据"重学科团队建设"的原则，学科备课组共研学生学习方式的变革以及发展路径，激活思想，在实践中检验大单元备课的历程与收获。在反复研读课标、课堂实践论证，学校收集备课组对于改进课堂的建议，根据深度学习的基本要求制定《桥梓中学创生课堂教学评价表》1.0版、2.0版、3.0版。评价标准从最初的关注课堂中教师的讲到关注学生的学、从关注课堂的活动时间到关注真实互动的呈现、从关注课堂检测结果到关注可测量的课堂过程，每一个小的改进都是力求落实立德树人根本任务，优化学校育人蓝图，践行"以自然为师，向未来生长"的教育理念，实现师生幸福成长。

三、实践场景，引入多元教学策略

如何让学习成为一件富有吸引力的事情，让学生全身心投入有思想、有感情、有创造力的活动中，并促使教师不断思考、不断探索，这是我们首先要解决的问题。学校成立"小组合作项目组"，鼓励入项教师尝试进行小组合作的学习模式，以及小师父带徒弟的学习小组等，给予学生充分的信任，让其展现自信，带动伙伴共同讨论，质疑、反思、互助。

学校还同时成立"有效题目项目组"和"逆向设计项目组"，鼓励"有效题目项目组"教师共同探讨如何进行有效提问，在课堂上如何引领学生解决实际问题，如何在课堂上呈现出思维的深度。在"逆向设计项目组"，入项教师面对新的理论共同学习分享，他们联系自身课堂实际情况进行思想的碰撞，在实践中不断改变自己的教学节奏和教学方式，将理论的解读付诸于真正的教学，在可视化的学习活动中循证出新，提升师生学习能力。

四、融合技术，提升教学精准施策

为了加快教改节奏，尽快提升课堂效率，学校积极寻求科技的力量赋能教师、赋能课堂。疫情期间，学校引进互动方式丰富的 ClassIn 技术手段，最大限度提升线上课堂的吸引力和课堂有效性。恢复线下课堂后，学校积极申请信息技术试点校项目，开展 AI 技术在普通教室进行的人机对话式教学应用的实践经验，在课堂场景、早读场景下，进行大声朗读，通过及时口语评测反馈，激发学习兴趣，提升学生英语朗读水平。语文教师根据畅言智慧课堂提供的海量优质教学资源，与教材同步进行美文大声朗读，在晨读时间、初一阅读时间开展朗诵、表演等主题活动，增强学生自信心，提升语文阅读和朗读能力。

将信息技术与课堂教学深度融合，精准分析数据，运用数据是关键，学校与科大讯飞公司合作，利用信息技术实现对学生阶段性学习的数据采集，探索精准数据反馈指导教学改进。与翼鸥 EEO 深入合作，利用 ClassIn 平台，对学生表现性数据进行收集分析，促进教师数据分析和数据处理能力，以数据诊断优化教师教学设计、学生活动设计、教学策略，提高课堂教学效率。第二轮课堂改革开启后，学校将借助北京市统筹主城区与乡镇义务教育学校"手拉手"结对帮扶项目，与北京市海淀区教师进修学校附属实验学校开展线上"双师"教学研究，同学科教师将共同线上研讨，同备一堂课，拓展资源、整合资源，快速提升教学研讨和教学实践的能力，提升教学有效性。

五、育人育智，建立系统反馈机制

根据发布的怀柔区教育委员会《进一步规范中小学教育教学秩序，提高课堂教学质量的实施方案》，学校结合实际，课程教学中严格做好各项工作的落实和管理，健全课堂教学反馈机制。

学校依托备课组推行校本作业，提高作业反馈有效性。以学情为依据控制难易程度，从课堂学习实际出发，设计有梯度的作业，在每个课时教学中，为学生的真实学情反馈提供菜单作业，用"70%的基础过关+20%的能力提升+10%的拓展挑战"作业设计模式，联系学生实际生活，设计创造性、趣味性、生活化的学科作业，反馈学生对单元知识的掌握、理解和迁移。

设计可选择的作业任务反馈课堂教学效果，运用"问卷星"进行学生评价课堂教学情况的方式，由课程教学中心负责作业管理方案制定及监督检查，年级组长统筹安排及规划各学科作业，教研组长和备课组长监督学科作业布置及质量，课程教学中心每周进行三次作业布置和学生完成作业情况抽查，对存在的作业不及时公示及填写时间不完整现象进行反馈，督促及时改正，促进"减负"工作的扎实落地。

以人为本，生活教育，就是要把教与学当作一件幸福的事来做，就是"幸福地教，幸福地学"，创设"幸福课堂"。在充满善意和人性的课堂中，师生共同感受学习的乐趣和生命的意义，相互激励成长。在课改之路上，桥中人将更加团结、凝聚智慧、创新突破，为实现师生成长和幸福生活而教育！

数字化新模式一

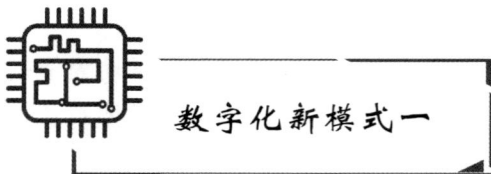

基于 PBL 教学模式的初中地理教学设计
——以"东南亚"一节为例

尤凤林　　马莹

《义务教育地理课程标准（2022 版）》强调培养学生的地理核心素养，提高学生区域认知能力。既从空间—区域的视角认识地理环境及人地关系的思维方式和能力，使学生认识到人类生存的地理环境复杂多样，认识不同的区域既各有特色，又相互联系，增强热爱家乡的情感和国家认同感，增进对世界的理解。PBL（Problem-Based-Learning）译为"基于问题的学习"，获得学科核心知识的同时促进深度理解，面向真实情境与实际问题，提高分析问题和解决问题的能力，从而培养自主学习能力与创新能力。因此，PBL 教学模式与教育改革的新要求不谋而合。

一、PBL 教学模式

PBL 教学模式以基本问题为驱动，旨在提高学生对问题的深度思考，激发学生的高阶思维。基本问题的设计可以依据地理学科的知识层面，也可以基于元认知和反思性问题。基本问题是开放性的，答案不唯一，它具有能激发学生深度思考、调动高阶思维、可持续进行深入探究、指向学科大概念、可迁移的重要观点等特征。

一个单元或一个课时利用1至2个基本问题驱动,在教学过程中启发性、导向型、引导型问题也必不可少。教师利用启发性问题可以激发学生兴趣,利用导向型问题进行学生自我检查,利用引导型问题可以指向某一个话题。审视一个合格基本问题可从以下四个角度进行思考:学习者能否进行富有成效探究? 能否激发反思和深入研讨问题? 能否对重要事件进行深入思考? 能否激发讨论甚至辩论?

PBL教学模式的使用过程可分为以下四个步骤:

步骤1:提出一个问题,用于激发探究。教师提前根据章节内容和关联,设计问题,激发学生的深度思考,指向学科的大概念。

步骤2:引出不同回答,并进行解答。教师可以提供正反两个方面的证据,引出学生对问题的不同回答,教师组织对学生的回答进行分析。

步骤3:提出并探讨新的想法。引入相关的新的信息与观点,对结果或表现进行深入探究,使得讨论不断向更深层次发展,激发学生对事物本质和核心观念的认知。

步骤4:到达暂时的终点。研讨暂时告一段落,教师对学生个体探究回答进行评价。PBL问题导向的教学模式,能够引导学生深度思考、理解和探究,从而提高解决问题的能力,养成深度思考的习惯,在理解的基础上,提高学生的思维能力。

二、基于 PBL 模式的教学设计

(一)教学内容分析

本课例选自人教版七年级下册第七章"我们临近的国家和地区"中第二节"东南亚",2022版《义务教育地理课程标准》对本节内容的要求如下:"①运用地图和相关资料,描述某地区的地理位置,简要归纳自然地理特征,说明该特征对当地人们生产生活的影响。②结合实例,说明某地区发展旅游业的优势。"

本节内容属于"认识区域"主题下"认识地区"这一空间尺度区域地理学习的开篇,在世界地理学习中具有承上启下的作用。本节内容一方面将上一章"我们生活的大洲——亚洲"中学习的概括区域自然环境特征方法运用于新的区域中,同时又为后续地区尺度、国家尺度和中国分区等区域地理的学习提供了基本思路和策略。

本节内容共分为 2 课时,以东南亚旅行为情境线索,设计了"准备什么物品""怎么去""去哪儿玩""吃什么""住哪儿"等关键问题,给予学生充足的图文资料,通过小组讨论、自主学习以及导学案框架图引领等方式,帮助学生建构自然环境与人类活动之间的关系,提升学生图文资料分析能力和解决实际问题的能力,培育区域认知、综合思维、人地协调等核心素养。

(二)教学目标

运用地图和相关资料,找出东南亚的位置、主要国家及首都,说出其地理位置的特点和重要性。运用图文资料概括东南亚地区自然环境特征及其对当地生产生活的影响。能够结合地图和相关资料,分析说明东南亚地区发展旅游业的优势。

(三)教学过程

本节教学内容的核心问题:自然环境与人类活动的关系。

课时 1

【新课导入】出示 2014 年至 2019 年中国居民出境人数及增速图、我国公民出境游热门目的地国家 Top10(2019)图。

【过渡】为什么东南亚成为我国公民出境游热门目的地呢?这节课我们一起开展一次东南亚之旅,一探究竟。

设计意图:引入学习情境,激发学生好奇心,引入学习主题。

问题一:去东南亚旅行我们要带哪些衣物呢?

【布置任务 1】出示东南亚地形图及泰国首都曼谷、马来西亚首都吉隆坡的气候资料,小组讨论去东南亚旅行要准备的物品,并结合地图说明理由。

【小结】东南亚地区的地理位置及范围,介绍马六甲海峡。

【小结】东南亚地区气候特征。

【总结提升】区域的地理位置→气候特征→人类生活

设计意图:从实际问题出发,给予学生充足图文资料,提升学生地图分析阅读及解决实际问题的能力。

问题二:怎么去?

【出示】北京—东南亚相关国家航班、时长等信息。

问题三:在东南亚旅行去哪儿玩? 玩什么?

行程 1:湄公河游轮行。

【布置任务 2】小组合作学习。

(1)阅读图文资料,填写框架图并将中南半岛地形、气候特征与相关联的河流特征连线。

(2)绘制地形、气候与河流三者之间关系图。

【讲授】中南半岛地形特征:山河相间、南北纵列。

【介绍】中南半岛国家著名景点:如泰国芭堤雅风光、越南下龙湾、柬埔寨吴哥窟等。

行程 2:印尼火山之旅。

【介绍】印度尼西亚著名火山。

【学生活动】阅读世界六大板块分布示意图及世界主要火山、地震分布图,解释印度尼西亚多火山原因。

行程 3:苏拉威西岛丛林漂流。

【布置任务 3】结合教材 22 页地图,说明苏拉威西岛地形、气候对河流的影响。

【介绍】马来群岛著名景点。

设计意图：通过欣赏东南亚地区旖旎的自然风光，让学生学会探究某一区域独特的自然环境特征，提升学生图文分析阅读能力，培养区域认知、综合思维核心素养。

课时 2

问题四：去东南亚能品尝到哪些特色美食？

【介绍】东南亚地区特色美食。

【布置任务4】阅读东南亚地形图、曼谷和吉隆坡气温曲线降水量柱状图等资料，完成框架图。

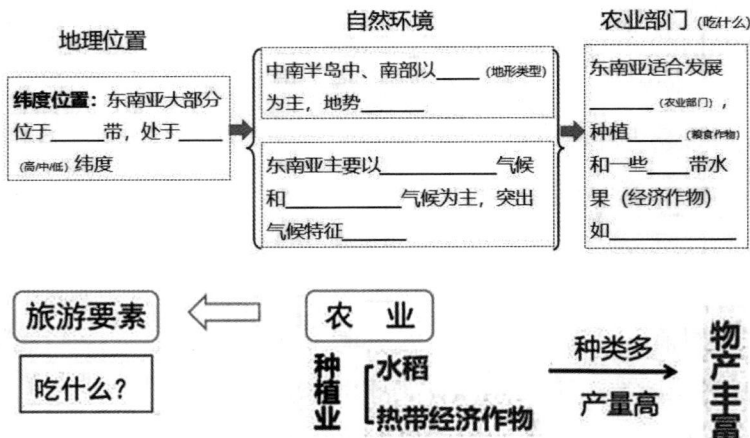

【总结提升】

设计意图：一个地区的特色饮食与当地的自然环境关系密切，本环节借助导学案引领建立农业与饮食、自然环境的联系，培育学生的综合思维、人地协调等核心素养。

问题五：住哪儿？

【展示】东南亚特色酒店及民居图片。

【布置任务5】阅读教材26页，完成导学案。

（1）找出表格中国家的首都及附近大河名称；

（2）读图说出中南半岛城市分布特点；

（3）分析人口与城市这样分布受哪些自然因素影响。

【出示】世界华侨数量排名前十国家的表格及东南亚华侨分布图。

【讲授】东南亚是华侨聚居地。

【介绍】东南亚文化深受中国影响的例子，如建筑、唐人街等。

【总结】东南亚成为中国居民出境游热门目的地的原因。

设计意图：使学生通过阅读图文资料，掌握自然环境对于人口（城市）分布的影响，提升学生读图分析能力，培育学生区域认知、综合思维、人地协调等核心素养。

三、结论

PBL 教学模式对提高课堂教学质量，促进学生核心素养的提升起着重要的作用。经过基于问题导向的课例研究，笔者总结以下结论：

1. 情境创设要真实且贴近学生生活。要依据学生的认知水平、成长规律和生活经验选择、创设情境。情境要服务于教学内容，并贯穿整个教学过程，这样才能更好地启发学生学习地理的兴趣，促进学生深度学习，便于学生迁移和应用。

2. 问题的设计是 PBL 教学模式的核心所在。笔者认为问题的设置要注意以下问题：一是要确定某一主题或单元的核心问题，然后将核心问题分解确定各课时的关键问题，最后围绕关键问题设计多个具体问题或学习任务。二是提出问题要依托情境，基于地理事实，与学科教学内容相契合，同时要有一定的思维力和梯度力，从而全面提升学生解决实际问题能力。三是问题的设置要注重学生参与度，发挥学生的主体性，让学生深度参与。

数字化新模式二

基于 UbD 模式的教学设计
——以"探索绿色植物体内水的来龙去脉"为例

尤凤林　刘晓婷

2021 年 7 月"双减"政策,要求减轻学生作业负担的同时,提高课堂教育教学效率,提升育人质量。《义务教育生物学课程标准(2022 年版)》(以下简称《课标》)进一步明确生物学科学业质量标准,加强对学生科学思维能力、科学探究能力的培养。《课标》中提出尊重事实和证据,倡导严谨务实的知识态度,能够运用科学的思维方法认识事物,解决实际问题。Understanding by Design 简称 UbD 是一种追求理解的教学模式,该教学模式注重学生理解及教学评价,并且将学习结果作为教学设计的引导方向。UbD 教学模式就是以学业质量标准为导向,确定达成目标的评价方法,再去设计与之匹配的教学活动,达成深度学习,理解迁移的目标。

一、UbD 理论的内涵与特征

UbD 教学模式追求理解作为教学目标。旨在使学习者理解可迁移的概念和过程,将知识应用于真实情景中,把知识当作方法,而不是最终目的,只有就这样,学生才能学得更多,才会更加积极主动地参与学习中来。布鲁姆认知维度分为:知识、理解、应用、分析、评估、创造,而 UbD 教学模式寻求深度学习下高阶思维的培养。

UbD 教学模式分为三个阶段:

阶段一:明确预期的学习结果。学习结果分为三个层次,第一层是学会迁移。若把学习单元比作一个寓言故事,教师教学目标不是复述这个寓言故事,而是让学生从这个故事中提取它的寓意是什么。教师应该像教练一样,不仅仅让运动员掌握如何运球、上篮、防守,而是让其学会打比赛,根据对手的情况,不断调整应对策略,调动所学的技能。教师教的不仅是知识,是在实际生活中如何应用知识。第二层次就是理解。为了让学生能够理解意义,教师要提出一些基本问题,其答案应该是开放性的,不唯一的,值得深入挖掘,值得反复思考的。第三个层次才是知识技能的掌握。

阶段二:确定恰当的评估办法。那如何知道学生的迁移目标是否达成的呢? 为了能正确评估学生的理解水平可以从以下六个维度去提问。一是理解,即让学生举出其他利用该知识的例子。二是释义,即让学生将所学的抽象概念类比于生活中的某个事物,或者用身体去模仿演绎运动变化过程、抑或用自己的语言去描述。三是应用,即应用于真实的世界。四是洞察,即从不同角度看待事物,发现它的优势和不足。五是移情,即从情感态度价值观角度思考问题。六是自知,即元认知能力,能正确评估自己。

阶段三:规划相应的教学活动。对预期的结果进行编码,找到支撑目标达成的教学活动。如果把景区入口比作学生的现有水平,把出口比作学生要达到的预期目标,中间的景点就是教学过程,那让学生到底经过哪些活动才能从现有水平达到预期目标呢? 这个过程不是靠运气,而是要靠逆向设计。

逆向教学设计以终为始,环环相扣,使得教学目标贯穿始终,灵活而全面的评价可以及时检验学习情况,保障学习活动的效果,切实提升教学实效。

二、基于 UbD 模式的"探索绿色植物体内水的 来龙去脉"逆向设计

(一)单元背景

"探索绿色植物体内水的来龙去脉"包括人教版七年级上册第三单元第三章绿色植物与生物圈的水循环,属于自然单元。《义务教育生物学课程标准(2022 年版)》中主题四"植物的生活"的重要概念:植物通过吸收、运输和蒸腾作用等生理活动,获取养分,进行物质运输,参与生物圈中的水循环。一般概念:1. 植物根部吸收生活所需的水和无机盐,通过导管向上运输,供植物利用,其中大部分水通过蒸腾作用散失;2. 叶片产生的有机物通过筛管运输,供植物其他器官利用;3. 植物通过对水的吸收和散失参与生物圈中的水循环。结合学生的生活遇到的实际情况,在种植植物的过程中,植物从开花到结果会消耗大量的水,但是真正用于植物生长的水只约占 1%,提出问题:剩下的水都哪里去了? 消失的水是浪费吗? 消失的水对植物体本身以及生物圈又有什么意义呢?

(二)学情分析

学生已有一些生活经验,经过一年的学习具有一定探究实践的能力,具备好奇心和探究的欲望,逻辑思维能力也较强。但是关于植物通过吸收、运输和蒸腾作用等生理活动,获取养分,进行物质运输,参与生物圈中的水循环的具体知识并不是很明确,实验探究能力和总结归纳能力还需要进一步加强和提升。

(三)单元设计思路

本单元要解决的是探索绿色植物体内水的来龙去脉,分为两个课时,

一是探索植物吸收水的原理与过程,二是探索植物体内水的去向以及蒸腾的意义。1.水是如何进入植物的体内?有何意义?2.植物吸收的大部分水都哪里去了?有何意义?

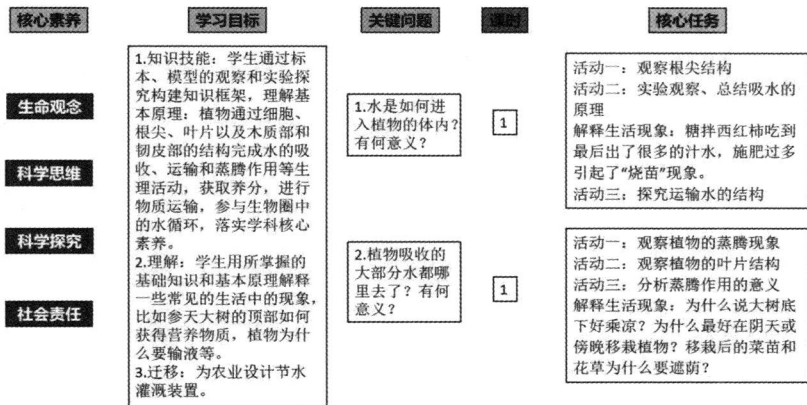

图1 "探索绿色植物体内物质的来龙去脉"单元设计框架图

(四)单元目标

1.知识技能:学生通过标本、模型的观察和实验探究构建知识框架,理解基本原理:植物通过细胞、根尖、叶片以及木质部和韧皮部的结构完成水的吸收、运输和蒸腾作用等生理活动,获取养分,进行物质运输,参与生物圈中的水循环,落实生命观念、探究实践和科学思维的学科核心素养。

2.理解:学生用所掌握的基础知识和基本原理解释一些常见的生活中的现象,比如参天大树的顶部如何获得营养物质,植物为什么要输液等,落实科学思维的学科核心素养。

3.迁移:为农业设计节水灌溉装置,落实态度责任的学科核心素养。

(五)评价设计

1.基础知识纸笔测试。

2.学生利用所学知识和原理,口头或者纸笔描述、解释生活中出现的现象。

3.学生收集资料,调查当地水资源状况以及现有的灌溉方式,设计或改进节水灌溉装置。

(六)教学活动

第1课时 植物对水的吸收和运输

导入情境:俗话说:"有收无收在于水,收多收少在于肥。"引入课程。

活动一:观察根尖结构。

通过生活经验,学生知道植物的根是吸收水的主要器官,但是根尖的微观结构却不知道,也不清楚根尖的哪些区域是吸收水的主要区域,安排根尖显微结构的观察实验可以帮助学生真实地看到吸收水的区域的细胞结构特点,以及根毛众多可以增大吸水的表面积,落实结构与功能相适应这一重要生命观念。

解释生活现象:为什么带土移栽幼苗容易成活?

活动二:实验观察、总结吸水的原理。

根吸水本质是根尖成熟区的细胞吸水,从细胞层面帮助学生理解吸水、失水发生的原理,因此设计实验,用变态根——白萝卜演示实验。取相等量的萝卜,尽量取长短、粗细相似的萝卜段两份分别放入盛有等量盐水和清水的量筒中浸泡,观察萝卜状态和量筒水面刻度的变化。学生触摸真实感受盐水和清水中浸泡的萝卜状态不一样,盐水中萝卜失水萎蔫,清水中萝卜吸水依然保持硬挺,放清水的量筒中水面下降,而盐水量筒中水面上升(变化细微)。学生通过现象总结发生吸水和失水的原理。

解释生活现象:糖拌西红柿吃到最后出了很多的汁水;施肥过多引起了"烧苗"现象。

活动三:探究运输水的结构。

水是如何运输的呢？用带颜色的水来追踪水在植物体内运输的通道，找出导管位置。选用颜色较浅、叶片较大的植物作为实验材料，比如白菜，用蓝墨水或红墨水做标记，学生可以用刀切开观察运输通道——导管。为下节课埋下伏笔：为什么要选用叶片较大的材料进行实验？

拓展：

无机盐是溶解在水中随着水的运输而运输。

有机物的运输：展示图片树枝环剥树皮出现树瘤，展示木本植物幼茎横切，观察横切的韧皮部和木质部，总结有机物通过韧皮部运输，环剥树皮后韧皮部断开，有机物运输受阻形成树瘤。

第 2 课时　植物的蒸腾作用

导入情境：俗话说："水往低处走。"那么为什么水能从下而上输送到树冠？类比生活中高楼的输水系统，引入寻找植物运输水的"动力系统"的内容。

活动一：观察植物的蒸腾现象。

选用健康的辣椒植株，用密封性好的塑料袋套住辣椒植株，观察袋子在一天不同时间内部的变化。另一组选取同样的植株，去掉大部分叶片，用密封性好的塑料袋套住，放到同一个地方，观察袋子在一天不同时间内部的变化。学生观察到植物体的蒸腾现象，并且能够提出蒸腾作用主要发生在植物的叶片，与上节课留下的疑问作呼应。

活动二：观察植物的叶片结构。

水分从叶片的哪个结构散失的呢？选用菠菜叶片，教授学生练习徒手切片和撕下叶片表皮。显微镜观察叶片表皮和叶片纵切结构，最终绘出叶片的表皮细胞、保卫细胞图和叶片纵切结构图。

活动三：分析蒸腾作用的意义。

一株玉米从出苗到结实的一生中，大约要吸收 200 千克的水，但是作为组成成分的水仅需要 0.9%，维持生理过程的水仅需要 0.1%，蒸腾作用散失水约占 99%，这些散失的水分是浪费吗？学生通过分析得出蒸腾作用的意义：降低了叶片表面的温度；增加空气湿度；促进植物体对水的吸收和运输；参与生物圈的水循环。

解释生活现象：为什么说大树底下好乘凉？为什么最好在阴天或傍晚移栽植物？移栽后的菜苗和花草为什么要遮阳？

三、结语

基于 UbD 模式的逆向设计强调先进行学习单元的目标设计，目标前置能更精准地把握教学中学生能力的培养以及素养的形成。评价的设计置于目标设计之后，教学活动设计之前，既可以检验目标设计是否合理，又可指导教学活动的设计，并且评价要贯穿整个单元设计中。所有的学习活动之间应具有强有力的内在逻辑，以落实学生的核心素养，能力的锻炼为目标。以核心知识为内在主线，环环相扣，层层递进，最终为达成学习目标提供服务和支持。UbD 模式的逆向设计最大限度地触发学生真正参与深度学习，真正成为学习的主体，使学习真正有效、高效发生。

立足学生本位一

基于学情分析的研究与实践

陈美奇　张春丽

《义务教育课程标准(2022年版)》中强调凸显学生主体地位,关注学生个性化、多样化的学习和发展需求。美国著名认知教育心理学家奥苏伯尔(D. P. Ausubel)在《教育心理学:认知观点》的序言中提到如果我不得不将教育心理学还原为一条原理的话,我将会说,影响学习的最重要的因素是学生已经知道了什么,我们应当根据学生原有的知识状况去进行教学。

学情分析作为教学设计的出发点,开展教学研究的基础,在教学中有着重要的意义和价值。何为学情分析?目前得到较多学者共识的关于学情分析的定义为,"学情分析是指教师为了有效指导学生学习而开展的对学生学习情况的诊断、评估与分析,其作用是为教师的有效决策提供信息和证据。"①

笔者所在的学校自2020年开始进行深度学习教学改革,在对深度学习理论内容进行学习时,发现实现深度学习,学情分析的作用重大,因为它决定了学生的学习起点在哪里,指导学生学习过程的路线,更确定了学生的学习终点。如备课时对所教内容的学生情况进行分析,包括学生的现有

---

① 陈隆升.从"学"的视角重构语文课堂——基于语文教师"学情分析"的个案研究[J].课程·教材·教法,2012,32(04):42-48.

基础、可能存在的障碍及学生的最近发展区，教学中对学生的学习过程数据进行收集，包括学生课堂反馈、作业反馈及检测反馈等数据。针对数据进行分析，并应用于教学，成为课堂资源的一部分。但在当前一线教学中，教师学情分析能力参差不齐。

通过对本校一线教师进行调研发现，教师存在备课时忽视学情分析、学情分析方法单一、学情分析功能认识存在偏差等现象。近90%的教师肯定了学情分析的价值，教师当前获取学情分析的方式主要是以往的教学经验、与学生面对面谈话及课上表现与课后作业，少有教师涉及课前调查问卷、大数据分析平台等方式，说明教师获取学情分析方法还未更新。在询问教师学情分析后主要应用的教学环节时，大部分教师应用在课前备课环节，意味着教师缺乏对学情分析以及应用在课上及课后作业的意识。

自2021年起，学校各学科组也在积极探索应用学情分析教学的策略和方法。基于对学情分析的不断研究，笔者所在的理化生教研组开展了相关课例研究及实践，包括基于学情分析的新课及试卷讲评课教学下面以我组物理案例和化学案例说明。

基于学情分析的物理新授课教学案例以"简单磁现象"为例

在教学中，我们都会遇到这样的困境：被精心打磨的一节课，如果换了教学对象，或是在下一轮的教学中也并不能达到预期的效果，原因是同一节课并不适用于所有的学生。因此，明确学生当前认知水平是设计教学的首要任务，准确有效的学情分析是定位教学起点、明确教学目标、设计问题情境、预见教学重难点突破口的基础前提。教师要精准地分析学情，才能完成课堂的教学任务，解决学生的疑难问题。

笔者通过调查问卷细致地分析了本班学生的学情，依据学情确定学习目标，在此基础上设计问题情境和一系列的教学活动。通过学生的课后检测及听课教师的反馈，本节课实现了预期的教学效果。

一、依据既定目标确定学生学情调查的问题

考虑到学生在小学时已经学习过磁现象的一些知识,他们学会了什么?学到了哪种程度?哪些问题可以不用在课上重点研究了?哪些问题需要在原来的基础上进一步研究?这些问题都直接决定着这节课学生学习的目标、重点、难点。教师应设计怎样的活动才能达成目标、突破重难点?

以《义务教育物理学课程标准(2022 年版)》为依据,提炼初中阶段对"磁现象"知识的教学要求,结合教学参考中的教学目标,整理本课时的核心问题,以开放的形式开展学情调查。

通过学生纸笔作答,独立并限时完成,笔者将学生的答案分类,并计算每一类的占比,分析数据,明确了真实的学情。

虽然学生在小学科学课上已经学习过磁现象的知识,也在生活中接触过,但是通过调查发现学生对观察或经历过的现象表述缺乏完整性和科学性,对重要概念规律的探究过程缺乏规范性和严谨性,对我国古代磁学方面的成就印象不深刻,感受单一,对科学知识转化成技术的意识欠缺。

从学情调查中可以看出,有一部分学生具备了一定的知识基础,教师在教学中要充分利用学生的已有经验,从学生较熟悉的现象出发,有目的地观察、讨论更规范的实验操作、锻炼语言的表达能力,最后能根据实验现象得出一个科学、明确的概念,理顺已有的、但较杂乱的磁现象知识。

二、依据学科核心素养和实际学情确定适合
　　本班学生的学习目标

教师明确了适合本班学生的真实学情,要想设计学生的学习目标,不能脱离物理学科核心素养,即物理观念、科学思维、科学探究、科学态度与

责任。以实际学情为基础,对接物理学科核心素养,整合出适合本班学生的学习目标,即:掌握磁性、磁极的科学含义;经历磁体性质的探究过程,形成用科学的方法归纳规律的素养,理解科学探究的意义;提升民族自豪感,形成将科学技术应用于日常生活的责任意识。

三、依据学情和学习目标设计与之对应的教学活动

明确了学习目标,教学活动的设计也就更具有明确的指向了。每一个教学活动都是有依据、有目的的。情境引入、学生活动、拓展应用乃至最后的小结和检测,都与学习目标一一对应。明确了活动的指向后,教学的重点就会明朗,即指向最多的那个活动,比如这节课的活动一、活动二、活动三。为了节省时间,下面笔者以其中的两个活动为例,具体阐述活动设计的意图。

活动一:探寻可以被磁体吸引的物质和磁性的再认识,指向目标 1 和 2。

设计意图:以往的教学中,教师在准备实验材料时都是准备什么学生做什么,若有了学情调查的结果,就可以根据学生想出的几类答案准备实验材料,尊重学生的生成,还以学生主体地位。设计探究活动,学生有目的地探索,弥补知识的缺漏。同时,感知物体的磁性,明确磁性的科学表述,形成科学的物理观念。

活动三:探寻磁极的指向规律,依据规律为磁极定义新名称,指向目标 1 和 2。同样依据学情和目标的指引,设计活动,根据磁极的指向规律得出指南针的由来。

设计意图:很多学生知道磁体分为南、北两极,却不知道为什么称作南、北极。教师先将磁体包起来,设计演示,引导学生发现规律后悟出磁极名称的由来,理解指南针发明的缘由,经历探究并理解科学探究的意义。

学情分析应贯穿于教学过程的始终,乃至于当前学习效果的检测也是

下一次课前学情分析的基础。根据课堂检测结果分析目标达成度,为下次课的学情分析提供依据。比如,本次课堂检测第一题正确率为90%,那么10%的这部分学生错误的原因是什么,属于哪一类问题,对应哪一个目标,是否可以作为下次课前学情调查的其中一项。

在学情分析的基础上,有精准的问题引领和指向目标的活动设计,学生自主生成解决问题的路径和方法,再讨论得出比已有认知更科学、系统的结论,在过程中体会科学探究的意义。

基于学情分析的化学教学案例

一、教学面临的机遇与挑战

笔者作为新入职的化学教师,化学学科作为中考学科,被安排在初三年级进行学习和备考。面对一入职就带毕业班的情况,没有任何实践经验作为支撑,更多的是应用理论所学进行实践,对学生的学情把握不准确,更多是从自身主观经验出发。面对学生成绩不理想,束手无策之际,恰逢学校陆续引入信息数据平台,笔者开始与教育大数据建立了联系。开始研究自己的教学数据,为精准教学提供依据。

二、实践过程

(一)数据平台的初探索

刚开始在数据平台看数据时,面对条目众多的数据统计和分析,无从下手,不知道应该先关注什么。经过一次一次地登录数据平台,一遍一遍地读取统计的数据,笔者开始对数据平台有所理解,比如列表中的总成绩、单项成绩、知识点正确率、知识结构、错误原因、核心知识掌握情况变化、成绩变化和排名变化等,同时笔者开始研究每一个板块的数据统计所代表的含义,思考数据能说明的具体问题有哪些,哪些数据可以结合着看,从而更深入地了解学生。通过这样的一步步探索,笔者可以通过数据平台重点去发现两部分内容,一部分是笔者在教学中存在哪些问题,是否帮助学生突破了知识学习的重难点,是否帮助学生的基础知识过关,另一部分是了解到班级整体的知识掌握情况,学生的共性问题,某个学生薄弱的知识点等内容。

(二)数据平台意识的形成与实践

通过对信息技术平台的数据分析,让笔者看到了自己的教学痕迹,也认识到了教学中测评数据的重要功能和价值。笔者开始有意识地应用学生的各类作答数据进行教学评估与诊断。将信息技术平台的数据统计方法,应用到对学生模拟试题的检测中。对学生的测试进行卷面质量分析及小分统计,通过对学生作答数据的统计,可以能清晰地掌握学生的学情,在复习课设计时,做到有的放矢,重难点突出。也会仿照数据平台的统计思路,利用多次模拟测试的数据统计,建立个体学生问题库,实现精准个性化指导。通过数据的解读,可以高效开展教学工作,诊断学生学习需求,识别课程重难点;辅助学生了解自我学习情况,实现个性化学习,同时我策略帮助学生查缺补漏。

(三)数据应用教学的成效

1.教学能力的提升

以笔者所教授的化学学科来看,笔者在使用测评数据进行教学的三年中,自身成绩有了较大程度的提高。笔者连续两年在本区教师基本功比赛中获得一、二等奖。同时笔者所带的三届学生的中考成绩也在全区前列。由于每一届学生的学习基础和能力不尽相同,但是通过笔者应用测评数据进行精准教学后，学生的化学学科核心素养得到了较好的培养。

2. 形成数据应用教学的思维模式

在教学过程中，教师们都有共同的感受，即记录数据，统计数据需要花很多时间，而大数据平台承担了这个使命。如何应用数据平台进行教学呢？笔者认为涉及几个重要步骤，首先是看数据，其次是解数据，解数据指的是分析学生错题的原因，学生究竟是知识点不会，审题的问题，概念混淆，迁移能力中的具体哪个问题。然后再进行相应策略的制定，突破难点。最后用数据，指的是我们仅把它当作一道试题，当作一个学情数据，诊断素养的证据，还是反过来作为教学素材，辅助教学资源的应用。

以上是笔者及团队进行的浅显教学实践分享。目前笔者及团队还处于在学情分析研究及探索阶段，很多做法还不够成熟，并缺乏较多数据的支撑，学情分析应用的实践场景目前较为单一，在应用数据平台进行分析时，平台提供的功能还没有使用或挖掘到位，还需要加强学习，并总结相关经验。

第一编　砥砺深耕，
　　　　夯实教研一体化

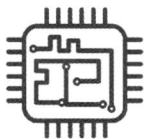

创课堂新样态一

"双减"背景下优化初中数学课堂结构的教学探索

冯晓丽

《数学课程标准》的基本理念是"不同的人在数学上得到不同的发展",而农村初中学生的个性差异较大,学习层次高低明显。因此,数学教学必须根据社会发展变化和学生成长需要设计开放性的探索环节,以激发学生参与和思考的热情,培养学生自主学习的能力,优化课堂结构尤为重要。优化课堂结构,这样不仅能很好地提升学生对课堂教学的参与,也能很好地提升初中数学课堂教学效率。本文将结合实例从几个不同角度分别谈谈新课标理念下优化初中数学课堂结构的探索。

一、贴近学生的现实生活,创设真实性情境

良好的优化课堂结构以贴近学生的生活实际。生活经验是教学情境创设的源头活水,与学生的经验世界相连才能促进学生成长。深度学习倡导通过"联想与结构"活动促进二者进行联动、互化。因此,我们要通过创设真实情境贯通学习内容与生活经验的价值对接,找到它们的联结处、契合处,引导学生联系现实生活体验思考,让真实的情境接地气,通人性,让开放的教学有意思、有意义。如何让数学教学更贴近学生的生活实际呢,如在不等式教学中为了更好的理解不等号,学生从自己家里的零食和水的

包装上发现了不等号，探索不等号的意义，将符号语言转化为文字语言。从药品包装后面的使用说明，贮藏条件：不超过20℃。衣物的洗涤说明：手洗最高洗涤30℃等，体会文字语言的意思，进一步理解不等号的意义，将文字语言准确转化为相应的符号语言。在限速标志、限高标志中，学生将用不等号表达行驶的最大速度，可通过的货车的最大高度，使学生进一步理解不等号的意义，培养学生养成良好的安全意识。

再如在一元二次方程概念的引入时，从"梯子问题"中出现的"与直观相异"现象的研究出发，引出"一元二次方程"的模型。一个长为10米的梯子斜靠在墙上，梯子的顶端距地面的垂直距离为8米。如果梯子的顶端下滑1米，那么（1）猜一猜，底端也将滑动1米吗？（2）列出底端滑动距离所满足的方程。

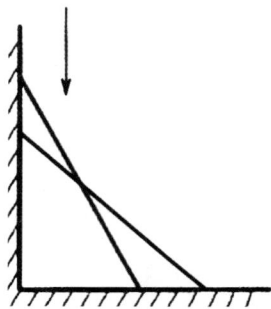

图1　如图题

二、回应学习困惑，设置发展性任务

根据课程标准的要求，教师要积极回应学生的学习困惑，应对带有发展性、普遍性的问题与挑战。我们设计促进学生发展的系列任务性"问题链"或"问题串"，将学习内容转化为学生可探究、愿探究和能探究的导向性问题，梯度合理，结构鲜明，利于激发学习兴趣，"有效掌控导向性与开放性的关系"，帮助学生经历从形象思维到抽象思维的过程，挖掘隐藏在开放性问题背后的学科思想和知识逻辑，落实知识性与价值性的统一。

如"运用平方差公式进行因式分解"，引导学生经历感悟与探索公式，抽象与概括公式，观察与识别公式，应用与升华公式，注重学生的感悟与体验。通过引导观察、想象、猜想、验证，初步感悟得出平方差公式另一个作用——对二项式进行因式分解的变形，并通过学生大量二项式的举例、因式分解变形、用平方差公式对结果进行整式乘法验证，大量事实证明了平方差公式可以用于因式分解,同时探索了满足用平方差公式因式分解的多项式条件特征。通过用平方差公式进行因式分解变形,培养学生的数感、符号感以及建模能力、创新能力,培养学生多角度思维的习惯及择优意识,用创新的方式推动学科发展。

本节课结合新课改理念,以培养学生数学学科素养为宗旨,从学生认知出发,提出问题,设计发散性活动,引导学生充分思考、感悟、猜想、体验、自发整理出形式丰富的可以用平方差公式因式分解的多项式,并敢于展示自己的想法,再抽象出模型,学生充分认知后明确新知识,并在一系列的活动中,逐渐得以内化,做到了润物细无声。改变了以往先教后练技能课上法,同时,培养了学生善于交流、善于分享、善于思考的思维品质,体现以人为本,真正做课堂的主人。

三、提升关键能力,开展多元化协商

学生成长于数学活动中,多元化的意义协商是应有效运用多元开放的教学策略,引导学生通过认真思考、合作交往、理性分析、质疑批判、评价反思等多种学习途径,逐步明确教学内容,并在此过程中培养思辨力、情感力、行动力等关键能力,促进问题的解决。

如:下面是"用加减消元法解二元一次方程组习题课"的教学片段

观察二元一次方程组 $\begin{cases} 2x+y=4 \\ 3x+2y=10 \end{cases}$

思考:1. 能不能直接运用加减消元法解。2. 怎样对方程进行变形,把它转化为可以运用加减消元法求解的二元一次方程组呢?

学生活动:观察、分析,小组合作探究、讨论,动笔验证,求解,展示。

教师活动:教师巡视,发现学生不同的解题方法,待学生黑板展示过程后,与全班学生一起择优。

教学亮点:

解法一:消去未知数 y,①×2 得 $4x+2y=8$ ③,③-②消去 y。

解法二:消去未知数 y,①×(-2)得 $-4x-2y=-8$ ③,②+③消去未知数 y。

解法三:消去未知数 x,①×3 得 $6x+3y=12$ ③,②×2 得 $6x+4y=20$ ④,④-③消去 x。

解法四:消去未知数 x,①×(-3)得 $-6x-3y=-12$ ③,②×2 得 $6x+4y=20$ ④,③+④消去 x。

解法五:消去未知数 x,①×3 得 $6x+3y=12$ ③,②×(-2)得$-6x-4y=-20$ ④,③+④消去 x。

解法六:消去未知数 y,②×$\frac{1}{2}$得$\frac{3}{2}x+y=5$ ③,①-③ 消去 y。

解法七:消去未知数 x,①×$\frac{1}{2}$得 $x+\frac{1}{2}y=2$ ③,②×$\frac{1}{3}$得 $x+\frac{2}{3}y=\frac{10}{3}$ ④,③-④消去 x。

解法八:消去未知数 y,②×$(-\frac{1}{2})$得$-\frac{3}{2}x-y=-5$ ③,①+③消去 y。

教师应引导学生充分思考和体验,在解方程过程中利用等式的基本性质进行变形,充分理解和掌握加减法消元的实质。同时注重培养学生的择优意识,这是今后处理问题所必须具有的素质。

四、服务素养发展,强化创造性应用

"知识的本质在于通过知识的应用发展创造性思维",培育学生学科核心素养,关键是看复杂情境中的解决问题与创新能力,能否应对带有典型性、挑战性的新问题和新情境。教育的一个重要目的是让学生学会学习,与学生素养发展和时代要求结合紧密,将所学知识进行创造性运用,并上升为学科知识的新形态和新内容,提升视野格局。这需要教师引导学生在学习生活中,能够灵活、恰当地迁移所学知识、技能、条件,分析、探究具体任务或完成所需要解决的问题,真正成为学习的主人。

如初三复习课"等腰三角形的对称美",首先本节课把复习课上成了新课。展示了有等腰三角形元素的建筑图片和生活图片,如天安门、南京长江大桥以及交通标志、流动红旗等一系列图片,让学生感受图片中具有的等腰三角形图案的对称美。以此引入新课。

学生在构建图2和图3几何图形中添加辅助线,在活动中分享多样化的解法,进行方法梳理及解题策略分析,紧紧围绕等腰三角形性质定理和判定定理等核心知识,以题带点,让学生充分交流,一起建构多个等腰三角形的基本模型,总结了遇到模型应怎样添加辅助线,意在提高学生的识图、拆分图形的能力。如图4,AB 是⊙O 的一条弦,E 是 AB 的中点,过点 E 作 EC⊥OA 于点 C,过点 B 作⊙O 的切线交 CE 的延长线与点 D.

(1)求证:DB = DE。

(2)若 AB = 12,BD = 5,求⊙O 的半径。

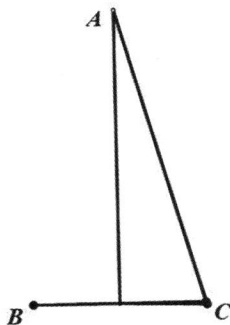

图2

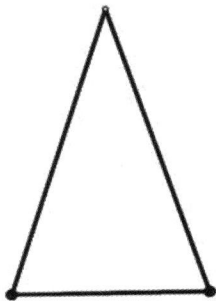

图3

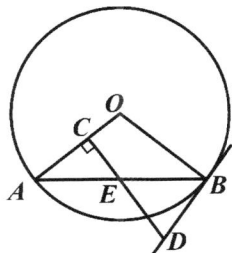

图4

从等腰三角形的性质与判定的基本模型以及定理的内容迁移至中考要考查的圆的知识点,学生很快便可顺利解决相关知识,同时增强了自信心。

五、分散教学难点，为学生学习提供支架

1. 问题性支架

问题是引导学生获取知识的动力，它可以呈现一种或多种不同类型的问题，例如在"不等式与不等式组"单元整体教学时，利用三个核心问题引导整章的思考。是不等号的意义是什么？二是求解不等式（组）的步骤和依据是什么？三是求出的解或特殊解能否解释现实问题？

2. 方法性支架

教师应尽可能给学生提供更多的方法：如双平与等腰在圆中的应用时，求线段长度的方法：用三角函数值的定义，已知一边求另一边；设参法，用三角函数值的定义列方程；相似，列比例式；等角的三角函数值相等，列比例式；和差转化以及等线段转化等多种方法。

总之，数学教学应该让每个学生在原有水平上获得实实在在的发展。但优化数学课堂结构，激发学生兴趣不是一朝一夕就能达到的目标，需要学校、教师、学生的共同努力，只有充分发挥学生的主体性作用，充分调动学生学习的积极性和主动性，不断深入学生数学思维和探究精神，不断鼓励和促进学生创新思维能力，感知数学之美，才能有效提高数学课堂的利用效率，才能有效优化数学课堂结构。

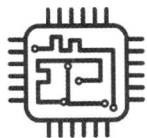

创课堂新样态二

基于 ClassIn 在线教室在线上生物教学中的
应用研究

张娜

　　近年来教育部接连发布《教育信息化 2.0 行动计划》和《中国教育现代化 2035》等文件,明确指出教育教学需与信息技术深度融合。网络技术的高速发展为如何进行线上线下相结合的教学新模式提供了解决方向。学校继使用小鱼易连、腾讯会议之后,积极与市区对接优质教育平台,利用 ClassIn 在线课堂进行线上线下相结合的教学新模式。ClassIn 是一款从教育场景出发构建的在线教室直播互动系统,定位为"在线教室"解决方案,即通过视频、通信、云存储等技术,让学生和教师在远程获得身临其境的面对面授课体验。

　　应用 ClassIn 在线课堂进行线上教学解决了以往线上教学的三大难题:

　　一是实现线上线下的平稳过渡,开启新型教学模式。

　　二是个别学生因故无法到校,可以借助 ClassIn 在线教室同步跟随线下课堂学习。

　　三是针对学生的学和教师的教,ClassIn 在线课堂充分发挥了线上课堂的互动作用、鼓励作用和诊断作用,帮助教师改进教学。

一、研究意义

本研究以 ClassIn 在线教室为研究对象，通过使用效果、问卷调查、课堂观察记录等多个角度对 ClassIn 线上生物教学进行分析，寻找目前基于此平台进行教学的优势和存在的问题，并提出可行的教学建议和平台发展建议。

二、研究过程

学校从试用 ClassIn 在线教室到普及应用此平台进行线上教学形成研究案例的过程如下所示：

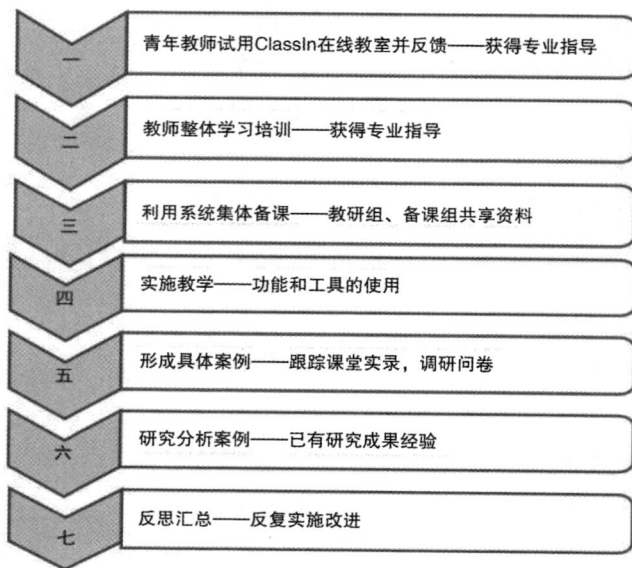

图 1　学校 ClassIn 在线教室推进使用过程

本研究主要尝试从以下几个方面进行研究：

第一，笔者以初中生物学线上教学为例，阐述基于 ClassIn 在线课堂教学模式在教学过程中的创新。

第二,发放、回收调查问卷,分析结果,了解 ClassIn 在线课堂在线上教学的应用情况。

第三,笔者通过观察 ClassIn 线上生物课堂,结合问卷星调查的结果,从教师、平台两个角度对基于 ClassIn 在线课堂的线上教学提出相关建议。

三、研究方法

问卷调查法:借助问卷星小程序,发放问卷调查 ClassIn 线上教学中的应用情况。包括教师和学生使用此平台进行课堂教学的时长、满意度以及对常用互动工具使用效果的满意度等。

课堂观察法:通过观察 ClassIn 线上生物课,记录自己对此平台的使用及使用效果。

以上两种方法可以印证本研究内容,为建议的提出提供了数据的参考和依据。

四、研究成果

(一)基于 ClassIn 在线课堂教学模式在教学过程中的创新

1. 利用系统集体备课

学科备课组和教研组借助 ClassIn 在线教室中"ClassIn 试卷库"实现校内资源共享,协同合作。个别学科还建立学科备课组 ClassIn 群,教师可直接上传至群文件进行保存。

2. 平台创新点

(1)灵活化设置教室,打破时间限制,便于教师对学生开展个性化辅导除了学校后台排好课的课节，教师可以通过建立"临时教室"或"创建课节"对学生开展个性化的辅导。

（2）打破空间限制，实现线上线下相结合的教学模式

班内个别生因故无法到校上课，可进入教师提前设好的课程教室，打开实时画面可与正在线下上课的班内学生及教师进行远程互动交流。

（3）课堂内的各类工具，增强了线上课堂的互动性、鼓励性和诊断性

ClassIn 在线课堂中常用互动工具有很多，大多位于"工具箱"中，点击"工具箱"右上角的编辑功能，可以根据自己的使用习惯对"工具箱"内工具进行排序。

a. 互动作用

"聊天区"位于在线教室右侧导航栏中，教师和学生可在聊天区进行打字交流，教师可以对学生发送的文字进行复制、删除、禁言和翻译。

"随机点名"位于导航栏"工具箱"中，利用该功能可随机抽取学生回答问题，提高学生学习的注意力，让学生像玩游戏一样学习，对课堂有期待感。

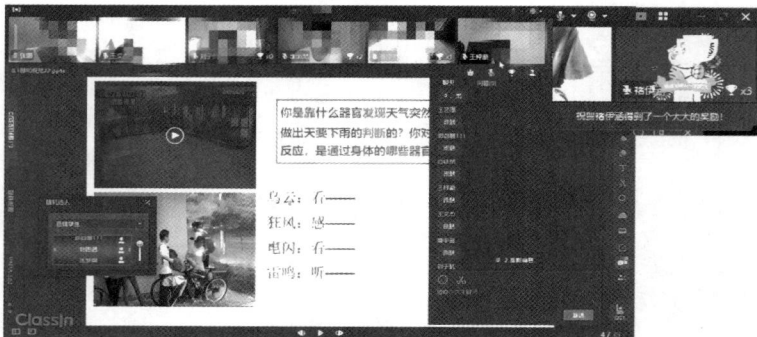

图2 "随机点名、聊天区、奖杯"课堂应用展示图

以图2为例，本课位于本文第三章课堂观察量表"眼和视觉"一课的内容。在新课引入环节，让学生带着问题看打雷、下雨视频，采用"随机点名"的方式，让学生发言，了解学生对感觉器官的掌握程度，其他学生在"聊天区"踊跃发言。教师能观察到同学思考与作答情况，并留意未作答的学生

及时给予提醒和关注,有效增加师生间的互动性,提高学生的课堂专注度。

b. **激励作用**

如图3所示,学生镜头下方有奖杯图标,教师点击此图标,"奖杯"会从屏幕下方慢慢由大变小移动到学生的镜头前,并且过程中伴随着音乐和"祝贺×××得到了一个大大的奖励"的文字。

教师对发言正确的学生以及"聊天区"打字前三名的学生发"奖杯"进行表扬,带动学生上课的积极性,将课堂变得趣味化,让学生在乐中学。

c. **诊断作用**

"答题器"位于在导航栏"工具箱"中,教师点击"答题器"后,可通过"+""−"号进行选项的添加和减少,点击字母还可预设正确答案。点击"开始答题"发布答题器,答题器会实时显示选项的正确率、学生姓名、答题用时、所选答案等信息,从中能观察到班内未答题及答错的学生名单。点击结束答题,学生通过实时数据,了解自己学习的水平,对自己进行评估。教师点击"奖杯"图标,可对答对或参与的学生进行"奖杯"奖励。

以图3为例,让学生利用"答题器"结合生活经验根据猫眼睛中瞳孔大小选出傍晚的猫,学习瞳孔调节进入眼睛的光线量。对数据进行分析:1名学生走神未答题,6名学生答错。教师通过对错误率高的习题和选项,进行解析及时纠正学生的错误观念并对走神学生进行提醒。基于学情时刻改进教学节奏和授课内容。

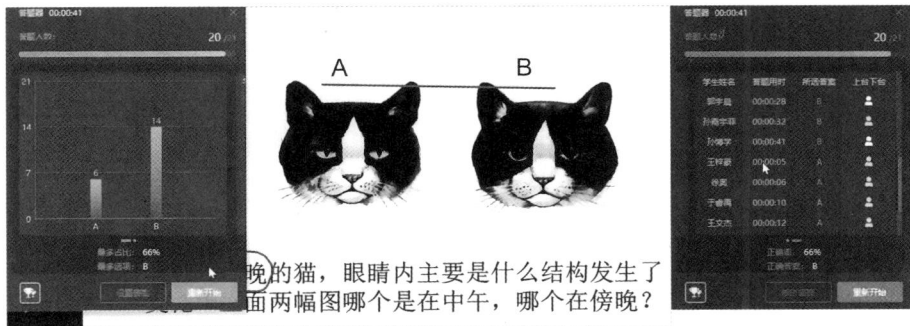

图3　"答题器"课堂应用展示图

教师通过"答题器"的数据能及时诊断学生学情和学生的上课专注度，但是此工具不易对多道习题进行检测，产生时间的消耗。为了提高课堂效率，可进行"多题答题器"的设置。

"多题答题器"位于导航栏的"云盘"中，按以下步骤进行操作："云盘"→"授权资源"→"ClassIn 使用指南"→"【04】ClassIn 教师拓展工具"→"多题答题器"→"0-答题器-总入口"→对答题器进行选择和设置→"手机扫码答题"或"教室内答题"二选一→进入答题选项设置界面(与"答题器"设置方式相同)→"开始答题"→发布"多题答题器"→实时显示学生数据。学生答题完毕，教师点击"结束答题"收回学生试卷，通过点击"公布答案"实现共享。

3. 总结

上述所提到的 ClassIn 互动工具是笔者线上课堂中常使用的，并认为有一定的效果，因此将使用方法与课上使用效果总结如上。

(二)基于问卷的 ClassIn 线上教学中的应用情况调查

1. 调查问卷设计与实施

(1)调查目的

通过调查问卷的方式，调查 ClassIn 在线上教学中的应用情况，了解某班任课教师及学生对该软件各项功能的使用情况与满意度。为分析 ClassIn 应用在线上教学中的具体优势与不足以及为平台和教师双方提出针对性建议提供依据。

(2)调查对象

针对本次研究，笔者选择了本校某班级的任课教师及学生作为调查对象。

(3)调查问卷的设计

本文涉及的问卷共有 18 道题，问题数量适中。问卷包括选择题、打分题、填空题三类题型,总共分为三个部分,其中第二部分和第三部分为主体部分。

第一部分,1—3题,为调查对象的身份、使用 ClassIn 的时长和使用该平台的缘故。

第二部分,4—14题,针对 ClassIn 主要功能的调查,包括教师和学生对主要功能的使用频率、使用目的、满意度。使用频率调查采用单选题的形式;使用目的调查采用多选题的形式并设置可填空的选项,以做到更全面细致;满意度调查采用打分题的形式,1—5分别代表非常不满意、不满意、一般、满意、非常满意,分数与满意度呈正相关。调查的主要功能有聊天区功能、奖杯奖励功能及答题器功能。

第三部分,15—18题,评价利用 ClassIn 进行线上教学的优点与不足之处,并提出相关建议。评价题采用多选题的形式;提建议题采用填空题的形式,为开放性题目全面搜集建议。

(4)调查问卷的实施

本次问卷调查通过问卷星发布,笔者将问卷链接发送到微信群中。本次调查共收到29份问卷,有效问卷29份,无效问卷0份。

2. ClassIn 在线上教学的应用情况调查结果分析

第1题[单选题]　　请问您是:

本次问卷调查中,调查对象共29人,教师7人,学生22人。

第2题[单选题]　　请问您使用 ClassIn 多久了?

使用 ClassIn 进行线上教学的时间以6个月以上为主,部分教师本学期刚入职,因此时间少于半年。

第3题[多选题]　　请问您为何使用该平台?

在这道题中,师生选择最多的一项是"学校要求",其次选择较多的选项有"功能丰富有趣""操作方便"。

第4题[量表题]　　请问您对利用 ClassIn 进行线上教学的满意度是:

本题平均分：4.1

有超过半数的师生选择"非常满意"，但仍有 24.14% 的调查对象认为"一般"，同时也要关注 6.9% 的调查对象表示"很不满意"的原因，究竟在于系统层面还是教师层面。

第 5 题［量表题］　　请问您对 ClassIn 功能的整体满意度为：

本题平均分：4

分别有 20.69% 的调查对象表示"一般"和"满意"，"非常满意"占 48.28%。对于系统功能的满意度不如教学层面，后期可根据主要使用的三个工具进行具体分析。

第 6 题［单选题］　　请问您自己（您的老师）对 ClassIn 聊天区功能的使用频率是：

选择"10 次以上"的人数占 62.07%，可见这一功能在线上教学过程中使用频率较高、有一定存在感，在教学过程中占据一定地位。

第 7 题［单选题］　　请问您认为 ClassIn 的聊天区功能有利于线上教学吗？

"非常有利于增加课堂互动性"占比最多为 58.62%，没有"不是很利于"及"不利于"的情况出现。结果显示这一功能在线上教学过程中呈现出较显著的提升互动性效果。

第 8 题［量表题］　　请问您对 ClassIn 聊天区功能的满意度为：

本题平均分：4.28

"非常满意"占 58.62%，"满意"占 17.24%，"一般"占 20.69%。同时，对比发现：本题的结果与教学满意度呈现吻合趋势，说明聊天区对教学满意度有正相关的影响。

第 9 题［单选题］　　请问您自己（您的老师）每节课对 ClassIn 奖杯功能的使用频率是：

这道题目中，选择"10 次以上"的人数超出了聊天区功能，可见这一功能在线上教学过程中使用频率很高、有强烈的存在感，在教学过程中占据相当重要的地位。

第10题[单选题]　请问您认为 ClassIn 的奖杯功能有利于线上教学吗?

"非常有利于,能调动一半以上学生的积极性"占比为 65.52%,没有"不是很利于"及"不利于"的情况出现。显示这一功能在线上教学过程中呈现出显著的提升积极性效果。

第11题[量表题]　请问您对 ClassIn 奖杯功能的满意度为:

本题平均分:4.45

"非常满意"占比为 65.52%,没有"不满意"及"很不满意"的情况出现,可见无论教师还是学生对于奖杯功能的满意度都较高。

第12题[单选题]　请问您自己(您的老师)每节课对 ClassIn 答题器功能的使用频率是:

这道题目中,选择"10 次以上"的人数占 44.83%,低于奖杯功能,可见这一功能在线上教学过程中使用频率一般、存在感一般,在教学过程中占据地位并不是很突出。

第13题[单选题]　请问您认为 ClassIn 的答题器功能有利于线上教学吗?

"有利于和非常有利于诊断教学(学习)情况"结果占比分别是 31.03%和 62.07%。显示这一功能在线上教学过程中呈现出显著的诊断效果,能够使师生双向掌握教与学的情况。

第14题[量表题]　请问您对 ClassIn 答题器功能的满意度为:

本题平均分:4.34

58.62%的调查对象选择"非常满意",没有"不满意"及"很不满意"的情况出现,无论教师还是学生对于答题器功能的满意度都较高,可见诊断手段也是教学中不可忽略的手段之一,且同样能够被师生接受,并达到满意效果。

第15题[多选题]　请问您认为使用 ClassIn 进行线上教学有哪些

优点？

功能丰富有趣、能够有效互动和不受时地限制是师生普遍认同的ClassIn线上教学优点；其次，在备课、回访和使用终端方面也受到调查对象的欢迎。

第16题[多选题]　　请问您认为使用ClassIn进行线上教学有哪些缺点？

结果显示，作为一款依靠网络使用的系统，仍旧在网络因素受到影响最大，其次技术仍存在不足之处，教师的建议体现在17题和18题中。通过其他选项中学生的作答，可看出学生目前普遍存在学生主动性不高的问题，对专注模式存在负面心理，需要教师对学生学习方向进行引领。

表1　ClassIn进行线上教学的优点调查

选项	小计	比例
A. 功能丰富有趣	24	82.76%
B. 能够有效互动	22	75.86%
C. 不受时地限制	16	55.17%
D. 能够备课	13	44.83%
E. 管理测试方便	7	24.14%
F. 有上课提示	11	37.93%
G. 自动生成教学和学习报告	7	24.14%
H. 有课程录制与回放	13	44.83%
I. 能够屏幕共享	8	27.59%
J. 支持多设备使用	12	41.38%
其他	2	6.9%
本题有效填写人次	29	

表 2　ClassIn 进行线上教学的缺点调查

选项	小计	比例
A.受网络影响大	21	72.41%
B.软件技术存在不足	13	44.83%
C.课堂环境不安静	1	3.45%
D.学生不开摄像头	3	10.34%
E.学生在线,提问时却不回答问题	4	13.79%
F.难以开展课堂活动	5	17.24%
其他	7	24.14%
本题有效填写人次	29	

第 17 题[填空题]　　请问您认为您自己(您的老师)在使用 ClassIn 进行教学中哪些方面需要提高和改进?

调查对象的建议集中在提升操作技巧、布置方式和布置任务量三方面进行提高与改进。

第 18 题[填空题]　　请问您对 ClassIn 平台有什么建议吗?

调查对象的建议集中在功能使用的简便程度、删除或增加一些功能、增加备课资料、学生端的分屏功能、增加或完善能够提升线上时效性的工具,软件耗电量的优化等方面。

3. 总结

通过问卷结果得知该功能能充分带动课堂气氛,激发学生学习兴趣,增加课堂的互动性,弥补线上生物教学缺少互动的缺点。从数据可知"聊天区"得分率较低,原因之一是学生自控力较低,容易在"聊天区"聊天,分散注意力,并且"聊天区"有复制粘贴功能,部分学生的作答一定程度上并没有锻炼学生的逻辑思维。教师和学生提出的相关建议结合功能部分的调查可发现,ClassIn 功能丰富,但是受网络影响较大,耗电量较高,平台在软件功能上还需完善。

（三）ClassIn 线上生物课堂观察

笔者对上下两学期共两次 ClassIn 线上生物课堂观察，通过观察实际的生物课，印证并补充问卷调查与调查结果。

1.课堂观察量表填写

表3　人教版七年级下册线上生物新授课"眼和视觉"

观察员	张娜	观察班级	七（3）班	任课教师	张娜
班级人数	22	课型	新课	教学内容	眼和视觉	时长	50分钟

系统功能		聊天区	奖杯	答题器	其他（随机点人）
使用次数		14	12	8	4
使用环节	导入	4	4		3
	复习				
	新课	6	2	2	
	巩固	4	6	6	1
	作业				
学生积极性	高	√	√	√	
	中				√
	低				
使用效果	优	√	√		
	良			√	√
	差				

平台功能	用途
聊天区	1学生被点名回答问题,其他学生聊天区打出回答教师提问的答案;打出重点记忆的知识点;教师让学生思考问题时,打出学生对知识的疑惑
奖杯	聊天区回答前4名发奖杯;主动和被动回答问题的学生发奖杯;习题答对的学生发奖杯
答题器	根据生活经验猜测瞳孔在白天黑夜的大小,了解学生的前概念;穿插在新课讲授中巩固所学内容
其他(随机点名)	随机选中学生说出身体对天气骤变的一系列反应,是通过身体的哪些器官和系统做出的

教学目标实现效果	生命观念	培养学生结构与功能相适应的观念
	探究实践	通过调整电脑屏幕的明暗,理解瞳孔变化时结构与功能相适应
	科学思维	培养学生提出问题,并用知识解决问题的能力
	态度责任	培养健康生活的理念;关注日常生活中眼和耳的卫生健康;确立关爱和帮助视宽障碍和听力障碍的人群的态度

表4 人教版八年级上册线上生物复习课"动物的运动"

观察人	周晗颖	观察班级	八(3)班	任课教师	张娜		
班级人数	22	课型	复习课	教学内容	动物的运动	时长	50分钟

系统功能		聊天区	奖杯	答题器	其他(随机选人)	其他(视频墙)	其他(互动批注)
使用次数		29	13	6	3	2	2
使用环节	导入						
	复习	6	4				
	新课	19	1		3		
	巩固	4	8	6		2	2
	作业						

系统功能		聊天区	奖杯	答题器	其他 (随机选人)	其他 (视频墙)	其他 (互动批注)
学生 积极性	高	√	√	√	√	√	√
	中						
	低						
使用 效果	优	√	√	√	√		√
	良					√	
	差						

平台功能	用途
聊天区	增加师生间的互动性
奖杯	表演方式,激励学生,提高参与度
答题器	诊断性当堂知识点掌握程度,监督未作答学生
其他(随机选人)	提升学生专注力
其他(视频墙)	展示书写结果,便于生生之间互评、改进、完善

教学目标 实现效果	生命观念	充分应用结构与功能观分析、解决问题
	探究实践	利用制作关节模型理解结构与功能相适应
	科学思维	引导学生进行比较、综合、分析,发展科学思维
	态度责任	培养健康意识,引导学生运用科学态度认识运动系统的重要性,从个人到他人,树立在运动过程中保护运动系统各个器官的责任

2. 课堂观察结果分析及总结

通过课堂观察,笔者发现 ClassIn 常用的互动工具能够调动课堂气氛,增加课堂互动,推动教学流程顺利开展。笔者经过超过 6 个月对 ClassIn 平台的使用,在"动物的行为"一节课中对常用互动工具的使用更加娴熟,并在网课期间增加了"视频墙""多题答题器"的使用,对课堂的驾驭度有所提升。通过切实的使用,对平台和教师教学有了建议及对未来的设想。

五、未来建议及设想

(一)给教师的建议

教师要提前熟悉使用平台各项常用工具,在线上教学中充分利用各项功能,增加课堂互动,并且通过合理利用激励功能,给予学生积极反馈。"奖杯"奖励不宜过多,过多会导致课充满了奖励音乐并被"奖杯"在屏幕中刷屏,遮挡学生的屏幕视野。"奖杯"过少,不能起到激励学生的作用。此外,教师还可利用课程录制与回放功能,进行教学反思。例如:学生在课堂提出的疑惑或在"聊天区"写下的言论,教师在上课时可能无法关注到,但是通过课堂实录,教师能对学生的行为找到依据,帮助教师关注学生。此外,在教师观看课堂实录过程中,能找到自身教学的短板,为改进优化课堂教学提供依据。

(二)对 ClassIn 的建议

1. 聊天区

聊天区只能体现互动效果,学生可以复制粘贴其他同学的发言,如果增添"同学间发言不可见"或"私信教师"的功能会更好。对于生物实验结论的描述,要锻炼每个学生的逻辑思维能力,学生要对实验结果进行表达,可以不用写很多,但是要让老师能看到每个孩子自己的作答情况。其次还可以设置"屏蔽关键敏感字眼"功能,防止学生发表不良言论。

2. 奖杯

学生镜头下方的奖杯图标太靠后,教师常点击"奖杯"时误关 PPT,可以自行更换镜头下方工具的顺序。

3. 答题器

答题器可以增加标注栏,留给教师标记本题知识点的功能,便于师生在课下通过课堂报告查看每题正确率时与知识点相联系,能形成学生的个人习题集。

4. 多题答题器

课上使用过程中,前期操作过程消耗课堂时间,如能与"答题器"一同放于"工具箱"中会更好。"答题器"能查看未答题学生名单,但是"多题答题器"不能查看未答题学生名单。学生的作答数据不能在课堂报告中生成,无法进行追踪。

5. 扫码上传

二维码只能一人扫码上传,不能实现多人扫码上传学生的作答照片。

6. 增添备课功能

平台不能制作和更改 PPT,教师每次上完一节课,优化课堂讲授内容后,PPT 要重新上传。

7. 增添屏幕放大功能

经过学校调查统计,问卷调查的该班级学生,9 名同学使用电脑进行上课,13 名同学使用手机上课,手机屏幕界面有限,为了学生能看清课堂素材,保护眼睛,可以考虑增添屏幕放大功能。

笔者通过自己切实的使用体会,总结出常用的互动工具:聊天区、随机选人、奖杯、答题器、多题答题器。并通过对自己线上生物课堂进行课堂观察,发现这些工具的使用有助于开展线上教学,增加了师生间的互动性,教师对学生的鼓励性与诊断性。但 ClassIn 在线课堂的一些功能也存在操作复杂以及不便于学生真实表达的一些问题,笔者也针对自己的使用效果对教师和平台双方提出了相关建议,期待未来我们的线上教学进一步完善与提升。

　　由于各方面的原因,本次调查问卷只针对某班进行开展,课堂观察也只针对笔者的生物课堂,调查和观察范围存在局限性,这也是本文研究的不足。

　　后续研究可以扩大调查范围,可同时对本校多个班进行调查或采用每班随机的方式进行调查,并对其他教师的生物课进行课堂观察,扩大调查范围,为开展相关研究、全面考察 ClassIn 在线课堂在线上生物教学中的应用情况奠定基础。

(指导教师:周晗颖)

融思政于课堂一

基于核心素养的初中生物课改初探

刘晓婷

2018 年以来，为了顺应时代发展的需求，北京中考进行了 3 次改革，但是不论如何改革，遵循教育教学规律，落实立德树人根本任务，发展素质教育的指导思想是不变的。这也对义务教育阶段的生物学科教学有了新的要求，新课改下的初中生物学课程应有利于学生养成科学思维的习惯，形成积极的科学态度，学会学习，提升科学素养，并且对学生的健康生活、终身发展具有重要意义。因此，作为一线的青年教师必须积极参与课改，与时俱进发展自己的才能，下面总结一下笔者在课改中的一些做法和感悟。

一、中学生物学科能力体系的培养

从近几年的试题中不难看出减少了机械记忆性和客观性试题比例，提高探究性、开放性、综合性试题比例，既要考查基础知识，基本技能，还要注重考查思维过程、创新意识和分析问题、解决问题的能力。这对中学生的能力有了较高的要求，同时也提醒教师要转变理念，革新教学方式，不能只是教书，而是要将提高学生的能力和素养作为教育教学的重点。

在《基于学生核心素养的生物学科能力研究》一书中提到中学生物学科能力体系模型（图 1），新知识的输入通常需要原型情境为载体，比如课本中提到的情境或者学生生活中接触过的情境等,学生需要观察现象,解释现象背后的原理,总结归纳概念。在与原型相似的情境中,学生要形成举一反三的能力,熟练应用学习理解到的知识。而迁移创新能力属于高阶信息输出的范畴,要求学生能够灵活运用核心知识,综合运用多种知识与能力,从多个角度分析解决陌生复杂情境中的问题。

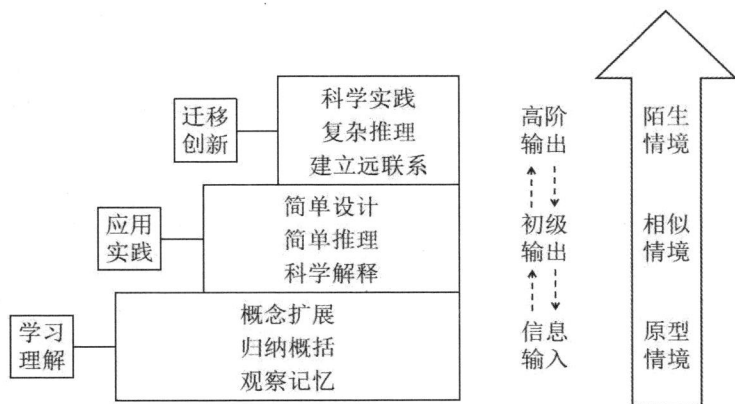

图1 中学生物学科能力体系模型

案例:在学习"免疫与计划免疫"这一部分知识时,尤其是特异性免疫的学习中,原型情境是新型冠状病毒引起的肺炎(简称"新冠肺炎")的传播与预防和新型冠状病毒引起的人体免疫反应过程分析,从而理解传染病及其预防以及免疫的相关基础知识。相似情境是学生应用原型情境中所学内容分析对水痘和艾滋病的预防措施,分析水痘和艾滋病入侵人体的免疫反应,拓展部分还分析了过敏和器官移植的排异引起的免疫反应,增强知识的应用。高阶输出是解决实际问题"老年人不怎么出门,是不是可以不用接种新冠肺炎疫苗?"分析接种疫苗的在防治病毒传播中的重要意义,创新解决实际问题。

二、大单元设计策略

新时代基于核心素养的教学进行大单元备课已经是大势所趋，大单元教学与传统教学方式有很大的区别，大单元设计以大任务、大情境、大概念为背景，打破知识间的壁垒，将知识进行融合，知识间的联系更加紧密，也提高了学生综合运用知识解决疑难问题的能力，使学生在链接、经历和体验的过程中完成知识的输入、能力的锻炼，那么将来在陌生情境中输出时也就比较容易。下面是笔者在摸索大单元设计过程中的收获。

（一）引人入"局"的主题

根据新课标的要求和需要解决的核心问题，设计真实情景为背景，具有挑战性，符合中学生认知规律的主题，既可以是教科书中的自然单元，也可以是对教科书中的内容重新整合形成新的单元。

例如：在新冠肺炎疫情发生时，我设计的大单元《新冠肺炎防治"说明"》，本主题选自人教版教材《生物学》八年级（下）P72-79《传染病和免疫》，属于教科书中的自然单元。与当时的热点新冠肺炎的防治相关。本单元分为 3 课时：1. 新冠肺炎为什么那么可怕？如何预防？从认识传染病及其预防入手；2. 人体是如何处理新冠病毒入侵的？介绍人体免疫防线；3. 全员接种疫苗的意义何在？从计划免疫的国策介绍全员免疫的意义。三个课时结合在一起指导学生制作新冠肺炎防治"说明"，即可制作手册成品，又可进行宣讲。

"解秘腐烂现象"单元的学习内容包含人民教育出版社七年级上册第一单元第二章"了解生物圈"的生态系统组成中的分解者部分和八年级第五单元第四章"细菌和真菌"，属于重新整合单元。与生活中最常见的腐烂现象相关，学生在学习这一单元的知识后对生活中的腐烂现象有深刻的认识，认识到物体为什么会腐烂？什么情况下会腐烂？怎样防止或延缓腐烂?腐烂有什么意义?对细菌和真菌在自然界和生活、生产等各个方面的利弊也有了辩证的认识。学生通过完成活动,进而完成对问题的思考与探究,对学生科学思维能力的提升有一定帮助。

"绿色植物作为生物圈中的碳—氧平衡师的角色解读"单元内容位于人教版义务教育教科书《生物学》七年级上册第五章绿色植物与生物圈中的碳—氧平衡,是一个自然单元。从碳—氧平衡角度分析为什么倡导植树造林,主要包括4课时,分别解决:生物圈中氧气的来源是什么,绿色植物如何消除生物圈中的二氧化碳,绿色植物如何释放二氧化碳,人类如何参与维持生物圈中的碳—氧平衡这四个问题,绿色植物维持生态系统碳氧平衡角度设计,帮助学生厘清植物光合作用和呼吸作用的原理,深度分析绿色植物在生物圈中的重要地位。

(二)导向明确的目标

单元目标的设定将关系到基于单元主题学习的效果达成。首先要确定单元学习的总目标,这是学生在学习该主题后应达到的上位目标,从学生学科核心素养的发展,学科能力发展等角度进行描述。然后,再依据总目标确定课时的学习目标。

例如:"绿色植物作为生物圈中的碳—氧平衡师的角色解读"单元的目标为:通过实验探究,分析、总结、归纳光合作用和呼吸作用的条件、原料、产物,用物质与能量观揭示光合作用和呼吸作用的实质。在探究过程中,学生分析问题,解决问题,探究意识和用科学思维思考问题的能力也得到相应提升。通过对光合作用和呼吸作用两大生理活动的分析,理解绿色植物通过光合作用和呼吸作用共同维持生物圈中的碳氧平衡,树立爱绿护绿、低碳生活的生活理念。

(三)持续可见的评价

在单元设计中评价的设计应置于单元目标设计之后,教学活动设计之前。评价的设计既可以检验目标设计是否合理，又可指导教学活动的设计，并且评价要贯穿整个单元设计。评价的设计通常需要满足以下标准：第一，应包含多个维度的学习成果；第二，应是可检测、可观察、明确的表现；第三，应支持学生对真实情境的意义建构；第四，应是单元教学中的学习重点。

例如："解秘腐烂现象"单元的作业设计中，除了有传统的纸笔过关类作业，还包括多项实践类作业，如观察类作业是观察一种水果或者蔬菜的腐烂过程，拍照记录，学生直观感受腐烂是由于细菌和真菌引起的；调查类作业，学生调查生活实际中的防腐措施；制作类作业，学生自制酸奶或者米酒，感受人类对细菌和真菌的利用等，这些作业设计在学生能力锻炼和学科核心素养落实方面都有良好的效果。

（四）高效深入的学习活动

每一个学习活动都要经过教师的深思熟虑，要在短短 45 分钟课堂最大化地引导学生进行深入学习，所有的学习活动之间应具有强有力的内在逻辑，以学生核心素养的落实、能力的锻炼以及核心知识为内在主线，环环相扣，层层递进，最终为达成学习目标提供服务和支持。

例如："绿色植物作为生物圈中的碳—氧平衡师的角色解读"单元中的第 1 课时探究绿色植物的呼吸作用的学习活动设计：由一个真实情境"村民李大爷到存放白菜的地窖里取白菜晕倒"事件引发学生的关注和思考，学生猜想原因：人呼吸需要氧气，而存放着白菜的密闭地窖可能缺少氧气；再以白菜作为实验材料通过系列实验，验证白菜进行呼吸作用通过消耗氧气，分解有机物，产生二氧化碳和水，同时释放能量；用所学呼吸作用原理解释菜窖出现问题的原因是新鲜的白菜同人一样进行呼吸作用，吸收氧气，故人在缺少氧气的菜窖中晕倒；用不同实验材料（植物的根、茎、叶、花、果实、种子）进行验证，发现植物的不同器官同样可以进行呼吸作用，学生归纳总结呼吸作用的实质，呼吸作用发生在活细胞中，利用氧气将有机物分解成二氧化碳和水，并且将储存在有机物中的能量释放出来，供给生命活动的需要，学生最终将所学知识应用到现代粮仓的设计中，为解决现实中的陌生问题而服务。

以上是我在课改过程中的浅浅感悟与尝试，课改之路任重而道远，需要我们不断探索！

融思政于课堂二

深度学习背景下历史单元复习课的尝试

陈雪霞

深度学习是指学生在教师指导下,通过积极参与、自主探究、合作学习等方式,对所学知识进行深入理解和应用,并形成一定的思维能力和学科素养的学习过程。通过对深度学习理论的不断学习与思考,对接历史教学实践进行不断的反思、再学习思考、再实践验证的良性循环中,提升了自己对深度学习的认知,打开了自己对历史教学新的认知思路。

历史单元复习课是指以一个历史主题或单元为线索,通过对相关历史事件、人物、时间、地点等知识的梳理和整合,帮助学生掌握历史发展的基本脉络和重要事件,进而培养学生的历史意识和思维能力。

深度学习是一种基于理解的学习,它强调对知识的整合和理解,历史单元复习课则提供了这样一个机会,通过深度学习的方式进行历史单元复习,有助于学生清晰地建构历史知识体系、理解历史事件之间的联系,把握历史发展的总体趋势、提升历史思维能力、分析能力、解决问题的能力和运用实践的发展,培养历史核心素养。

在深度学习背景下,以"资本主义制度初步确立"这一单元为例,笔者是这样进行单元复习课的尝试:

一、梳理知识，多种呈现

在深度学习背景下，知识梳理是历史单元复习课的基础环节。教师引导学生回顾"资本主义制度初步确立"这一单元所学的英国资产阶级革命、美国独立战争、法国大革命和拿破仑帝国，并以曲线轴、大事年表、时间轴等多种方式呈现，依据历史事件设计问题，解释历史事件，形成完整的知识体系，帮助学生夯实基础，提高复习效果。

二、比较异同，深入认识

比较法可以帮助学生对单元内的各个知识点进行梳理和整合，让学生更好地理解历史事件之间的联系和异同，从而形成更加完整和系统的知识结构。教师设计活动，给予学生"资本主义制度初步确立"下三个代表事件的信息整合表，引导学生对其比较异同，从而更深一步认识英国资产阶级革命、美国独立战争、法国大革命爆发的相同点都是资本主义的发展受到阻碍，不同点是阻碍资本主义发展的因素，美国是殖民统治，英、法是封建专制；都以立法的方式巩固革命成果；影响相同，英法美都确立了资本主义制度，促进了资本主义的发展，传播了资产阶级民主思想。由此得出，单元主题为"资本主义制度初步确立"，实现了用史实说话，论从史出。

三、史料研读，沉浸理解

史料是历史的见证，史料研读是历史学科的核心能力之一，通过史料研读学生可以深入理解历史事件的背景、内涵和影响等。在单元复习课过程中，教师提供相关的历史材料，任务驱动，引导学生进行分析和解读，帮助学生提高对历史信息的提取、归纳和总结能力；提高历史思维能力，学会如何从纷繁复杂的历史信息中提炼有价值的信息,进而形成对历史事件的独特见解。在"资本主义制度初步确立"这一单元,笔者提供学生英国资产阶级革命的《权利法案》、美国独立战争的《独立宣言》以及法国大革命的《人权宣言》三个法律文件进行史料研读,沉浸理解。通过解析对比三个文献的思想主张和共同点,让学生深入理解从人治到法治,从专制到民主的发展趋势,推动了政治民主化进程。

四、评价人物,论从史出

在历史单元复习课中,评价具有非常重要的意义。评价可以加深学生对历史事件和历史人物的理解。通过评价历史事件和历史人物,学生可以更好地理解历史的背景和影响;评价要求学生结合史实分析、推理历史事件和人物,这有助于培养他们的批判性思维能力和分析判断能力;通过评价,学生可以学会独立思考、客观分析和解决问题,进而提高他们的综合素养;评价还可以帮助学生将历史知识应用到现实生活中,提高他们的历史应用能力。在本单元复习中,笔者设计了学生对历史人物的评价活动,由师生史论结合,评价华盛顿,建模总结评价历史人物的方法,史实+史实影响+评价,以此迁移应用评价拿破仑,在评价体验过程中,实现了人物的深入理解与评价人物能力提升的双赢。

五、结合史事,深层挖掘

通过深层挖掘史事,学生可以更全面、深入地理解历史事件的前因后果、背景、影响等,这有助于学生形成对历史事件的清晰认识,提高其历史意识和历史素养;结合史实深层挖掘的过程中,学生需要对历史事件进行分析、评价和推理,有助于培养学生的批判性思维能力和分析判断能力,使他们能够更好地理解历史事件,并形成自己的见解;通过将史实与单元复习相结合,学生可以将历史知识点与具体的历史事件联系起来,形成更加牢固的记忆;同时,深层挖掘史实也有助于学生更好地应用所学知识,提高他们的历史应用能力,通过将历史事件与现实生活相联系,学生可以更好地理解历史的意义和价值。在"资本主义制度初步确立"这一单元复习中开展主题时间轴下的历史事件解释活动,历史解释英国资产阶级革命、美国独立战争、法国大革命和拿破仑帝国,解释的内容包括各个历史事件所体现的历史内容、影响、历史事件之间的关系以及此历史事件与资本主义制度初步确立的关系。明了个体内部的关系、明了个体与个体的关系、明了个体与主题的关系,使其内容结构化,深入浅出地生长。

六、评价量规,助力深度

评价量规是一种有效的评价工具,能够帮助教师和学生更好地了解学习目标和进度,提高学习效果,助力学习深度。在历史单元复习课中,评价量规不仅提供了学习的目标,还提供了达到这些目标所需的学习策略,学生可以根据评价量规中列出的各项指标,有针对性地选择学习方法和策略,更好的生长;通过评价量规,学生可以了解自己在哪些方面存在不足,从而有针对性地进行弥补。教师也可以根据评价量规的反馈,发现学生的学习问题,并及时调整教学策略,从而更好地调整教师的教学策略。在深度学习背景下,在"资本主义制度初步确立"这一单元复习课中,笔者分别对复习目标、知识梳理、史料研读、评价人物和史事挖掘做了评价量规,以等级一、等级二、等级三的形式出现,量化好每一等级的具体内容要求,并设计自评、他评和师评环节,增加了互动性、全面性,使学生的每一活动环节中都能根据评价量规科学明确的目标前进生长,使学习阶梯逐渐深入,落实历史学科的核心素养。在沉浸深度学背景下的历史单元复习课的实践活动,让我深刻体会到鲜活理论指导下的科学成果的显现,每一个环节都值得细细琢磨、反思,等待我们不断学习思考,向阳生长。

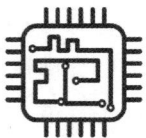

融思政于课堂三

初中道德与法治教学中深度学习策略的实践探索

郭津聿

一、深度学习理论

道德与法治课程是义务教育阶段落实立德树人根本教育任务的主要渠道之一。《义务教育课程方案(2022 年版)》指出要深化教学改革,强化学科实践。注重"做中学",引导学生参与学科探究活动,经历发现问题、解决问题、建构知识、运用知识的过程,体会学科思想方法。在初中道德与法治课程教学中,为学生创设深度学习环境、搭建深度学习桥梁,引导学生展开深度探究学习,才能更好地彰显道德与法治课程的育人价值,帮助学生由浅入深地领悟学科内容,发展核心素养,让课堂教学取得良好成效。

深度学习是指学生在面对陌生的、复杂程度高的真实问题时,表现出的能够创造性地分析、较快形成解决思路、迅速进行决策、快速整合资源解决问题的可迁移的素养。真实、具体、富有价值的问题解决情境是学生学科核心素养形成和发展的重要载体,也为学生学科核心素养提供了真实的表现机会。

二、道德与法治课程中深度学习的实施路径

(一)创设真实情境和任务,激发学生主动学习

初中道德与法治是集思想性、文化性、工具性为一体的综合型课程。在核心素养视域下,教师若想让学生的深度学习真正落地,就需要创设一个与所学知识相关的真实情境,并以此为背景,提出单元学习的大任务或大问题。让学生看得懂,觉得有意思,认为有意义,以激发学生主动学习的动力,为学生深度学习的实现作铺垫。

以部编版初中道德与法治教材为例,在"网络生活新空间"这一课时,教师可以创设一个初中生使用网络的真实情境任务,以此激发学生的学习主观能动性。

首先,教师呈现本课时需要解决的真实任务。"双十一购物节马上就要来了,父母在周末家庭会议中提出,想要在元旦假期时,全家一起出去旅行。由于父母工作忙碌,爷爷奶奶不会使用网络,因此父母布置了一个富有挑战性的任务——希望你能利用课余时间做好出行计划和行前准备。"以贴合学生实际的真实任务引发学生的讨论与交流,达到激发学生思维、引起学生兴趣的目的。

其次,在学生简单表达与交流自己对任务的整体看法后,教师为学生出示整体任务的分解部分,将此真实任务以课时为标准,分为相应的几个部分,鼓励学生以完成任务链的形式学习探索新知识。

最后,让学生结合自身真实的经历,预设利用网络制定计划过程中可能会遇到的问题,以及相应的解决办法。在如此环环相扣、层层递进的真实情境任务链的引领下,学生对本课知识的兴趣与热情被充分调动起来。在围绕有关网络话题展开讨论与交流的过程中,学生会主动从自身经验出发,思考如何合理利用网络。这不仅有效加强道德与法治课程和学生生活

实际的联系,也为学生快速掌握与内化吸收本课知识打好基础。

(二)设计开放式教学问题,培养学生辩证思维

探究与思考是学生深度学习的关键,为让学生能够从被动的浅层学习有效过渡到主动的深度学习中,在课堂教学中作为教师需要积极发挥自身的教学引导作用,设计能够产生思维碰撞的开放式教学问题。启发学生思维,启迪学生智慧,使学生在分析与解决问题的过程中更为透彻、全面地把握知识的核心内容,发现事物的本质,培养学生的辩证思维。

以部编版初中道德与法治教材为例,在"遵守规则"教学时,教师设计多个开放式的教学问题,使学生在分析问题过程中产生思维的碰撞,不局限于固定的思维模式,学会辩证地看待问题。例如设计问题:通过观察"五一"假期旅游景点的游客图片,你能得出什么结论? 教师不对学生的回答设限,目的是让学生既能发现国家文化和旅游行业复苏势头强劲,又能结合自身的实际经历发现一些旅游景点出现游客不遵守规则的现象,同时还能上升到道德层面,充分表达自己的看法。在教学过程中道德与法治教师要注意引导学生正确看待、辩证认识、理性分析现实问题,辨明大是大非、真假黑白,在对社会假恶丑现象的批判中弘扬真善美。

(三)采用小组合作学习法,促进学生参与课堂

在初中道德与法治教学中,深度思考与合作交流具有密不可分的必然联系。因此,为确保学生能够积极主动地参与课堂中进行展示和表达,教师要积极采用小组合作学习的方法,让学生在合作中培养能力,掌握知识;在畅所欲言中发生观点碰撞,最终实现深度学习。

以部编版初中道德与法治教材为例,在"维护秩序"教学时,教师可以将需要解决的真实情境问题分给不同小组,让学生扮演不同角色,针对学校门口放学拥堵情况进行讨论。以实际问题激活学生的思维,促使学生主

动结合亲身经历展开小组间的讨论与交流。由此,学生可以在小组合作力的驱动下展开思考与探讨。当学生作答后,教师可以将学生分成不同角色并围绕自身观点进行陈述。

这样的小组合作方式,不仅让初中道德与法治的课堂教学氛围更加活跃起来,还能让学生在围绕问题抒发见解、表达观点与意见的过程中深度参与课堂之中,对社会秩序生成崭新的认识,其学科核心素养自然也会在此过程中得到循序渐进的发展与提升。

(四)利用多种类教学方式,深化学生学习体验

初中道德与法治教学方式包括议题式教学、角色扮演、辩论赛等多种形式。在教学过程中,教师采用契合学生实际情况的教学方式有序推进教学工作,引导学生展开深度探究学习,彰显道德与法治课程的育人价值,帮助学生由浅入深地领悟学科内容,发展学科核心素养,让课堂教学取得良好成效。

以部编版初中道德与法治教材为例,在"建设美丽中国"教学中,教师采用议题式教学方式将学生的实际生活与道德与法治课程紧密联系起来,让学生在探讨与分析议题的过程中深刻认识到资源环境对国家进步、民族发展、人民生活起到了重要影响,进而增强责任意识。

教学过程中,教师布置议题"我的美丽家乡",学生以小组为单位进行课前走访调查。通过采访家人、走访家乡等方式,收集家乡近些年的变化,完成调查报告。如此,学生便会通过探讨与分析议题的方式,主动地将自身实际生活经历与环境保护紧密联系,将学习感悟与体会进行深化。

议题式教学是培育学生核心素养的有效手段,但在教学过程中必须与现实生活相结合,只有不断进行探究、思考、碰撞,才能让学生真正带着学科视角来理解生活和时事,对学生的核心素养、思想理念起到正向价值引导。

（五）借助各层次实践活动，助力学生素养提升

《全面推进"大思政课"建设的工作方案》中强调要充分调动全社会力量和资源，推动思政小课堂与社会大课堂相结合。推进"大思政课"建设，要构建学校与社会同频共振的人才培养模式，打造"思政小课堂+社会大课堂""思政课程+课程思政"双向互动、协同育人的教学模式。

在实际的课程教学过程中，初中道德与法治教师要积极整合课内外资源，结合学生参与的多层次、多种类社会实践活动，升华学生情感，发展学科核心素养，让学生真正实现深度学习。

以部编版初中道德与法治教材为例，在"延续文化血脉"教学中，学生参与相关社会实践活动前，教师可以利用"行前课"为学生布置任务。课前让学生自主调查参观的景点（故宫或天坛），通过查阅资料了解其历史以及背后的文化价值。在实践活动结束后，组织学生们以小组为单位进行校园宣讲，通过多种形式厚植爱国情怀，感受祖国文化底蕴。

这种与社会实践活动相结合的任务设计，不但可以避免传统任务带给学生的负担与压力，还可以让学生在面对陌生的、复杂的真实问题时，能够快速整合学科知识以解决问题。真实、具体、富有价值的社会实践活动情境，有助于学生学科核心素养的形成和发展。

三、结语

总而言之，初中生正处于价值观建立、身心快速发展的关键时期，道德与法治教师应该发挥引导作用，促进学生深度学习。教师要积极探寻初中道德与法治深度学习的着力点，精准发力，增强学生的学习能力和学习效果，提高初中道德与法治教学的有效性，发展学生学科核心素养，真正落实立德树人根本教育任务。

第二编　潜心育人，教学设计共创新

语数英筑根本一

巧抓对比探主旨　交流感悟助成长

张建英

一、指导思想

《义务教育语文课程标准(2022 年版)》中提到语文课程致力于全体学生核心素养的形成与发展。即文化自信、语言运用、思维能力、审美创造。

语言运用是四个方面当中的核心内容。义务教育语文课程培养的核心素养是学生在积极的语文实践活动中积累建构,并在真实的语言运用情境中表现出来的,是文化自信和语言运用、思维能力、审美创造的综合体现。

二、教学背景

(一)学习内容分析——课程标准

1.第四学段要求(2022 版)

阅读与鉴赏:欣赏文学作品,有自己的情感体验,初步领悟作品的内涵,从中获得对自然、社会、人生的有益启示。能对作品中感人的情境和形象说出自己的体验,品味作品中富于表现力的语言。

表达与交流:能从文章中提取主要信息,进行缩写。

梳理与探究:自主组织文学活动,在活动过程中体验合作与成功的喜悦。

2.第四学段课程内容(2022版)

义务教育语文课程内容主要以学习任务群组织与呈现。设计语文学习任务,要围绕特定学习主题,确定具有内在逻辑关联的语文实践活动。

3.第四学段学业质量(2022版)

广泛阅读古今中外的诗歌、小说、散文、戏剧等文学作品,在阅读过程中能把握主要内容,表达对作品的理解;能厘清行文思路,用多种形式介绍所读作品的基本脉络。能从多角度揣摩、品味经典作品中的重要词句和富有表现力的语言,分析作品表现手法的作用;能从作品中找出值得借鉴的地方,对照他人的语言表达反思自己的语言实践。能通过对阅读过程的梳理、反思,总结不同类型文学作品的阅读经验和方法;能与他人分享自己获得的对自然、社会、人生的有益启示。

(二)学习内容分析——立足教材

1.立足七至九年级教材

七八年级对小说的要求是用一般的阅读方法和策略来读小说。七年级教材下册阅读的小说篇目有《台阶》《带上她的眼睛》,对学生的要求是能整体感知小说内容,把握小说的情节脉络,能概括主要情节。八年级教材下册学生阅读的小说篇目有《社戏》,要求学生能把握人物形象,把握小说塑造人物的方法,进而品味、分析小说中的人物形象,对结构、思路等能加以了解。九年级教材上册阅读的小说篇目有《故乡》《我的叔叔于勒》《孤独之旅》《智取生辰纲》《范进中举》《三顾茅庐》《刘姥姥进大观园》,下册阅读的小说篇目有《孔乙己》《变色龙》《溜索》《蒲柳人家》。要求学生能通过人物、情节、环境的分析,深入理解主题,能理解重要词句在具体语境中的含义和作用,能领悟作品中的内涵,感受小说的独特魅力,从中获得对自然、社会、人生的有益启示,最终帮助学生提高语文素养,以及促使学生良好个性与健全人格的形成,思想性比七年级、八年级更加深刻。

2. 立足九年级第四单元分析

本单元小说思想内涵深刻,艺术技巧精湛,均是短篇小说中不可多得的精品。每篇文章都有各种对比,"对比"贯穿于本单元三篇课文。"对比"既体现于小说情节发展的过程中,也体现在小说的"横截面"上。《故乡》在"现实"与"回忆"中穿插交织,"我"记忆中的故乡风景和故乡的人事,与眼前所见的景象、人物形成了多重对比,在层层对比中寄寓着作者对旧中国及其人民命运的无限关切与深沉思索,凸显了小说的思想主题。《我的叔叔于勒》围绕于勒是败家子还是救世主讲述了一个曲折的故事,作者抓住了于勒形象的前后对比、菲利普夫妇对于勒前后态度变化的对比、"我"与父母之间的对比,对金钱社会扭曲人性的罪恶进行了尖锐的批判。《孤独之旅》的情节则比较平淡,作者并没有浓墨重彩地塑造人物形象,但同样也蕴含着鲜明的对比,通过杜小康心灵成长前后的对比来体现少年的成长之旅。所以本单元巧抓"对比"让学生来理解主题,把梳理故事情节、品析人物形象、分析环境描写、领悟思想主题等环节有机地组织起来,让本单元三篇课文的教学形成一个整体。

3. 立足学情分析

通过问卷星做读书调查后,发现学生最喜欢读小说类型的书籍所占比例非常高。另外,学生在初一、初二已经接触过小说《台阶》《带上她的眼睛》《社戏》,还有课内名著《西游记》《骆驼祥子》《水浒传》《海底两万里》,有的同学课外也阅读过科幻、推理、历史、武侠等小说,由此可见学生对小说并不感到陌生,已经初步掌握了小说的体裁知识。但是绝大部分同学不知道如何阅读小说，更谈不上读完有多大收获。对于小说的阅读，学生大多停留在对故事本身，评判一部小说优劣的标准也只是情节是否跌宕起伏、引人入胜等，缺少深思辨层面的理解感悟和评价鉴赏，更没有和自己的实际生活相关联，还未真正形成阅读小说的能力。因此，笔者想通过这一单元教学让学生真正掌握小说的阅读方法，让他们能够主动走进小说的世界，深化阅读感受、丰富阅读体验，获得更多的对自然、社会、人生的有益启示。

三、单元主题

主题：巧抓对比探主旨　交流感悟助成长。

人文主题：反映社会，体验人生，自我成长。

语文要素：梳理小说情节，品析人物形象，分析环境描写，理解小说主题，对比表现手法。

四、单元教学目标、重难点、单元基本问题

教学目标：运用"对比"梳理小说情节，品析人物形象，进而理解小说主题。感受小说展示的人生经验，加深对社会和人生的理解，获得自我成长的教益。

重点：运用"对比"理解主题，教给学生掌握小说阅读的基本方法。

难点：引导学生感悟小说，从而获得自我成长的教益。

单元基本问题：如何抓住对比理解小说主题？

五、单元核心任务

为了培养学生的阅读习惯，提升阅读兴趣，学校早在 2016 年就把"书

香校园"建设列为学校特色之一。图书馆里还有每一层教学楼的"启明"图书分享教室都有许多优秀书籍,其中包括许多优秀的小说作品。可是学生在选择书籍时毫无目的,读书时不知道应从哪些角度阅读,没有个性化阅读的思考,渐渐地他们对读书失去了兴趣。九年级上册语文第四单元是小说单元,同学们正在学习这几篇小说,故年级特此开展"小说我来荐"活动,分别开设五个栏目——"故事情节栏""人物展示栏""环境描写栏""主题文化栏""少年成长栏",请同学们以图书管理员的身份,运用第四单元所学的小说知识,任选一栏至少写 300 字向大家推荐优秀的小说作品,以此激发学生的读书兴趣,然后年级进行展示评比,选出星级优秀推荐者。

六、单元整体教学思路框架

单元整体教学设计分为 5 个课段。

第一课段:走进小说天地,感受小说魅力。(1 课时)

第二课段:一波一澜皆故事,情节对比悟主旨。(2 课时)

第三课段:一景一物皆暗语,环境对比悟主旨。(1 课时)

第四课段:一言一行皆有因,人物对比悟主旨。(2 课时)

第五阶段:一篇一章皆体验,相互交流助成长。(2 课时)

设计 8 个课时的主线分别是走进小说天地;抓对比,理情节,探主旨;抓对比,析环境,探主旨;抓对比,赏人物,探主旨;比较归纳,理解主题,助力成长。内容聚焦了小说的三要素,解读小说的方法。核心素养重点体现了语言运用、思维能力,最终让学生获得了自我成长的教益。

(一)第一课段——走进小说天地,感受小说魅力

学习目标——了解小说三要素,初步了解解读小说的基本方法。

任务一:举例具体说明好的小说有哪些元素。

任务二:了解小说文体知识。

任务三：发布单元任务。

任务四：自主阅读三篇小说，记录初读感受。

基础作业：熟读课文，扫清字词障碍。

拓展作业：概括主要内容，绘制三篇课文的情节思维导图。

设计意图：让学生自主阅读课文，在读中发疑，初步感知小说内容，并通过阅读反馈了解学生在小说方面的学习情况，这样有利于后面教学内容的展开。

（二）第二课段——一波一澜皆故事，情节对比悟主旨

学习目标——学习梳理小说情节的方法，通过分析小说中情节之变，探究小说主旨。

任务一：找变化，抓《故乡》线索，理方法，探究主题。

任务二：找变化，抓《我的叔叔于勒》结构，理方法，探究主题。

任务三：找变化，抓《孤独之旅》心理，理方法，探究主题。

基础作业：掌握缩写知识，缩写《我的叔叔于勒》课文并布置"故事情节栏"。

拓展作业：阅读《变色龙》，体会情节的一波三折，探究主题。

设计意图：本单元三篇小说都以"变化"贯穿故事情节，通过分析小说中情节之变，探究小说主旨。

（三）第三课段——一景一物皆暗语，环境对比悟主旨

学习目标——通过分析小说中环境之变，探究小说主旨。

任务一：赏环境之变，探主旨。

任务二：寻文画环境，探主旨。

任务三：总结环境描写作用。

基础作业：寻文画图，布置"环境描写栏"。

拓展作业:分析《智取生辰纲》中环境描写的作用。

设计意图:通过分析小说自然环境的变化,探究环境描写对人物的影响,从而理解小说主题。

(四)第四课段——一言一行皆有因,人物对比悟主旨

学习目标——通过分析小说中人物之变,探究小说主旨。

任务一:请各小组跳读课文,摘录关键词语填写表格,完成少年和中年闰土、二十年前和二十年后杨二嫂的人物形象对比,然后展示交流。

任务二:比较闰土和杨二嫂的异同。

任务三:分析背景材料,探究主旨。

任务四:谈感悟,助成长。

基础作业:给闰土写一篇推荐语,要求概括人物性格特点。

拓展作业:请结合《孔乙己》《范进中举》这两篇小说,抓住孔乙己和胡屠户的对比变化布置"小说我来荐"中的"人物展示栏"。

设计意图:结合《故乡》人物语言、动作、神态、环境等描写手法,抓住对比分析人物形象,探究小说主旨,从而掌握解读小说的方法。

(五)第五阶段——一篇一章皆体验,相互交流助成长

学习目标——比较归纳,理解主题,助力成长。

任务一:探究三篇小说主题共性。

任务二:结合主题,感悟成长。

任务三:开展"小说我来荐"活动,年级评出星级优秀推荐者。

基础作业:总结解读小说的方法。

拓展作业:从几篇小说主题和成长角度布置"小说我来荐"中的"主题文化栏""少年成长栏"。

设计意图:通过对三篇小说的学习,让学生加深对社会和人生的理解,

从而确立自我意识，获得人生感悟，更好的成长。

七、教学设计亮点

一是教学设计突出了学生学习的主体地位，依据学科课程标准要求突出了单元和课时学习对学生发展的价值，增强了学生学习过程的体验性、实践性和整体性。

二是第四单元大单元教学以任务为导向，以活动为载体，整合学习情境、学习内容、学习方法和学习资源，利用学校资源创设有效的真实的学习情境，激发了学生学习兴趣，引导学生在学小说的过程中提升了语文素养。

三是虽然是大单元整体教学设计，但是没有忽略单篇价值。在教学时注重了单篇文章，最大限度地让单篇融单元主题中去，把单篇的价值都发挥了出来。

四是教学评价始终贯穿整个小说单元。课前给学生设计了任务单，让学生自主学习。在实施教学的过程中，又有过程性评价。每一个活动环节都有"小说我来荐"活动评价量规。课后也有学习成果的评价，包括给小说写推荐语、给小说中的人物写一封信、结合环境绘一幅画……第四单元实现了教学评一体化。

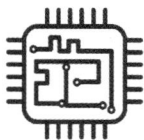

语数英筑根本二

一言一行皆有因 人物对比悟主旨

——以《故乡》中"闰土"为例

贾娟

一、学习内容

《故乡》一文中,作者用较多笔墨刻画了闰土这一人物形象。闰土最初是在"我"的回忆中出现的,他是一个身体健壮,动作语言干脆利落,天真活泼、心地纯净的少年形象。

待到闰土正式出场时,已是中年,外貌发生了很大变化,改变更大的是他的行为举止和精神世界。他畏畏缩缩,说话吞吞吐吐,谦恭而又含糊,显得迟钝麻木,把希望寄托在求神拜佛上。

小说通过这一人物形象的前后对比,写出了旧中国善良的人民被生活压得喘不过气,变成"木偶人"的痛苦遭遇。

通过对《故乡》一文中少年闰土和中年闰土外貌、语言、动作等多方面进行对比,学习小说中描写人物的方法,探究闰土发生变化的原因,进而理解小说的思想主题。

二、学情分析

对于小说,学生已有一定的阅读积累,在初中生的课内外阅读中,小说所占比例最大。但是学生在阅读小说时,大多停留在对故事情节的兴趣上,评判一部小说优劣的标准也只是情节是否跌宕起伏、引人入胜等,缺少深思辨层面的理解感悟和评价鉴赏。所以本节课让学生通过分析人物形象的变化,理解小说主题,深化阅读感受、丰富阅读体验,获得更多对社会人生的有益启示。

三、学习目标

一是学会从细节入手分析闰土的外貌、语言、动作之"变",探究闰土形象。

二是分析闰土变化的原因,探究小说主题,获得人生感悟。

四、学习重难点

重点:从细节入手,分析闰土的外貌、语言、动作等的变化,探究闰土的形象。

难点:学习运用对比手法分析人物形象的方法,探究小说主题。

五、学习评价设计

请你运用今天课堂所学,写一篇关于闰土的人物推荐语(提示:结合具体事件分析人物外貌、语言、动作等,概括人物形象特征)布置"好书我推荐"中的"生花妙笔塑人物"一栏。

六、课时安排

1 课时。

七、学习活动设计

教师活动 1

情境导入:为了提升学生阅读兴趣,"星火"阅读社团举办"好书我推荐"活动。该活动分为五个栏目,即"曲径通幽说故事""生花妙笔塑人物""景情相通描环境""知人论世悟主旨"。今天我们就来研读《故乡》中的闰土这一典型形象,学习分析人物形象的方法,探究小说主旨,课后写出人物推荐语,选取优秀作品布置"生花妙笔塑人物"专栏。

学生活动 1

倾听,明确本节课的学习任务。

活动意图说明:创设真实情境,利用"好书我推荐"活动明确本节课学习内容——"一言一行皆有因　人物对比悟主旨"。

教师活动 2

任务一:探究闰土形象。

1.探究闰土之变

闰土是这篇小说的主要人物,作者运用对比手法,从不同角度写了他的变化。下面全班分成两个小组,即"少年闰土组"和"中年闰土组",请各小组跳读课文,完成任务。

要求：

（1）少年闰土组重点阅读12至30自然段，用横线画出描写闰土的外貌、语言、动作、神态等语句，并在旁边批注少年闰土的形象特征。

（2）中年闰土组重点阅读55至77自然段，用横线画出描写闰土的外貌、语言、动作、神态等语句，并在旁边批注中年闰土的形象特征。

（3）各小组分工合作，汇总大家概括的闰土形象的词语，推荐一名同学板书，其余同学说出你概括的理由。

回答格式：第_____段中_____（文中语句）运用了_____描写，从_____（用词、标点、修辞等方面）写出了_____，我看到了一个_____的闰土。

示例：

他站住了，脸上现出欢喜和凄凉的神情；动着嘴唇，却没有作声。他的态度终于恭敬起来了，分明的叫道，"老爷！……"

第59段中"他站住了……老爷……"这一段运用了神态和语言描写。"欢喜""凄凉""恭敬""分明"写出闰土始则欢喜、继而犹豫、终究与"我"隔膜而称"我"老爷的过程。"老爷"一词写出了闰土对"我"毕恭毕敬，反映出闰土和我隔阂之深，不仅仅是时间久远产生的生疏感，还有两人的思想隔阂。我们读到了一个深受封建等级观念思想束缚的闰土形象。

表1　少年闰土和中年闰土的形象对比

闰土	少　年	中　年
外貌	紫色圆脸，头戴小毡帽，颈套小银圈，红活圆实的手（小英雄）（健康有活力）	脸色灰黄，很深的皱纹，眼睛肿得通红，（苍老）头戴破毡帽，身穿极薄的棉衣，浑身瑟索，（贫穷）手又粗又笨，像松树皮（木偶人）（笨拙）
语言	哥弟相称，"迅哥儿"讲捕鸟、捡贝壳，看管西瓜等许多新鲜希奇的事。（见多识广、勇敢机灵、热爱生活）	态度恭敬叫"老爷！""水生，给老爷磕头。"（封建守旧、谦恭怯懦）"老太太。""非常难……"（生活辛苦、内心苦痛）

续表

闰土	少　年	中　年
动作	怕羞——和我说话,亲切热情——躲到厨房,哭着不肯出门——带给我一包贝壳和羽毛。(纯真善良)	动着嘴唇,却没有作声,(迟钝麻木)浑身瑟缩着,手提着一个纸包——谈些闲天,都是无关紧要的话;谈话过程只是摇头、沉默、默默地吸烟——拣了好几件东西。(缺少活力、内心苦痛)

2.探究省略内容

通过分析文中的重点语句我们看到了一个少年“小英雄”和中年“木偶人”,其实在文中还有一种“无声的语言”即标点符号也能帮助我们分析人物形象,请各组同学画出描写闰土语言的语句,并找出其中的省略号,分析省略的内容,概括闰土形象,完成以下表格。

示例:

表2　少年闰土语言中的省略

少年闰土的语言	
具体语言	省略内容或作用
“……我远远地将缚在棒上的绳子只一拉,那鸟雀,那鸟雀就罩在竹匾下了。什么都有:稻鸡,角鸡,鹁鸪,蓝背……”(18段)	①
“我们沙地里,潮汛要来的时候,就有许多跳鱼儿只是跳,都有青蛙似的两个脚……”(28段)	②
“你听,啦啦的响了,猹在咬瓜了。你便捏了胡叉,轻轻地走去……”(23段)	③

明确:①省略的是所捕鸟雀的种类;②所看鱼儿的种类;③话语被打断。

表3 中年闰土语言中的省略

中年闰土的语言	
具体语言	省略内容或作用
"老爷！……"(60段)	①
"……收成又坏。种出东西来,挑去卖,总要捐几回钱,折了本;不去卖,又只能烂掉……"(71段)	②

明确:①静默或思考;②成年闰土生活的窘迫。

3. 概括闰土形象

明确:

少年闰土:热情开朗、见多识广、活泼淳朴、纯真善良、勇敢机灵、热爱生活——"小英雄"

中年闰土:苍老笨拙、迟钝麻木、谦恭怯懦、缺少活力、淳朴善良、封建守旧、有等级观念——"木偶人"

4. 朗读重点句子

两组同学分别找出并有感情地朗读描写少年闰土和中年闰土的重点句子,体会不同时期闰土的形象。

学生活动2

1. 学生跳读刻画闰土形象的部分,找到描写闰土外貌、语言、动作等语句,分析人物形象。

2. 各小组讨论交流,每一个小组代表发言。

3. 探究省略号的作用,分析人物形象。

4. 朗读重点句子。

活动意图说明:通过以上对不同时期闰土的外貌、动作、语言等综合分析,探究省略号的作用,分析人物形象,多角度感受闰土的巨大变化。

教师活动 3

任务二：分析背景材料，探究小说主旨。

1. 细读原文找原因

通过前面的分析，我们看到了"迅哥儿"与中年闰土之间已经有了无法逾越的鸿沟。一个可爱的"小英雄"是如何沦为一个麻木不仁的"木偶人"呢？原文有答案吗？

明确：多子，饥荒，苛税，兵，匪，官，绅，都苦得他像一个木偶人了。

2. 结合历史探究竟

结合文章写作背景以及中国近现代史大事年表，探究深层次原因。

3. 明确主题

小说反映了辛亥革命前后旧中国农民日益衰败的面貌，揭示了当时农民贫困的社会根源，即封建主义和帝国主义的双重压迫。表达了"我"对他们的深切同情和改造旧社会、创造新生活的强烈愿望和坚定信念。

学生活动 3

讨论分析闰土沦为一个麻木不仁的"木偶人"的原因。

活动意图说明：通过对比闰土的变化并结合时代背景，探究小说主题。

教师活动 4：课堂小结

我们运用对比的方法分析了《故乡》中闰土的形象，探究了少年闰土到中年闰土人物形象变化的原因。老师希望同学们在阅读其他小说的时候，也能从人物外貌、语言、动作等方面分析人物形象，关注小说中的对比，进而思考小说的主题。

学生活动4：聆听、思考

活动意图说明：总结本节课的内容及学习目的。

八、板书设计

人物描写的角度　——外貌、语言、动作、神态、心理

故乡　　鲁迅

闰土 { 少年：聪明勇敢、活泼开朗 （小英雄）　　多子，饥荒，苛税，
中年：迟钝麻木、谦恭怯懦 （木偶人）　↓ → 兵，匪，官，绅
（帝国主义、封建主义）

九、作业布置

（一）基础作业

请你运用今天课堂所学，为闰土写一篇人物推荐语。（提示：结合具体事件，分析人物外貌、语言、动作、神态等，概括人物形象特征）

（二）拓展作业

在很多文学作品里都运用对比手法，请同学们仿照今天分析闰土的方法，分析其他小说中的人物形象。如《范进中举》中的胡屠户，《变色龙》中的奥楚蔑洛夫。

（三）布置"好书我推荐"中的"生花妙笔塑人物"专栏。

附件1:《故乡》一文写作背景

辛亥革命后,中国陷入军阀割据纷争的动乱之中。由于国内外的双重压玉迫,中国农村经济凋敝,农民生活日益贫困。"我"于1919年12月回故乡绍兴接母亲到北京,目睹农村的破败和农民的凄苦,深切感受到少年的好友与乡邻同"我"之间的巨大隔膜,引起"我"内心无法消除的痛苦,同时也激起了"我"改变现状的强烈愿望。1921年1月他以这次经历为素材,创作了小说《故乡》。

附件2:省略号的作用

（1）表示引文、列举、重复词语的省略。

（2）表示话语被打断,表示说话断断续续。

（3）表示静默或思考。

附件3:中国近现代史大事年表

两次鸦片战争(1840—1842年　1856—1860年)

1840—1895年	帝国主义侵华　签订一系列不平等条约
1900年	八国联军侵华
1911年	武昌起义　"辛亥革命"
1912年	中华民国建立　袁世凯继任临时大总统
1913年	"二次革命"
1915年	护国战争
1916年元旦—3月	袁世凯登基宣布取消帝制
"军阀割据"——	直系、皖系、奉系

附件4:军阀割据混战造成的一些后果

农户	1914—1918年	减少1500多万户
耕地	1914—1918年	减少2600多万亩

荒地	1914—1918 年	增加 4900 多万亩
陆军	1914—1919 年	增加 92 万多人
军费	1916—1918 年	增加 5000 多万元

（摘自《中国历史》教材八上）

语数英筑根本三

"反比例函数"单元整体教学设计

雷红

一、指导思想与理论依据

以《义务教育数学课程标准(2022版)》为指导思想和依据：坚持以习近平新时代中国特色社会主义思想为指导，落实立德树人根本任务，课标中要求通过对现实问题中变量的分析，建立两个变量之间变化的依赖关系，让学生理解用函数表达变化关系的实际意义，理解函数图像与表达式的对应关系，理解函数与对应的方程、不等式的关系，增强几何直观；会用函数表达现实世界事物的简单规律。学生通过数学的学习，形成和发展面向未来社会和个人发展所需要的核心素养。

本单元在2022年版义务教育数学课程标准中的要求是：

一是结合具体情境体会反比例函数的意义，能根据已知条件确定反比例函数的表达式。

二是能画反比例函数的图象，根据图象和表达式 $y = \dfrac{k}{x}(k \neq 0)$ 探索并理解 $k > 0$ 和 $k < 0$ 时图象的变化情况。

对2022年版义务教育数学课程标准中的要求的解读。

一是结合具体情境体会反比例函数的意义，能根据具体情境中的条件确定反比例函数的表达式，会用待定系数法求反比例函数的表达式，能辨析一个函数是不是反比例函数。

二是能画反比例函数的图象，能根据图象和表达式 $y = \dfrac{k}{x}(k \neq 0)$ 探索并理解反比例函数图象的形状是双曲线，运用数形结合思想，分析并掌握 $k > 0$ 和 $k < 0$ 时图象的位置、变化趋势、增减性等。

三是进一步理解常量与变量的辩证关系，进一步理解反映在函数概念中的运动变化观点，进一步认识数形结合的思想方法，丰富对函数的认识，进一步体会函数的模型思想。

本单元的重点是：反比例函数的概念、图象和性质。

二、教学背景分析

单元内容分析：反比例函数是《义务教育数学课程标准（2022年版）》中"数与代数"领域的内容，是初中阶段的三大基本函数之一，是初中阶段学习的最后一类函数，是在学习了平面直角坐标系、一次函数、二次函数的基础上，再一次进入函数领域，进一步理解函数内涵、感受各种函数在生活中的运用，也是高中学习后续各类函数的基础。

学生情况分析：学生在小学学习了"反比例"，在初中学习了"平面直角坐标系""一次函数""二次函数"，已经掌握了学习函数的一般规律，积累了一些经验. 如描点法画函数图象，图像形态有"直"有"曲"，学习函数的基本流程："函数概念"——"函数的图象和性质"——"函数的实际应用"，及函数学习中涉及的"数形结合""变化与对应""转化"等数学思想方法。

但是，反比例函数的图象和性质，是继一次函数到二次函数的由"直"到"曲"后，思维上的再一次飞跃：图象从"一条"到"两支"，由"连续"到"间断"，由与坐标轴"相交"到"渐进"，无不凸显对函数概念本质属性认识和理解的进一步升华,这对学生来说有一定困难。因此,本单元的难点是:对反比例函数图象的生成过程,以及图象的"间断"和"渐进"特性的理解。

本单元整体教学设计思路分析:反比例函数的学习与学习一次函数和二次函数类似,首先让学生从实际问题情境中抽象出反比例函数的概念,其次在概念的基础上,学生由解析式通过描点法画图,得到图象及特征,并结合解析式探索反比例函数及其图象的主要性质。所以本单元共安排3课时:"反比例函数的意义"1课时、"反比例函数的图象和性质"2课时。

三、单元基本问题

一是日常生活中的一些数量关系,可以用什么函数表示?
二是学习每一类具体函数的研究方法是什么?

四、单元教学目标

一是经历在实际情境中探索数量关系和变量规律的过程,抽象出反比例函数的概念,认识反比例函数是描述具有反比例变化规律的数学模型。

二是能根据具体情境中的条件确定反比例函数的表达式,会用待定系数法求反比例函数的表达式,能辨析一个函数表达式是不是反比例函数表达式。

三是能用描点法画反比例函数的图象,根据图像和表达式探索并理解反比例函数的图象特征和性质:图象的形状、位置和变化规律。

四是进一步提高函数学习的能力,体验函数中蕴含的数形结合等重要的数学思想方法。

五是丰富对函数的认识,进一步体会函数的模型思想。

五、单元教学主要过程设计

第 1 课时　反比例函数

【课时目标】

1. 经历对实际情境的分析,识别相关量之间的反比例关系,抽象概括得出反比例函数的概念,体会反比例函数来源于生活实际,是描述具有反比例变化规律的数学模型;

2. 能辨析一个函数是否为反比例函数,能根据问题中的变量关系,确定反比例函数的解析式,进一步感受待定系数法求解析式。

重点:理解反比例函数的概念。

难点:理解反比例函数的概念。

【主要教学环节(典型任务)】

创设情境　引入概念

1. 播放本班同学百米比赛(测试)视频,提出问题:

(1)百米赛跑的名次是怎样确定的?

(2)在百米赛跑中涉及几个量? 谁是常量,谁是变量?

(3)两个变量间具有函数关系吗? 说明理由。

(4)能写出平均速度 v 和时间 t 的函数关系式吗?

2. 下列问题中,变量间具有函数关系吗? 如果有,请写出解析式。

(1)数学书 2 页:思考(1)。

(2)数学书 2 页:思考(2)。

(3)数学书 2 页:思考(3)。

归纳类比　形成概念

1. 观察以上函数,哪些是已经学过的正比例函数?

2.其他四个函数与正比例函数有何不同? 具有什么共同点?

3.你能尝试写出这种函数的一般形式吗? 能给这种函数下定义吗?

4.上述函数中的常数 k 分别是多少?

体会运用　剖析概念

数学书 3 页——练习 2(补充 $y = 5x^{-1}$)

分析例题　培养能力

数学书 3 页——例题

学生练习:数学书 3 页——练习 3。

归纳小结　深化理解

1.反比例函数的概念以及获得反比例函数概念的方法。

2.反比例函数对自变量的取值有何要求?

3.反比例函数中的两个变量的关系是什么?

4.如何根据已知条件求反比例函数的解析式。

【教学设计意图】

学生从亲身经历的百米赛跑的经验出发,结合实际生活和已有知识经验,探索其中的数量关系和变化规律,经历观察、讨论、归纳、抽象概括得出反比例函数概念的过程,发展学生抽象思维能力,体会函数的模型思想。

【作业内容】

数学书:3 页:练习 1 题;8 页:习题 26.1 的第 1 题、第 2 题。

【作业设计意图】

进一步明晰概念,能够从实际情境中抽象出反比例函数关系,用反比例函数的概念判断函数是否为反比例函数,把握住两个变量的乘积为定值的基本特征。

第2课时　反比例函数的图象和性质(1)

【课时目标】

1. 会根据解析式用"描点法"(列表、描点、连线)画反比例函数的图象；

2. 经历画图、分析图象特征，并结合解析式归纳得到反比例函数的性质；

3. 在画图像及探究性质的过程中，体会"分类讨论""数形结合""从特殊到一般"的数学思想。

重点：画反比例函数图象，结合图象与解析式探究反比例函数的性质。

难点：理解反比例函数图像是有"间断"的两支曲线。

【主要教学环节(典型任务)】

复习回顾　引入新知

1. 学习一次函数、二次函数时，研究了哪些内容？是如何研究的？

2. 反比例函数的图象是什么样呢？用什么方法画反比例函数图象呢？

类比探究　形成新知

1. 学生动手画反比例函数 $y = \dfrac{6}{x}$、$y = \dfrac{12}{x}$ 的图象。(为学生准备网格坐标系，减小误差)思考：如何选取自变量的值？要注意什么问题？

2. 学生展示交流：充分利用和开发"错误"资源，先展示几种典型的"反例"，究其错误根源，再展示"正例"。

3. 归纳反比例函数 $y = \dfrac{6}{x}$、$y = \dfrac{12}{x}$ 的图象的形状、位置、变化趋势，得到 $k > 0$ 时的图象性质。

4. 教师利用几何画板演示验证。

5. 类比研究 $k < 0$ 时图象性质。

6. 总结归纳反比例函数的图象特征和性质。

巩固提高 应用新知

数学书 6 页：练习 1 和 2。

补充：3. 已知反比例函数 $y = \dfrac{k}{x}$ 的图象过点 $(2,1)$，则它的图象位于___ __象限，且 k ____ 0。

补充：4. 若反比例函数 $y = \dfrac{k}{x}(k < 0)$ 的图象上有两点 $A(x_1, y_1)$，$B(x_2, y_2)$，且 $x_1 < x_2 < 0$，则 $y_1 - y_2$ 的值是（   ）

A. 正数　　　B. 负数　　　C. 非正数　　　D. 非负数

归纳小结 深化新知

1. 反比例函数的图象和性质，以及研究方法。

2. 在每一个象限内函数的变化规律及原因。

3. 研究反比例函数图象和性质的过程中体现的数学能力和数学思想。

【教学设计意图】

学生通过画反比例函数图象，并对图象进行观察、分析，总结出反比例函数的性质，使学生经历从特殊到一般的过程，体会知识产生、形成的过程，既有利于加深学生对性质的理解和掌握，又有利于培养学生抽象概括能力和数形结合思想。

【作业内容】

数学书：第 6 页的练习；第 8 页的习题 26.1 至 3 题。

作业设计意图：巩固、理解反比例函数的图象和性质，进一步体会数形结合思想。

第3课时　反比例函数的图象和性质(2)

【课时目标】

1. 进一步理解和掌握反比例函数的图象和性质。

2. 能灵活运用反比例函数的图象和性质解决问题:用待定系数法求解析式、结合函数图象比较大小。

3. 感受函数思想中的变化与对应,领悟函数解析式与函数图象之间的联系,丰富函数学习的经验和方法,体会数形结合及转化的思想方法。

重点:运用反比例函数的图象和性质解决问题,进一步理解、掌握反比例函数的图象与性质。

难点:根据自变量的大小关系,判断函数值的大小关系。

【主要教学环节(典型任务)】

复习回顾

1. 反比例函数的解析式有哪几种,反比例函数有哪些性质?

2. 已知点$(2,-6)$在反比例函数的图象上,点$(-2,6)$是否也在此图象上? 点$(6,-2)$,$(-6,2)$呢?

数形结合

下列反比例函数:

① $y = -\dfrac{2}{x}$　　② $y = \dfrac{1}{3x}$　　③ $y = -\dfrac{100}{x}$　　④ $y = \dfrac{3}{100x}$

(1)图象位于一、三象限的是_____;

(2)图象位于二、四象限的是_____;

(3)(x_1,y_1),(x_2,y_2)是其图象上同一象限内的点:若$x_1 < x_2$,则$y_1 < y_2$的函数是_____。

图像性质

数学书7页例4。

补充:

(3)若点 $A(x_1,y_1)$,$B(x_2,y_2)$,$C(x_3,y_3)$ 都在函数图象上,且 $x_1<x_2<0<x_3$,则 y_1,y_2,y_3 有怎样的大小关系?

(4)若反比例函数 $y=\dfrac{m-5}{x}$ 的图象的一支位于第二象限,你能解答(1)(2)(3)中的问题吗?

练习应用

1.书 8 页练习 1 和 2。

2.自编。

总结提升

1.反比例函数图象及其性质的运用,主要体现的几个方面。

2.已知反比例函数图象及其图象上两点横(纵)坐标的大小,比较纵(横)坐标大小的方法。

3.反比例函数图象及其性质的运用中所体现的数学思想方法。

【教学设计意图】

进一步理解和应用反比例函数的图象和性质.将教材例 3 变式设计为练习,意在减少例题数量,将例 4 增加(3)(4)两个问题,第(3)问是前两个问题的提高拓展,第(4)问是前 3 个问题的变式迁移,有助于积累解题经验,一题多用,凝题成链,多题归一。

【作业内容】

数学书第 8 页的习题 26.1 的 5 题、9 题。

【作业设计意图】

进一步理解和应用反比例函数的性质,更好地理解数形结合思想。

六、典型教学效果评价量规

（一）概念

（1）能辨别函数表达式是否为反比例函数（A 层）；

（2）能辨别实际情境和数学问题中的数量关系是否为反比例函数关系（B 层）。

（二）图象和性质

（1）了解反比例函数的图象特征和性质（A 层）；

（2）理解反比例函数的图象特征和性质，并能进行简单应用（B 层）；

（3）能够灵活应用反比例函数的性质解决问题（C 层）。

七、教学设计特色说明

一是注重联系学生已有的生活经验。例如在第一课时的引入环节，设计了多个学生熟悉的问题情境，尤其是学生亲身经历的百米赛跑的视频，引导学生用数学的思想重新认识日常生活中的变量关系，并建立了不同的函数解析式，为学生呈现了丰富的函数模型。

二是注重以学生为本。例如在第二课时，大胆放手让学生尝试画反比例函数图象，给学生以充分的时间和空间去试误和辨析，把学生画图产生的错误转化为重要的、不可或缺的教学资源，师生共同分析错误背后的原因，最终使学生通过画图象对富有价值的问题真正理解，如"如何取值、描多少点合适、如何连线；图象是曲还是直、是间断还是连续、是否与坐标轴相交"等，融入学生的数学学习活动中，让学生体验到了双曲线的生成过程，更加深入地理解图象的特征和性质。

八、教学反思

(一)相信学生,发挥学生的主观能动性

在反比例函数概念的得出、反比例函数图象及性质的探究中,都是以"结论学生找,规律学生议,错误学生析"为原则,把探索的主动权交给学生,给学生留有充足的独立思考、交流回答问题的时间,当主问题解决后,又因势利导地设置系列追问。学生在积极思考中对问题不断剖析,或求本溯源,或横向拓展,或纵向深入,思维始终处于一种积极状态,更能创造性地参与数学活动。

(二)注重与已有相关内容的联系

根据学生的知识基础,反比例函数的教学,一方面要以前面所学的函数概念及相关知识为基础,另一方面要进一步深化对函数内涵的理解和掌握。既有知识经验、思想方法的因循与沿袭,又有知识经验、思想方法的拓展和创新。

(三)关注学习过程中蕴含的重要的数学思想方法

反比例函数蕴含的数学思想方法较多:变化与对应思想、类比思想、特殊与一般的思想、无限逼近思想、数形结合思想、待定系数法与方程思想。如类比思想:类比正比例函数、一次函数、二次函数的研究方法研究反比例函数;又如特殊与一般的思想:通过研究 $y = \dfrac{6}{x}$、$y = \dfrac{12}{x}$ 等具体函数的图像和性质,归纳演绎一般情况下 $y = \dfrac{k}{x}(k \neq 0)$ 的图象和性质;再如数形结合思想:由表达式画图象,由图象总结出性质,最后又回到表达式解释图象特征,很好地体现了由数到形,再由形到数的数形结合思想。

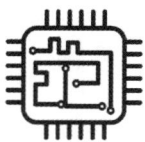

语数英筑根本四

Unit 13 We're trying to save the earth!
单元整体教学设计

高春丽

一、指导思想与理论依据

《义务教育英语课程标准（2022年版）》课程理念指出以主题为引领选择和组织课程内容。英语课程内容的选取遵循培根铸魂、启智增慧的原则，紧密联系现实生活，体现时代特征，反映社会新发展、科技新成果，聚焦人与自我、人与社会和人与自然等三大主题范畴，内容的组织以主题为引领，以不同类型的语篇为依托，融入语言知识、文化知识、语言技能和学习策略等学习要求，以单元的形式呈现。

梅德明教授和王蔷教授在解读中提到要改变以词汇、语法知识为主要课程内容的教学，围绕核心素养综合表现精选学习内容，整体设计教学单元，规划单元育人蓝图。教学设计应以单元的形式呈现，以主题为引领，以不同类型的语篇为依托，融入语言知识、文化知识、语言技能和学习策略的学习要求，强调内容六要素整合式教学，而非碎片化的知识点学习。教师依据核心素养和学段目标挖掘单元学习内容蕴含的育人价值，突出单元整体教学的综合育人功能，帮助学生通过单元学习，以所形成的思想观念和结构化认知对人和事物做出正确价值判断,运用所掌握的知识技能和方法策略,尝试应对和解决基于真实情境的任务和问题。

二、单元主题

本单元主题为保护环境,该主题属于"人与自然"范畴,涉及"热爱与敬畏自然,与自然和谐共生,环境污染及原因,环保意识和行为"。相关学科包括生物和道德与法治学科,相关知识领域为食物链和环保组织。

单元教学重点:以单元整体教学的方式,运用项目式学习,学生在学习的过程中根据自身的实际情况正确评价自己的行为并根据实际思考自己还能够做哪些事。

三、教学背景分析

1. 教材分析

本单元教学材料包括三段长对话,其中第一个长对话是通过两个好友的交谈,对比河流的过去和现在的状况,认识到环境污染的问题。第二个长对话是一段采访,邀请 Jason 和 Susan 来谈谈所看见的污染问题及原因以及一些解决办法。第三个长对话是 Jack 和 Julia 谈论自己一直在做的环保行为以及将来会去做和永远不会做的事情。

本单元教学材料还包括两篇阅读文章。第一篇阅读材料分析为 What:本篇文章为说明文,介绍了食用鱼翅对于生态平衡的破坏。作者也描写了环保组织所做出的努力。Why:作者通过描述鲨鱼受到的威胁,以及讲解食物链在生态平衡中的作用,引发读者思考如何去保护鲨鱼。How:语篇以提问的方式引起读者思考鱼翅汤所带来的危害,然后利用数字清晰地展现了鲨鱼目前所面临的严重威胁,随后以自问自答的方式,向读者呼吁,我们要拯救鲨鱼。第二篇阅读材料分析为 What：本篇文章为议论文，作者用三个事例来说明自己的观点，即如果有了创造性思维就不会有浪费。Why：作者通过事例来说明创造性思维在环保行为中的作用，引发学生思考自己可以为未来的社会做些什么。How：作者运用三个真实的事例作为论据去说明自己的观点，展示了议论文的写作方式，同时运用总分结构，使学生很容易就捕捉作者提出的论点。文章开篇也运用了两个叠加的问句引发读者思考，使学生趋向于认同作者的观点，达到议论文写作的目的。

2. 学情分析

经过初一年级和初二年级的学习，学生对环保话题的单词有一定的积累，对破坏环境的问题也有一定的认识，本课时学习材料的引入，将引导学生反思自己的日常行为习惯有哪些不妥，如何改进。学生在厘清段落结构方面会有一定挑战，在阐明自己的改进方法时需要相关句型结构知识的支撑。

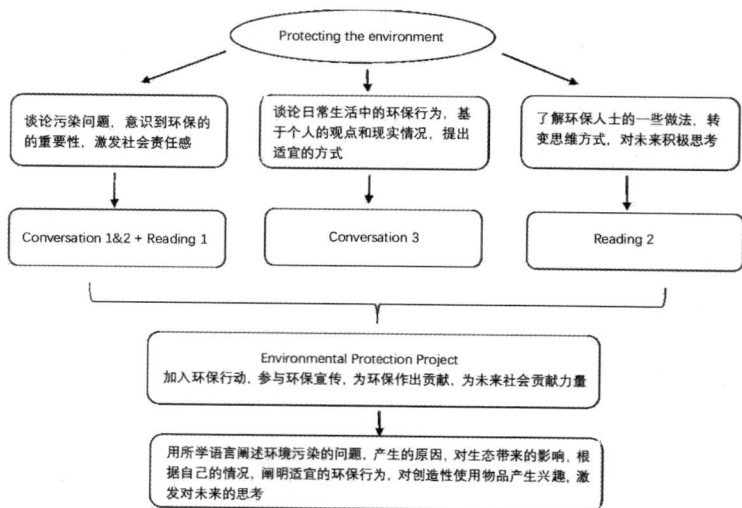

图 1　单元整体教学设计思路分析框架图

四、单元基本问题

本单元材料引导学生认识到破坏环境的问题,激发强烈的社会责任感,懂得适宜的环保行为以及要运用创造性思维去解决环境问题。根据单元内容,确定单元基本问题为:

What is the best way for you to save the environment? And how will you do to achieve that?

五、单元教学目标

1. 运用思维导图汇总环保话题的词汇和句型,如:有关污染词汇 noise pollution…有关问题的词汇 rubbish…有关解决办法的词汇 close down the factories… 有关环保的建议 We should help save the sharks… 在真实的场景中正确使用以上词汇和句型。

2. 通过思维导图分析多模态语篇,厘清文章行文思路,培养主题引领下进行细节描述的逻辑思维能力。

3. 了解环保人士的一些做法,反思自己可以做的以及将来能为环保做的事情。

六、单元教学主要过程

第一课时(Section A 1a—2d)

1. 课时目标

运用思维导图的形式学习和复习有关环保话题的单词。

运用听说的方式提供学生对环保问题进行谈论的语料,引导学生注意观察自己身边的行为,激发学生的社会责任感。

2. 主要教学环节及设计意图

环节1(听前):播放视频"The Earth Song"导入环境污染的话题,识图辨别污染类型。

设计意图:引导学生对环境破坏有一个直观的认识,从而激发强烈的社会责任感和对未来环境的思考。

环节2(听后):以 environment 为核心词,要求学生汇总所有想到的相关单词,以思维导图的形式将所有单词分类并说明分类依据。

设计意图:根据初三阶段的学习特点,在日常学习中进行复习,以思维导图的形式进行关联词汇的记忆,学生记得牢、记得多,才能有效提升学习能力。

3. 作业内容

设计访谈提纲,采访调查自己所在的社区是否存在污染现象,完成简要报告。

4. 作业设计意图

关注自己的社区状况,根据所学话题,运用相关词汇训练口语能力。

第二课时(Section A 3a—4c)

1. 课时目标

以新闻报道引入说明文的写作方法,引领学生深入理解此文体的特点。引导学生关注主题语境,提高阅读理解能力。

2. 主要教学环节及设计意图

环节1(读前):从新闻报道入手,向学生展示真实情景,一些动物因为人类破坏了生态平衡,无家可归,最终在世界上消失,进而引起食物链的断裂。

设计意图:运用真实报道,引入情境,也契合初三说明文的话题选择。

环节2(阅读中):以小组的方式完成阅读任务,每个小组负责一部分任务:主题语境下长难句的讲解,代词在主题语境下所代表的意义,以主题语境为主线缩写短文等。

设计意图:以小组的方式完成阅读任务,可发挥小组成员的主动性去选择任务,自主完成的过程中深化本文的主题意义,同时提高阅读能力。

3. 作业内容

完成一篇社区真实污染状况的新闻报道。

4. 作业设计意图

运用所学习的说明文解读方式,尝试将简要报告打磨成简单的说明文。

第三课时(Section B 1a-1e)

1. 课时目标

梳理在日常行为中,哪些是环保行为,哪些自己还可以去做。能运用真实的语言去描述自己的未来行为,体现学以致用的原则。

2. 主要教学环节及设计意图

环节1(听前):在小组内进行采访,看看同伴平常都在做哪些有利于环保的行为,他们坚持多久了? 对比自己的实际情况反思能不能做到这些。

设计意图:用真实的情况反馈自己对环保行为的理解,以真实情境引导学生思考对社会的真实理解和自己真正能够做的事情。

环节2(听后):在小组内讨论,今后自己还可以从哪些几方面做一些对环保有利的活动,具体是什么? 为什么可以这样做?

设计意图:从自身真实情况出发,规划自己未来的行为。

3. 作业内容

思考自己可以为社区做些什么来改善环境,写下来和同伴进行交流。

4. 作业设计意图

根据真实的社区环境,考虑自己未来可以做的事情,在真实情境中运用语言。

四、第四课时(Section B 2a-2b)

1. 课时目标

通过分析多模态语篇,厘清文章行文思路,培养主题引领下进行细节描述的逻辑思维能力。

了解环保人士的一些做法,思考自己可以为社区所做的创意环保行为。

2. 主要教学环节及设计意图

环节1(读前):展示真实的关于利用口罩设计服装的新闻,引发学生讨论,这样的行为值不值得去效仿。

设计意图:引导学生以批判性思维去思考新闻材料,自己判断事件的价值。

环节2(读中):将学生分组进行学习,每个小组负责一个创意方法的解读,运用思维导图阐明本段文章的写作手法,以及文段的主题描述方式。

设计意图:引导学生理解如何运用论据去说明议论文的论点。同时在解读创意方法的同时,引发学生对创意思维的兴趣,激发自身的创意潜能。

3. 作业内容

关注社区中的一个破坏环境的行为,思考一个创意的点子,简单描述,作为演讲的提纲,讲给社区的居民听。

4. 作业设计意图

关注社区的具体小事情,给出自己的创意思想,在公众面前演讲出来,训练演讲思路,增强自信心。

第五课时(Project performance)

1. 课时目标

梳理本单元所学习的语篇材料,能够利用恰当的文字描述自己的想法。以批判性思维审视社会,提升社会责任感。

2. 主要教学环节及设计意图

校报《晨曦雨露》(英文版)下一期主题为"To save the earth, I'm making a difference!"特向同学们约稿。请你观察你的周围环境中存在的环境问题,尝试做一些事情来帮助改变现状,记录下你的做法,并谈一谈你以后会不会继续这样做? 为什么?

设计意图:以项目式完成本单元的学习内容,既可以汇总本单元所学习的语篇材料,同时以说明文的方式解说自己的小点子,对于初三阶段说明文的阅读技能将有较大帮助。此外本课还提升了学生批判性思维能力以及逻辑思维能力,也促进学生观察社会,激发学生的社会责任感。

3. 作业内容

根据同学所给出的建议,修改自己的说明,并将修改后的解说词递交给校报编辑。

4. 作业设计意图

引导学生在真实的情境中,用英语做事情。

表1 对解说词的评价

Category 评价范围	Criteria 评价标准	Score(1-5)得分
Structure 结构	解说词结构完整，条理清晰、有效地使用了连接词，行文逻辑性强，文章结构紧凑	
Content 内容	要点齐全、内容切题、要素齐全，清楚地呈现社区环境问题、介绍创意设计的合理性	
Language 语言	语言准确（较少语法错误）、表达顺畅、语言丰富，恰当地运用了形容词或副词的最高级	
Creativity 创意	创意小点子充分考虑使用人群的需求，时效性强，同时体现对人类的关怀，富有创意	

【教学设计特色说明】

本单元以有创造性的环保行为作为单元项目式作业，在每一课时都聚焦最后的项目，一课时搭一个台阶，让学生在不知不觉中获得了项目能力，这样的设计不但增强了学生完成项目式作业的自信心，同时聚焦目标，实现单元学习。教师在有意识地激发学生关注社区的同时，学生自然提升了社会责任感，同时也培养了学生的批判性思维，提升了英语学科的核心素养。

本单元学习在情境中完成各项任务，在情境中使用英语去展示，实现了用英语做事情的英语学习活动观。此外，运用思维导图去学习新词汇，复习旧词汇也提升了学生记忆单词的能力。

本单元设计有意识地让学生在小组内完成各项活动，提升了学生的合作能力，使学生之间互为支架，最大化地展示了学习效果。

【教学反思】

本单元在作业的布置上过于简单化，应该以学情为基础，让学生具体分层来完成学习任务。在提供给学生文段表达式作业的同时，应该提前给学生展示评价方式，作为写作的支架，使学生更加清晰地明确自己的写作内容和写作方向。

另外，在此教学过程中，未设计给学生充分的时间进行自主阅读。在初三总复习阶段,学生需要个体学习,以满足个性化地理解文章,然后进行交流共享,才能最大化地利用好课时进行复习,教师未充分关注到个别学生,降低了部分学生课时学习的效果。

本课时计划也应在培养学生创造性地使用环保材料方面下功夫,目的是拓宽学生的知识广度和深度,反思自己的日常行为和知识储备。教师可以在单元学习之前让学生小组讨论我们生活中有哪些东西是可以循环利用的,我们可以利用这些东西制造出什么产品,记录下来,并结合相关句型,学生进行口头表述,也可评选出最佳创意奖,激发学生主动学习、主动分享,以及沟通、记录和整理的能力。

语数英筑根本五

Unit6 I'm going to study computer science.

高海娜　李玉茹

一、单元指导思想与理论依据

以习近平新时代中国特色社会主义思想为指导，全面贯彻党的教育方针，遵循教育教学规律，落实立德树人根本任务，发展素质教育。我们要明确英语学科核心素养是学科育人价值的集中体现，是学生通过学科学习而逐步形成的适应个人终身发展和社会发展需要的正确价值观、必备品格和关键能力。培养学生的核心素养我们首先要以单元为统领，引导学生开展基于单元的整合、关联和发展学习。《义务教育英语课程标准（2022 年版）》提出了指向学科核心素养发展的英语学习活动观，明确活动是英语学习的基本形式，是学习者学习和尝试运用语言理解与表达意义，培养文化意识，发展多元思维，形成学习能力的主要途径。《义务教育英语课程标准（2022 年版）》

基于上述课标指导，本单元和课时的教学目标指向发展学生的核心素养，通过谈论自己理想职业，来学习职业相关词汇，正确运用 be going to 结构来表示将来；学会使用 want to be 来谈论未来的理想。引导学生规划未来，建立正确的择业观，并用健康积极的态度去努力实现理想（职业目标）。

二、单元教学背景分析

（一）教学内容分析及课时分配

1. 教材分析

本单元属于人与自我范畴——生活与学习主题群，涉及的子主题内容为"丰富、充实、积极向上的生活""恰当的学习方法与策略，勤学善思""职业启蒙，职业精神"。

话题（topic）：life goals.

功能（functions）：Talk about future intentions.

语言：1. be going to 结构表示将来。

2. want to be 谈论未来的理想。

2. 教材内容分析

本单元以谈论自己的理想职业为开篇，引导学生用英语阐述自己长大后要做什么，如何实现目标，意在培养学生自我管理，自我规划能力。

教材 A 部分职业名词和相关语法结构的学习，是为 B 部分利用目标语言完成阅读文本和写作练习做铺垫。教材 B 部分以学习新年计划为切入点，让学生学会制订未来计划与安排，并在对话、小组活动等活动中，学会谈论并询问怎样实现理想目标，描述未来的计划和实现步骤。

本单元 Section A 以谈论未来理想中的职业这一话题引出 be going to 结构表将来，并围绕这一话题练习 what，when，where，how 引导的特殊疑问句。听说课在复习所学单词的同时，引入新单词，激发学生兴趣；在听力活动中呈现句型，口语对话旨在练习目标用语的表达，使学生能清楚地理解 be going to 的用法。

Section B 以新年计划为话题，继续练习 be going to 句型，首先以列表的形式让学生描述自己的新年计划，并讨论如何实现；其次围绕一个主题 res-olution 展开阅读文本的学习，利用阅读策略 skimming 和 scanning 完成阅读填空、概括大意、回答问题等方式，培养学生的阅读能力；最后通过短文填词、写要点，进而把要点连句成文，逐步培养和提升学生的写作能力，同时也是对学生掌握目标语言的检测，通过写作训练让学生学会正确运用短语和语言结构，从而培养良好的写作习惯。

三、单元教学内容分析

表1　单元教学内容

	教材位置	语篇内容	语篇类型
1	U6 Section A 1b	Tina, Larry 等人谈论自己的理想职业以及怎么为之努力	听力
2	U6 Section A 2a, 2b	Cheng Han 和朋友谈论自己长大后想做什么，去哪些地方，怎样实现以及什么时候开始实现目标	听力
3	U6 Section A 2d	Ken 谈到自己正在读海明威的作品，打算坚持写故事，实现成为一名作家的梦想	听力
4	U6 Section B 1c, 1d	Lucy 和 Kim 谈论新年计划以及怎样实现理想目标	听力
5	U6 Section B 2b	文章介绍了新年计划的定义、种类和特征，以及关于制定新年计划的想法	阅读
6	U6 Section B 3a	文段介绍了"resolution"的定义，以及自己接下来的计划	阅读、写作

（一）学生情况分析

1. 已有基础

学生学过 want to do 简单句型和简单的职业词汇，但是学生第一次接触 be going to 结构和一般将来时。学生以前学过一些简单的职业（teacher, doctor,student 等)在本册书 U2(writer,dentist),但并没有在哪个单元中集中出现职业相关话题内容。学生能用一般现在时和现在进行时对自己或者他人进行日常活动的描述,为本单元的学习做好了铺垫。本单元主要描述将来的职业及如何实现,用一般现在时进行日常生活的描述,贴近学生的生活,学生对这个话题比较感兴趣,这样就激发了学生们的学习动力。

2. 存在问题

授课对象是八年级学生(层次参差不齐),大部分学生对英语普遍感兴趣,有了一定的英语基础,但有很大的不稳定性,求知欲旺盛,注意力容易分散,他们学英语既感到好奇又感到担忧,希望能得到别人的肯定。通过初一一年的学习,大多数学生已经掌握了一般现在时的基本用法和现在进行时的语法结构,会进行简单的对话。但对于一般现在时和现在进行时结构的灵活运用还不熟练。其中还有少部分学生停留在完全不懂的状态,两极分化比较严重。

3. 解决措施

我们要充分利用学生已有的知识或生活经验,创设生活化的真实情境(或半真实情境)引导和鼓励学生参与课堂活动中来,利用更多的机会说英语,减少他们的恐惧感和畏难情绪,通过学生间的合作学习,降低他们的学习难度,使他们体验到成功的喜悦,进而提高学习英语的兴趣。要提升学生英语学科核心素养就是要教会学生用英语解决问题,让各层次的学生都有所收获。

四、单元(或主题)教学目标

(一)单元教学目标

1. 学习职业相关的词汇和表达方式。

2. 学会谈论自己与他人未来想从事的职业及其原因。

3. 学会制定未来一段时间的计划。

4. 掌握一般将来时 be going to 中 be 的具体形式和后面接动词原形的用法；以及其在疑问句中的使用规则。

5. 能运用所学知识谈论自己的计划，以及怎样成功能有效实现目标和理想。

（二）单元教学过程设计

主题意义：引导学生谈论自己职业理想和实现途径及制定个人短期计划，树立健康、积极的生活目标。

小单元1：未来的理想职业和如何实现

小单元2：新年计划和制定自己的短期计划及如何实现

第一二课时 听说	第三课时 语法	第四课时 听说	第五课时 阅读	第六课时 写作
Section A 1a1c Section A 2a2c	Section A 2d3c	Section B1a-1e	Section B2a-2e	Section B3a-3c
产出活动	产出活动	产出活动	产出活动	产出活动
口头谈论理想职业及如何做并进一步拓展，丰富主题内容。	在真实的语境下谈论自己的理想职业及思考进行口头汇报	三个人谈论的自己新年近期计划及如何实现	如何制定自己的个人计划，树立积极的生活目标	书面制定自己的短期计划及如何实现

图1　单元教学过程设计

五、单元的作业设计及学习效果评价设计

（一）作业设计

第一课时作业

A. Copy the phrases of 1a and 1b, and read the conversations on P100.

B. Make conversations with a partner like 1c.

C. Write out your dream job and things you can do for it now.

第二课时作业

A. Read the conversations on P101, and role-play the conversation with a partner about it.

B. Make surveys about their classmates' dream jobs and the things they will do to realize them.

C. Write a short passage (题目:Different people have different dream jobs) about their classmates' dream jobs and things they will do.

第三课时作业

A. Read and copy the sentences of Grammar Focus.

B. Work in groups to sum up different dream jobs and the practical ways to realize them according to 3a .

C. Change the conversation (2d) into a short passage, describing Andy's and Ken's dream jobs and something else.

第四课时作业

课前作业:(词汇 resolution 只看书后中文翻译很难真正理解其根本意义,为此,课前给学生预留了课前作业)

Search the internet or dictionary to understand the meaning of resolution and get to know what kinds of resolutions there are.

课后作业:

A. 用本节课的目标语言将 1a 的短语 learn to play the piano, make the soccer game, get good grades, eat healthier food 和 get lots of exercise 以 Next year, I am going to learn to play the piano,next year I am going to…的句型呈现出来。

B. 朗读 Section B 1c 和 Section A 1b 文段,找出 dream job 与 New

Year's resolution 的表达方式的异同,及实现手段的异同。并以小组的形式进行探讨、分析、总结。

C. Work in groups to discuss different kinds of resolutions (according to the members' real resolutions) and different ways to achieve them, then make a chart to record them.

第五课时作业

A. 完成书上 P46 的 2c 和 2d,理解文章大意和部分细节材料。

B. 品读文章,尝试理解 2e 中的短语,并用其造句。

C. 精读文章,以思维导图的形式完成对文章结构的梳理。

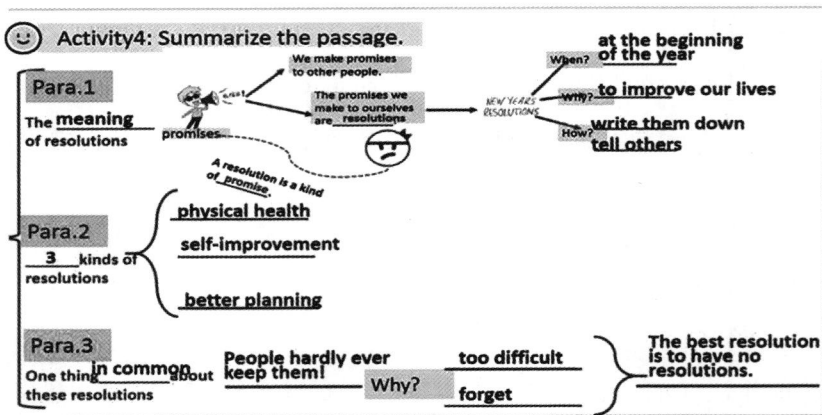

图 2　思维导图

第六课时作业

A. Read the material of 3a and try to remember "My first resolution is about ⋯because they love to listen to music and sing together."

B. Choose a kind of resolution from 3c , and then write something about it imitating 3a.

C. Complete three more resolutions in 3c , and try to give a beautiful ending.

For example：My resolutions

Beginning：Resolutions are promises to ourselves. I want to be a …I am going to make …

Body：The first resolution is to…. I plan to… and I am going to…

The second resolution is to…I am going to …

The third resolution is to…I plan to…

Beautiful ending：Good plan is a good start to success. I will try my best to keep my resolutions and realize my dream！

(二)学习效果评价设计

表2　学习效果评价设计

		★★★★★	★★★	★	自评	他评
内容		清晰的表述自己的 resolutions,符合实际,实操性强	能够表述自己的 resolutions,符合实际,实操性不强。	能看出是在描述 resolutions 和实现其采用的办法。		
语言	丰富	使用了目标语言 be going to do,且词汇、句式比较丰富	使用了目标语言 be going to do,但词汇、句式欠丰富	没有使用目标语言且词汇、句式不丰富		
	准确	1至3处拼写或语法错误	4至6处拼写或语法错误	6处以上拼写或语法错误		
书　写		书写规范漂亮,态度认真	书写欠规范,个别字母占位错误, eg:f	书写不规范,态度不认真		
总　评						

六、课时教学设计(第一课时)

(一)教学目标

1. 通过借助 AI 跟读功能,实现单词 engineer pilot computer programmer violinist pianist actor cook driver 的学习。

2. 通过借助 AI 听选、听答和朗读的功能,实现如下功能句的学习。

—What do you want to be when you grow up?

—I want to be a\an…

—How are you going to do that?

—I'm going to…

3. 通过小组活动,实现用一般将来时态和所学功能句谈论自己喜欢的职业和同伴喜欢的职业。

(二)教学重点

掌握本节课中表示职业的新词汇和句型,根据个人喜好,运用一般将来时和所学知识谈论自己未来职业计划。

(三)教学难点

正确使用并区别一般将来时 be going to be 和 be going to do.

(四)教学过程

教学阶段 听前活动(10分钟)

步骤一:

教师活动:情景导入(3分钟)

1.播放视频，并询问学生下列问题：

（1）What jobs can you hear in the song?

（2）What other jobs do you know?

2.根据学生回答 ppt,汇总与职业相关的单词。

学生活动：

1.学生带着问题看视频，然后回答问题。

2.带着学生回忆学过的有关职业的单词。

3.让学生观察和发现职业名词的构词规律。

设计意图：通过视频导入，引起学生兴趣，激活学生背景知识，引出本课主题——jobs。

步骤二：

教师活动：朗读单词(7 分钟)

1.通过 AI 听说课堂，带领学生学习与职业相关的单词。（模仿示范→学习单词）

2.布置朗读单词任务。

3.带领学生查看成绩报告，点评学生朗读表现。

① 利用系统点赞功能，表扬朗读最高分的学生。

② 查看班级失分高频词（标红部分），点击这些单词的音频示范，让学生跟读，纠正班级整体发音问题。

学生活动：

1.学生跟 AI 听说软件，学习本节课的新单词。

2.新单词进行测试。

3.查看成绩报告单。

设计意图：学后即测，及时根据数据反馈，找到学生薄弱环节，并加以巩固，为接下来的任务奠定基础。

教学阶段：听中活动(20 分钟)

教师活动：创设情境

下面是同一个班级不同学生未来的职业规划,让我们来看看他们未来想从事的职业,以及为了实现职业理想他们会如何做。

学生活动:学生看视频中的一个图片来理解教师的语言即目标语言。

设计意图:为听力做铺垫

步骤三:听后选择(6分钟)

教师活动:

1. 通过 AI 听说课堂,布置听后选择任务。

2. 根据学生成绩报告,呈现学生答题结果并对学生的表现做出反馈。

3. 带领学生一起核对答案。

学生活动:

1. 学生听听力录音,理解听力内容的基础上用朗读器选出正确答案。

2. 学生看调查报告的成绩及分析。

3. 学生整体感知目标句型。

设计意图:获取与梳理,分析与判断,训练学生获取具体事实细节信息的能力。

步骤四:听后回答(8分钟)

教师活动:

1. 通过 AI 听说课堂,布置听后回答任务。

2. 根据学生成绩报告,呈现学生答题结果并对学生的表现做出反馈。

3. 带领学生一起核对答案。

4. 带领学生总结听力中关于 Julia,Tina,Larry 的信息。

→What does he / she want to be when he / she grows up?

How is he / she going to do?

学生活动:

1. 学生再次听听力录音,理解听力内容的基础上用朗读器朗读回答问题。

2. 学生看调查报告的成绩及分析。

3.播放某一名同学回答的答案,思考成绩不高的原因,你从中学习到了什么?

4.学生进一步感知目标句型。

设计意图:学习任务由浅入深,从"want to do…"到"how to do…"逐渐拓宽职业相关对话的深度。

步骤五:朗读对话(6分钟)

教师活动:

1.通过 AI 听说课堂播放对话原音,让学生模仿朗读,然后布置朗读对话任务。

2.带领学生查看成绩报告,点评学生朗读表现。

① 利用系统点赞功能,表扬朗读最高分的学生。

② 查看班级失分高频词(标红部分),点击这些单词的原音示范,让学生跟读,纠正班级整体发音问题。

3.完成表格任务。

学生活动

1.学生跟着 AI 听说课堂播放对话模仿朗读。

2.学生使用 AI 朗读器朗读。

3.学生看成绩报告单及分析。

4.学生根据朗读内容填写表格任务。

5.学生更进一步理解目标句型。

设计意图:朗读对话,让学生模仿录音,纠正语音语调和进一步理解与内化目标语言。

教学阶段:听后活动(10分钟)

步骤六:小组活动

教师活动:

1.要求学生小组活动,参考调查问卷内容,按照以下要点和组内成员讨论未来的职业规划。(根据班级实际情况决定是否提供对话样例。)

What do you want to be when you grow up?

How are you going to do that?

（Where are you going to move／live?）

（When are you going to start? …）

e.g.

A：What do you want to be when you grow up?

B：I want to be a(n) …

A：How are you going to do that?

B：I'm going to …

2. 邀请组内 1-3 名学生代表上前展示口语对话。

3. 教师对学生表现给与反馈和评价(可以提供评价量表,让其他组学生评价,生生互评)。

表3

Checklist	
1. Introduce own dream job and other team members' dream jobs and how to do that.	★★★
2. Speak fluently.	★★★
3. Use whole sentences to ask and answer.	★★★

学生活动：

1. 学生以小组来调查本组成员的理想职业及如何实现并进行汇报。

2. 小组汇报并评价。

设计意图：内化与运用,训练学生运用所学语言,就主题进行得体的表达。帮助学生巩固新的知识结构,促进语言运用的自动化,助力学生将知识转化为能力。

教学阶段：总结(3 分钟)

教师活动:引导学生总结本节课所学的词汇和目标句型。

学生活动：

1.总结本节课所学的词汇和目标句型。

2.思考如何口头表达小文段。

设计意图:总结部分帮助学生巩固本节课所学及有所拔高(小文段)。

教学阶段:作业(2分钟)

教师活动:

选择1:朗读书上第100页上面的对话,并写出自己的理想职业。

选择2:谈论自己的理想职业以及现在可以做哪些事情来实现这一目标。

选择3:谈论自己和其他同学的理想职业,以及现在可以做哪些事情来实现。(至少介绍三位同学)

学生活动:学生根据自己的实际情况进行自主选择作业内容。

设计意图:课后作业,巩固和检验课堂所学。

教学阶段:板书设计

Unit 6 I'm going to study computer science.

—What do you want to be when you grow up?

—I want to be a(n) …

—How are you going to do that?

—I'm going to…

六、本单元教学特色分析

本节课的亮点有三个。首先,在英语听说课教学活动中,使用科大讯飞 AI 朗读器,既时尚又先进,学生参与课堂兴致高,获益匪浅。其次,本节课采用逆向设计授课,以问卷的形式出示本节课目标,既别致新颖,又任务明确。本节课共 4 次使用 AI 助学。先是使用朗读器学习单词,后将听力材料拆分化难为易,以听后选择和听后回答问题的形式,完成听力学习任务,最后 AI 助学朗读。整个教学过程中,AI 数据都在帮助教师随时精准了解学生的学情，随时评估、监测学生的学习获得，有利于教师有针对性进行教学调整，课堂气氛活跃，学生获得感强。长此以往，必将提升学生的听说能力。最后通过不同形式的活动，创设真实语境来实现学会本节课的目标语言，能应用目标语言描述自己的职业理想的目的。培养学生用英语做事情的能力。

七、教学反思

通过本节课的学习，大部分学生达成了教学目标——运用所学知识对自己理想职业的打算进行描述的任务。但也存在不足。下面就逐一分析。首先，在单词学习环节，如果能够给学生留足时间，引导学生总结提炼单词记忆策略，效果一定更好。另外，在利用 AI 辅助教学环节，如果能够根据数据反馈将学生得分不高的词汇及时反复巩固，后面的口头输出环节将会更顺畅。再者，在 Let's challenge 环节，不必一组组（共 3 组）都一起说，再个别说。这样既显得相对枯燥又浪费时间。最后，在 Group Work 的输出环节不够流畅。主要原因是教师指令下发得模糊不清，精准度不够。导致学生任务输出时没有统一标准。

物化生增理性一

"声音的产生与传播"教学设计

张春丽

一、教学内容分析

本节课是北京师范大学出版社八年级上册物理教材第四章第一节，是声现象知识的开始。本节主要研究声音是如何产生和传播的，这是本单元学习的开篇，是后续学习声音的特性以及利用的基础。本节课从学生熟悉的生活情境过渡到对物理知识的探究中，在观察、感知、举例和实验等活动中，让学生去领悟声音的奥秘。

二、学习者分析

知识方面：学生在小学科学课上已经学习了与声音有关的常识，同时在生活中积累了大量与声音有关的感性认识。但是，通过学前调查发现，学生对于"声音是怎么产生的""声音能在哪里传播、不能在哪里传播"不能完整、准确地说清楚，对于我国古代在声学方面的成就更为模糊。需要教师在教学中注意唤醒学生已有的感性知识，并使之系统化、理性化。

能力素养方面：这一阶段的学生，观察能力、记忆能力和想象能力都在迅速发展,他们喜欢关注新奇的事物,喜欢动手实验。但同时,部分学生也有伴随着操作不规范、不敢大胆发表自己的见解、部分学生能主动发表见解却往往欠缺条理和严谨性等问题。通过创设情境,使他们通过认真观察、规范操作和对客观现象的理性分析,让学生在体验和交流中形成科学的物理观念,掌握科学的方法并能感受到科学研究的严谨性和启发性。

三、学习目标

物理观念:学生通过实验,认识声音的产生和传播条件,能从物理学视角解释自然界中的声现象,形成初步的运动和相互作用观念。

科学思维:学生通过探究实验,能利用证据进行分析和解释,表达自己的观点,形成初步的科学论证能力和科学推理能力。

科学探究:学生能根据物理情境提出问题,进行合理的猜想与假设,根据现有材料制定方案,运用科学探究的方法,归纳或推理出实验结论,初步形成实验归纳和实验推理能力。

科学态度与责任:学生通过了解声学知识对人类生活和社会发展的影响,提高把知识转化成技术的意识,具备在科技发展中创新的科学态度。

四、学习重点

探究发声体的特点得出结论,探究并归纳声音传播的条件。

五、学习难点

声音的产生和传播规律的得出。

六、教学准备

教师演示准备:喇叭、玉米粒、乒乓球、铁架台、音叉、土电话、水槽、密封袋、音乐机芯、细线、电铃、真空罩、抽气机。

学生实验准备:纸、橡皮筋、刻度尺。

技术准备:实物展台、多媒体。

七、教学进程

(一)情境引入

播放视频:音乐创作博主利用水杯琴等组合乐器精彩演奏。(学生欣赏,感受)

提问:你听到了哪些声音?它们都是如何产生的?(学生思考,分享)

引言:如何利用手边的材料设计并创作出美妙的声音?让我们一起走入声音的世界。(学生思考,倾听)

出示课题:我们今天就从"声音的产生与传播"开始进行科学、深入的研究。(学生倾听,了解)

展示:学前调查结果。以上的问题,即将在这一单元的学习中逐步解决。(学生明确学情,聚焦学习重点)

设计意图:通过播放音乐创作博主利用水杯琴等乐器精彩的演奏,感受声音的魅力,引发思考,激发学生进一步研究的兴趣,引导学生将问题聚焦到声音的产生和传播,同时介绍本单元将要研究的问题以及本节课将要学习的内容。通过展示给学生看学情调查的结果,让学生明确目前自身的学情,带着疑惑开始本节课的学习,激发学生的求知欲。

（二）探寻新知

1. 声音的产生

问题：声音是怎么产生的？（学生思考）

布置活动：发现物体发声时与不发声时有什么区别，总结发声体的共同特点。

学生活动一：让物体发声，总结发声体的特征。

（1）选取物体，使物体发声；

（2）观察物体发声时与不发声时的区别；

（3）总结物体发声时的共同特征，汇报。

点拨：这些物体发声时都在某一位置附近做往复运动，这种运动叫振动。

演示：敲击音叉，听声音。

提问：我们听到了音叉传出的声音，它振动了吗？如何证明？（学生观察，思考）

问题：如何证明音叉这类发声的物体也在振动？介绍材料：音叉、铁架台、细绳、乒乓球。（学生观察，思考）

介绍：转换法（音叉振动转为乒乓球跳动）和放大法（现象由不明显变明显）。（学生倾听）

学生活动二：证明发声的音叉在振动。

选取器材，敲击音叉，迅速靠近静止的乒乓球（或接触平静的水面），观察现象；分享感受。

演示：发声的喇叭振动豆子。（学生观察）

提问：你还能举出其他物体振动发声的例子吗？（学生思考，举例）

过渡：看来大家都在用心观察和感受这声的世界。下面是老师收集的一些发声体振动的视频，请大家一起欣赏，我们一起感受发声体振动的美

妙!(学生观看,倾听)

播放视频:生活中发声体的振动。(学生欣赏,感受)

总结:大量的实验告诉我们,一切发声的物体都在振动。我们把正在发声的物体叫作声源。(学生倾听)

设计意图:通过体验让物体发声,总结出发声体在振动的共同特征;再通过介绍转换法和放大法证明振动不明显的发声体都在振动,了解物理学常用的科学论证方法,学生通过体验、观察和总结,归纳出"一切发声的物体都在振动"这一规律。满足学生的好奇心,培养学生寻找证据的意识。

2. 声音的传播

问题:声音是如何传播的?(学生思考,回答)

过度:我们知道空气可以传声,因为老师讲课的声音就是通过空气这种物质传到大家的耳朵里。看来气体是可以传声的。那么固体和液体能传声吗?如何证明?

布置体验活动:听到悄悄话——土电话传声。提示:请两名同学上台体验,两人通过空气传悄悄话;距离增大后,再用相同的音量通过空气传悄悄话;保持增大后的距离不变,借助土电话传悄悄话,尽量不要让周围的人听见。

学生活动三:听到悄悄话。

(1)说者分别在以上三种情境下,用相同的音量说一句悄悄话;

(2)听者仔细倾听,表达感受;

(3)其他同学保持安静,观察并思考。

总结:看来,气体和固体都能传声。(学生倾听)

提问:你还能用什么实例证明固体能传声?(学生思考,举例)

拓展介绍:播放视频——固体传声的应用

(1)患有耳疾的贝多芬用木棍创作的事迹;

(2)现代骨传导技术。(学生观看,了解,感受)

分享:老师这里就有一支骨传导耳机,每次跑步我都戴着它,既可以享

受到好品质的音乐,还可以保证我能听到周围环境的声音,多了一份安全的保障。欢迎同学们下课来体验!(学生倾听)

过渡:我们刚刚总结了气体和固体都能传声,那么液体能传声吗?(学生思考,回答)

演示:音乐机芯放在密封袋里,播放声音,再用细线悬挂后,将密封袋放入水中。(学生观察)

总结:看来液体也是能够传声的。你还能用什么实例证明液体能传声?(学生倾听,思考)

拓展介绍:播放视频——液体传声的应用:超声波探测技术(学生观看,感受)

问题:声音在任何情况下都能传播吗?(学生思考)

演示:真空罩里悬挂电铃,抽气前播放声音,抽气一段时间,关闭阀门和抽气机;再将阀门打开,通入空气。(学生观察)

提问:(1)为什么我们听到的声音变小了?

(2)如果继续抽气,声音将会怎样?

(3)如果抽空所有的空气,声音将会怎样?(学生思考)

点拨:我们利用现有的实验条件还不能做到完全真空,但是可以在实验的基础上,经过理想的推理,得出实验结论,即真空中不能传声。(学生倾听)

问题:经过以上的实验探究,你能总结出怎样的规律?(学生思考,回答)

点拨:事实表明,声音的传播需要一定的物质,能传播声音的物质叫作介质。即声音的传播需要介质,真空中不能传声。(学生倾听)

设计意图:通过一系列体验活动,学生在体验和交流中收获声音传播的规律和条件;同时在探究中培养学生的证据分析意识,表达自己的观点,形成初步的科学论证能力和科学推理能力;通过了解音乐家的感人事迹和现代骨传导技术的发展,感受固体传声对人类生活和发展的影响,感受科技发展的力量。通过了解我国声呐探测技术的发展和液体传声技术的应用,感受我国科技发展的迅速,培养学生将知识转化成技术的创新意识。

(三)课堂小结

问题:通过这节课的学习,你有什么收获? 你还想继续研究的问题是什么?(学生总结,分享)

分享:现代语音识别技术。(学生倾听,思考,感受)

设计意图:梳理本节课的内容,了解学生所获,培养学生及时梳理、总结的意识。同时,还有什么问题是想继续研究的,留作下次学习的主题。通过介绍现代语音识别技术,将所学进行迁移和延伸,培养学生将科学知识转化成科学技术的意识,同时为下面"乐音、噪声和声的应用"的学习埋下伏笔。

(四)布置作业

思考题:

1.声音如何向远处传播?

2.声音的传播需要时间吗?

纸笔类:

见"作业材料"的基础和提高。

拓展类:

从以下问题中选一个最感兴趣的,查阅资料,总结分享:

1.人是怎样听到声音的?

2.不同介质中声音传播的速度有什么不同?

3.从古到今,我国有很多著名的建筑运用了声学知识,请你举例说明。

设计意图:布置分类作业,关注作业的多样化设计和分层布置,通过纸笔作答和操作实践的形式巩固强化知识的运用,同时了解学生学习的效果。

八、板书设计

4.1　声音的产生与传播

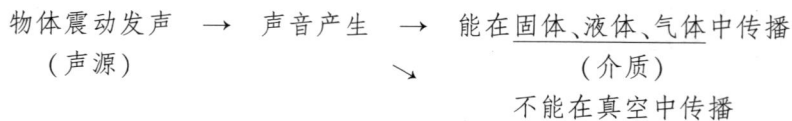

物体震动发声　→　声音产生　→　能在固体、液体、气体中传播
（声源）　　　　　　　　　　　　　　（介质）
　　　　　　　　　　　　↘
　　　　　　　　　　　　　　不能在真空中传播

设计意图：有逻辑地呈现本节课的主要知识，并且清晰地体现知识之间的关联性。

物化生增理性二

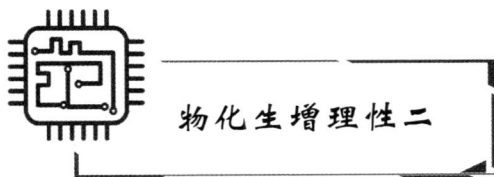

"探究水的组成"教学设计

陈美奇

一、指导思想与理论依据

《义务教育化学课程标准(2022年版)》在课程理念中强调"注重启发式、互动式、探究式教学,开展以化学实验为主的多样化探究活动,倡导"做中学,用中学,创中学"。本课的设计正是基于此理念。

二、教学背景分析

(一)教学内容分析及课时分配

本课题里对水的认识进入分子层面。历史上人类对水组成的认识是从水的生成和分解两方面进行的,教材在这里就以人类认识水的组成的简要史实引入并展开。

《义务教育化学课程标准(2022年版)》在物质的组成与结构部分的内容要求是:"通过科学史实体会科学家探索物质的组成与结构的智慧,初步学习利用物质的性质和化学反应研究物质组成的基本思路与方法。"水的组成内容的呈现则是模拟史实的研究过程，分"水的合成"和"水的分解"两步展开，学生通过历史上科学家对水组成的研究成果，感受科学研究的永无止境。通过自己完成水电解实验，感受利用物质的性质和化学反应可以研究物质的组成。学生通过对水生成和水分解两部分的实验与分析，认识水的组成已是水到渠成。

《义务教育化学课程标准（2022年版）》在"科学探究与化学实验"部分提到，"要选择有意义的探究问题，引导学生经历真实的探究过程"，水合成部分由氢气燃烧实验和相关讨论组成，这里的氢气燃烧实验既是对前面氢气燃烧性质介绍的验证，又是探究水组成的开始，其本身并不是一个探究实验，但与讨论组合并放在模拟水组成研究的背景下，使其具有了探究的意味，水分解部分是一个水电解的实验探究。

本节课起着承上启下的作用，其顺利展开的前提是学生对元素部分知识的充分掌握，可以说，本节课是学生对元素知识的应用学习，也是对前面分子由原子构成部分知识的应用。同时本节课的顺利完成也能帮助学生对化学式的学习起到良好的铺垫学习。

（二）学生情况分析

通过小学科学和中学物理课的学习以及生活中经验的积累，学生不仅知道水是我们身边最常见的物质之一，而且对水的物理性质有了一定的了解。但对于水的组成，学生并不完全了解。很多学生认为，水由水元素组成。学生在"氧气"这一课中所学习的氧气检验方法是本课题学习的基础之一，学生刚学完"元素"的知识，知道了物质由元素组成、元素的概念、元素的存在与转化以及在化学反应前后，元素种类不变等知识。

主要问题：学生还未通过实验的方法理解化学反应前后元素种类不发生改变的客观事实；学生对物质由元素组成，还没有真正理解；学生对实验目的与实验结论之间如何利用实验现象建立关系存在困难；学生可能会在水电解后产生氢气和氧气后得出水由氢气和氧气组成的结论，对水的微观认识较片面,对微观认识水的电解更是存在一定程度的困难。

三、教学目标

通过水电解的实验过程,能够将实验现象与实验结论进行有效关联,能通过电解水实验(现象、结论、文字及符号表达式)说明水的组成。

通过对氧化汞及水组成的研究,能以水为例说明研究纯净物组成的方法,能够形成利用物质的性质和化学反应研究物质组成的基本思路。

四、教学过程设计

环节一:验证水由多种元素组成的基本思路。

师:呈现资料

师:介绍易燃空气—氢气,播放氢气验纯的实验。

生:认识了解氢气的性质。

任务1:探究水是否由一种元素组成,并说明依据。

师:对学生的解释进行修正,引导学生进行总结。

教学设计意图:

本部分为探究水的组成经历的第一个阶段,即认为水不是一种元素组成的。本部分内容的设计则是为了还原科学家探究水的过程,从波义耳提出的元素的定义,认为水是一种元素组成的。到拉瓦锡将水通过烧红的枪管,产生了氧气和氢气。介绍氢气的相关性质,由此呈现任务1。通过史实资料的呈现,学生可初步得出水不是由一种元素组成的。

环节二:设计探究水的组成的实验方案。

师:拉瓦锡在测定空气中氧气含量的实验中,通过将氧化汞加热,获得了汞和氧气。你能否依据此反应推出氧化汞的组成。

任务2:小组合作,设计实验方案探究水的组成。

师:呈现资料。

生:小组讨论,设计实验方案。

师:呈现资料。

生:小组讨论,完善实验装置设计,并进行汇报。

生:小组讨论,汇报分享,学生互评。

师:本实验的反应条件已经确定,还需要考虑哪些内容?

师:介绍实验装置霍夫曼水电解器及微型水电解器,并说明实验步骤。

生:小组合作,进行实验,并记录实验现象。

教学设计意图:

本部分是这节课探究学习的核心,通过拉瓦锡将氧化汞受热分解产生了汞和氧气,利用化学反应元素守恒的角度可推出氧化汞的组成,迁移给学生设计探究水的组成的方案。学生需要通过呈现的资料去思考实验方案的原理,反应的发生条件,及相应的实验装置。通过学生间的合作,学生可以初步得出实验方案。在本过程中可以强化学生对实验原理,实验装置的认识以及学会确定实验方案的思路。

环节三:水的组成实验过程探究。

任务 3:整理上述实验的实验现象,并得出相应结论。

师:组织学生描述实验现象,并对猜想进行实验方案设计。

生:汇报实验方案。

师:其他组进行点评,共同完成产物的检验实验,引导学生得出实验结论。

师:讲述普利斯特里和卡文迪许有关探究水的组成实验。

师:总结研究纯净物组成的一般思路。

教学设计意图:

本环节是另一个小探究实验,观察水电解的实验对于学生而言,并不难。但是通过实验现象推测相应的物质,并设计实验进行验证,是本部分的第一个难点。本部分考查了气体的检验方法,同时学生在检验气体的过程中也锻炼了由现象推结论的能力。学生确定好水电解的产物后,还需要依据产物推出水的组成,这是本部分的第二个难点。会有部分学生得出水由氢气和氧气组成的结论。这时候教师需要引导说明,帮助学生明确水的组成结论。

在得出水的组成结论后,教师讲述普利斯特里和卡文迪许探究水的组成的实验,从水的合成角度引导学生认识水的组成。

环节四:从定量的角度认识水的组成。

师:呈现资料。

任务 4:结合上述实验现象和资料,推断元素与元素之间的定量关系。

师:小组讨论,并进行汇报。

师:点评提升,并进行总结。

任务 5:尝试画出一个水分子,并利用超轻黏土制作出一个水分子模型。

教学设计意图:

本部分对水的认识由宏观走向微观,由定性走向定量,学生通过呈现的资料得出水的组成中氢氧元素的质量比,并得出氢氧原子的个数比,由宏观组成到微观构成,正是认识物质的科学历程。

任务 5 是本节课的结尾,也是下一节课的开始,体现了认识物质的一般思路,也帮助学生了解到水的符号 H_2O 的得出是有科学依据的。

五、板书设计

课题 3　水的组成

实验:电解水。

现象:产生气体。

表达式:水 $\xrightarrow{\text{通电}}$ 氢气+氧气。

结论:水由氢氧元素组成。

六、作业设计

（一）基础试题

1. 以下关于水组成和构成的描述中，不正确的是（　　）。

A. 水由氢、氧两种元素组成

B. 水由水分子构成

C. 水由氢、氧共 3 个原子构成

D. 1 个水分子中有 2 个氢原子和 1 个氧原子

2. 右图是电解水的示意图，2 试管内产生的气体是_____，由此实验得出的结论是_____。你推断的依据是_____。

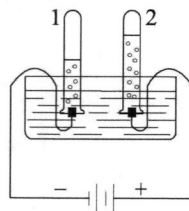

（二）拓展试题

请根据此装置设计一道题，并给出你的答案。

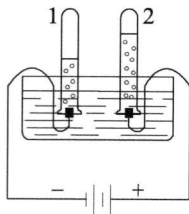

（三）提升题

天然气的主要成分是甲烷，请设计实验确定甲烷的组成。

七、学习效果评价设计

　　过程性评价:相关问题表述的完整和准确性、实验方案的设计逻辑性、小组合作的完成度。

　　结果性评价:学业标准相关习题检测、中考模拟题检测及作业设计。

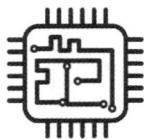

物化生增理性三

"科学使用清洁剂"单元教学设计

于宏丽

一、指导思想与理论依据

根据《义务教育化学课程标准(2022年版)》指出义务教育化学学科要注重对实际问题的有效回应,坚持问题导向,精选对学生终身发展有价值的课程内容。优化课程内容,基于核心素养发展要求,遴选重要观念的化学课程,立足学生的生活经验,反映人类探索物质世界的化学基本观念和规律。基于大概念的建构,整体设计和合理实施单元教学,注重启发式、互动式、探究式教学,创设真实问题情景,倡导"做中学""用中学""创中学"。

化学观念是人类探索物质的组成与结构、性质与应用、化学反应及其规律所形成的基本观念。本单元以酸碱性质和用途为载体,发展学生的变化观念、元素观、微粒观。以清洁剂为背景开展酸碱的学习,体悟化学学习价值,激发化学学习兴趣,感受化学让生活变得更美好!

科学思维是化学学习中基于事实与逻辑进行独立思考和判断,对不同信息、观点和结论进行质疑与批评,从化学视角研究物质及其变化规律的思路与方法。本单元在解决清洁剂使用过程中各种问题时,运用比较、分类、分析、综合、归纳等科学方法认识酸和碱的性质与用途,形成学习一类物质的思路和方法。

基于以上分析本单元重点是:在卫浴清洁剂和重油污清洁剂的真实背景下,学习酸和碱的重要性质和用途,通过生活中两种清洁剂混用效果的探究,学习中和反应的原理、实质和应用,形成变化体现性质,性质决定用途的学科概念。

二、教学背景分析

(一)单元整体教学内容分析

1.在教材中的地位和作用

本单元有关"酸和碱"的内容,是中学化学中的重要知识,与生活、生产联系紧密。单元知识内容较广,化学反应繁多,物质间的联系较为复杂。本单元的内容为学生形成物质分类观念、物质变化观念等初中化学的基本观念提供了感性基础;为学生了解化学与生活的密切关系提供了学习素材;其组成、结构、性质、变化、应用等方面的内容也为学生进行实验探究提供了研究依据。

2.在教学中的功能和价值

本单元知识构成能够让学生深入体会"变化体现性质,性质决定应用"的学科大概念;单元核心物质,构建起物质之间的反应关系,使学生学会归纳从几种物质的性质,推知一类物质的性质;能够演绎从一类物质的性质,推知某种物质的性质,形成从零散经验到通性框架的认识角度,同时认识到分类认识物质的重要性。由宏观组成到微粒构成,深化学生思维;对酸和碱类物质的认识从模糊到清晰,增强学生学好化学的信心。

3.单元整体教学学情分析

(1)学生已有知识与能力

对于酸和碱，在生活经验和学习过程中已经有了零散、初步的认识。关于酸，学生已有的认识有：食醋中有醋酸；通过实验发现二氧化碳与水反应生成的碳酸使石蕊变红；知道稀盐酸和碳酸钙反应会产生二氧化碳气体；了解稀盐酸和稀硫酸与金属反应的异同。关于碱：知道了二氧化碳能使澄清石灰水变浑浊的反应原理；认识了氢氧化钠溶于水的放热现象；氢氧化钙的溶解度随温度升高而降低。这些有关酸和碱的零散知识，以及金属单元初步学习了一类物质的方法，是学生进一步学习的基础。

(2)学生学习障碍点

酸类和碱类物质的性质、用途等化学事实性知识，大量的化学方程式等，学生对这些物质在生活中的应用原理比较陌生。对这一单元的认知障碍主要与学生对这些知识间的相互联系和变化规律认识不够，面对众多的化学变化、现象存在畏难和混淆现象，停留在对单一物质学习的方式上，没有形成对一类物质认识的方法，没有构建与发展科学的物质观、变化观。

(3)学生学习发展点

对"酸和碱"单元学习内容，可以提炼"变化体现性质，性质决定用途"作为学科大概念，理顺组成、结构、性质、应用之间的关系，形成良好的知识结构。借助生活中的强力卫浴清洁剂和重油污清洁剂，使繁杂的物质间的变化更加有趣味性和实用性。将零散的知识结构化，成为解决上述学习困难的关键，帮助学生形成学习"一类物质"的方法。

(二)单元教学整体规划流程图

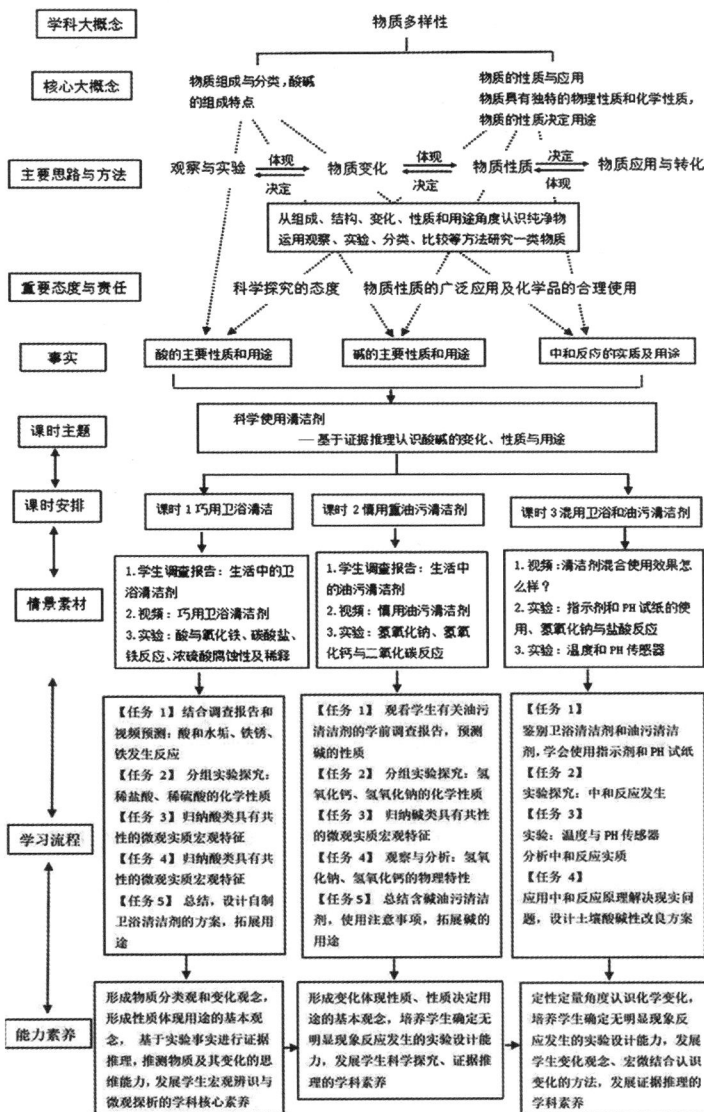

图 1 单元教学整体规划图

学科大概念		物质多样性	
核心大概念	物质组成与分类,酸碱的组成特点		物质的性质与应用 物质具有独特的物理性质和化学性质,物质的性质决定用途

主要思路与方法：观察与实验 ⟶体现/决定⟶ 物质变化 ⟶体现/决定⟶ 物质性质 ⟶决定/体现⟶ 物质应用与转化

从组成、结构、变化、性质和用途角度认识纯净物
运用观察、实验、分类、比较等方法研究一类物质

重要态度与责任：科学探究的态度　物质性质的广泛应用及化学品的合理使用

事实	酸的主要性质和用途	碱的主要性质和用途	中和反应的实质及用途

课时主题：科学使用清洁剂
——基于证据推理认识酸碱的变化、性质与用途

课时安排	课时1 巧用卫浴清洁	课时2 惯用重油污洁剂	课时3 混用卫浴和油污清洁剂
情景素材	1.学生调查报告:生活中的卫浴清洁剂 2.视频:巧用卫浴清洁剂 3.实验:酸与氢氧化铁、碳酸盐、铁反应、浓破酸腐蚀性及稀释	1.学生调查报告:生活中的油污清洁剂 2.视频:惯用油污清洁剂 3.实验:氢氧化钠、氢氧化钙与二氧化碳反应	1.视频:清洁剂混合使用效果怎么样? 2.实验:指示剂和PH试纸的使用、氢氧化钠与盐酸反应 3.实验:温度和PH传感器
学习流程	【任务1】结合调查报告和视频预测:酸和水垢、铁锈、铁发生反应 【任务2】分组实验探究:稀盐酸、稀硫酸的化学性质 【任务3】归纳酸类具有共性的微观实质宏观特征 【任务4】归纳酸类具有共性的微观实质宏观特征 【任务5】总结、设计自制卫浴清洁剂的方案,拓展用途	【任务1】观看学生有关油污清洁剂的学前调查报告,预测碱的性质 【任务2】分组实验探究:氢氧化钙、氢氧化钠的化学性质 【任务3】归纳碱具有共性的微观实质宏观特征 【任务4】观察与分析:氢氧化钠、氢氧化钙的物理特性 【任务5】总结碱油污清洁剂,使用注意事项,拓展碱的用途	【任务1】鉴别卫浴清洁剂和油污清洁剂,学会使用指示剂和PH试纸 【任务2】实验探究:中和反应发生 【任务3】实验:温度与PH传感器分析中和反应实质 【任务4】应用中和反应原理理解现实问题,设计土壤酸碱性改良方案
能力素养	形成物质分类观和变化观念,形成性质体现用途的基本观念,基于实验事实进行证据推理,推测物质及其变化的思维能力,发展学生宏观辨识与微观探析的学科核心素养	形成变化体现性质、性质决定用途的基本观念,培养学生确定无明显现象反应发生的实验设计能力,发展学生科学探究、证据推理的学科素养	定性定量角度认识化学变化,培养学生确定无明显现象反应发生的实验设计能力,发展学生变化观念、宏微结合认识变化的方法,发展证据推理的学科素养

三、单元(或主题)基本问题

一是生活中强力卫浴清洁剂和重油污清洁剂带给我们什么启示?

二是强力卫浴清洁剂和重油污清洁剂混合使用效果会更强吗?

三是酸类和碱类物质如何让生活更美好?

四、单元(或主题)教学目标

一是通过对生活清洁剂的调查,初步预测酸碱的主要性质,设计实验方案,分析、解释有关的实验现象,进行证据推理,了解酸碱的主要性质和用途,知道酸碱对人体健康和农作物生长的影响。

二是通过从微观角度认识酸碱的共性,从物质类别的角度预测酸、碱的主要性质,并设计实验验证,形成研究一类物质性质的思路与方法。实验论证物质是否发生化学变化,结合多种方法证明物质的变化。

三是通过体会酸和碱的知识与生活紧密联系,应用酸碱知识指导生活中科学使用相关物质,形成科学的物质观,体悟性质决定用途的学科观念,感受化学学习的价值。丰富学生的科学体验,激发学生探究的兴趣和学习化学的动机。

五、单元教学主要过程设计

(一)第 1 课时:巧用卫浴清洁剂

1. 课时目标

(1)通过对生活中卫浴清洁剂的调查,认识常见酸的主要性质和用途,能用化学方程式说明相关化学反应,知道酸的腐蚀性。

(2)通过对酸类物质分析,能从元素组成和微观构成角度解释酸具有相似化学性质的原因。

(3)通过比较、分类、归纳、概括等方法逐步建立有关酸的知识之间的联系。对所获得的事实与证据进行分析,得出合理的结论。

2. 主要教学环节

【环节一】　情景引入

观看有关卫浴清洁的调查报告和视频。

问题1:卫浴清洁主要成分中哪种物质会和水垢、铁锈、铁发生化学反应?

学生预测是盐酸或草酸。

【环节二】　实验探究:盐酸的化学性质

问题2:盐酸是否能与水垢、铁锈、铁发生化学反应?

学生分组实验验证:盐酸能与水垢、铁锈、铁发生化学反应,记录实验现象,尝试书写相关化学反应方程式,并解释用盐酸作为卫浴清洁剂的原因。

【环节三】　实验探究:硫酸的化学性质

问题3-1:通过调查发现含有草酸的卫浴清洁剂也能和盐酸的清洁剂的效果相似,还有哪些酸具有相似的性质呢?

学生分组实验验证:稀硫酸的性质。

问题3-2:为什么这些酸化学性质如此相似呢?

展示微观示意图:归纳酸类具有共性的微观实质、知道酸类物质的宏观元素组成特征。

【环节四】　实验探究:盐酸、硫酸的特殊性质

问题4-1:卫浴清洁剂中的酸是稀释后的盐酸,为什么不用浓盐酸呢?浓盐酸和浓硫酸又有什么不同呢?

观察与实验:盐酸、硫酸的物理性质;浓硫酸稀释。

问题4-2：如果只提供浓硫酸和相关的表面活性剂，如何自制卫浴清洁剂？

（二）第2课时：慎用重油污清洁剂

1.课时目标

（1）通过对生活中重油污清洁剂的调查，认识常见碱的主要性质和用途，能用化学方程式说明碱与非金属氧化物、盐发生化学反应，知道碱的腐蚀性。

（2）通过对碱类物质分析，能从元素组成和微观角度解释碱具有相似化学性质的原因。

（3）通过实验设计和实施，证明无明显化学现象的发生。能对事实与证据进行加工与整理，发展证据推理的科学思维。

2.主要教学环节

【环节一】 情景引入

观看重油污清洁的调查报告和视频。

问题1：重油污清洁剂的主要成分是什么？使用过程中为什么戴手套？

【环节二】 实验探究：氢氧化钠的性质

问题2-1：重油污清洁剂的主要成分氢氧化钠具备什么性质？

实验观察：氢氧化钠物理性质。

介绍：氢氧化钠的腐蚀性、俗称等。

问题2-2：为什么不能长时间敞口放置重油污清洁剂？

实验探究：氢氧化钠与二氧化碳发生化学变化，设计实验证明无明显现象的化学变化的发生。

问题2-3：能证明氢氧化钠与二氧化碳发生化学变化的证据是什么？

【环节三】 实验探究：氢氧化钙的性质

问题3-1：你还学习过什么物质组成与氢氧化钠相似，也能与二氧化碳反应?

回忆:氢氧化钙与二氧化碳的反应。

归纳:碱有共性和特性的微观实质,知道碱类物质的宏观元素组成特征。

问题3-2:从元素角度分析氢氧化钠与氢氧化钙的差异是什么? 演示实验:氢氧化钠溶液、氢氧化钙溶液分别滴加碳酸钠溶液。观察现象差异,分析沉淀物成分,书写化学反应方程式,说明原理。

【环节四】　归纳总结

播放视频:重油污清洁剂的原理。

梳理氢氧化钠、氢氧化钙的共性与特性,性质与用途。

(三) 第 3 课时:混用卫浴和重油污清洁剂

1. 课时目标

(1)通过实验操作,能够正确使用指示剂和 pH 试纸检验溶液的酸碱性。

(2)通过探究卫浴清洁剂与重油污清洁剂能否混用问题,从定性和定量角度认识中和反应的发生,深入变化观念,证明酸碱中和反应的发生,发展证据推理科学思维。

(3)通过对具体中和反应的分析,能从微观角度分析中和反应的实质,从酸碱平衡角度认识健康生活,应用中和原理解释生活中的常见问题。

2. 主要教学环节

【环节一】　复习式情景引入

问题1-1:若将卫浴清洁剂和重油污清洁剂标签损坏,如何鉴别卫浴清洁剂和重油污清洁剂? 学生结合酸碱性质差异进行鉴别。

【环节二】　会变色的清洁剂:指示剂和 pH 试纸

问题2-1:有无更简便的方法鉴别卫浴清洁剂和油污清洁剂?

播放视频：会变色的清洁剂。

介绍：指示剂的使用方法。

学生实验：用石蕊、酚酞溶液，鉴别两种清洁剂。

问题2-2：当溶液中碱的浓度过大或过小，酚酞指示剂也存在不准确的情况，还有更精准表示溶液酸碱性的方法吗？

介绍：pH试纸的使用。

学生分组实验：pH试纸鉴别两种清洁剂。

【环节三】　实验探究：中和反应

问题3-1：强力卫浴清洁剂和重油污清洁剂，若混合使用，会强强联合更强吗？

播放视频：两种清洁剂混合使用除水垢。

问题3-2：为什么没有更强，反而更弱呢？

分组实验：氢氧化钠溶液与稀盐酸反应。

问题3-3：从反应物减少，新物质增多的角度设计实验证明该反应是否发生？

学生设计实验：利用指示剂和pH试纸。

演示实验：pH和温度传感器测定氢氧化钠溶液与稀盐酸反应的前后变化。

问题3-4：通过上述实验，请说出可以证明氢氧化钠和盐酸发生化学变化的证据有哪些？学生讨论交流。

展示微观示意图：总结酸碱中和反应的微观实质。

【环节四】　应用中和反应解决现实问题

解释：土壤酸碱性改良、治疗胃酸过多、洗发液与护发素、蚂蚁分泌蚁酸怎么缓解等问题。

六、作业内容

(一)课前调查及劳动作业

调查生活中的卫浴清洁剂和重油污清洁剂成分,给家里的卫生间和抽烟机进行大扫除。

(二)纸笔作业

1.第一课时后作业

(1)敞口放置出现白雾现象的酸是_____;敞口放置质量会增加的酸是_____。

(2)生活中不用浓硫酸做干燥剂是因为_____。

(3)利用下图实验研究酸的性质。向 1 至 6 孔穴中滴加稀盐酸溶液。

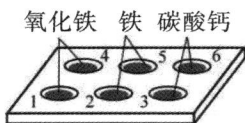

①孔穴 1 中发生反应的化学方程式为_____。

现象是_____。

②有气泡产生的孔穴是_____。

③孔穴 2 中发生反应的化学方程式为_____。

④孔穴 3 中发生反应的化学方程式为_____。

(4)含有盐酸的卫浴清洁剂,能够用于除去水垢、铁锈的原因是____;生锈的铁钉不能长期浸泡在足量的卫浴清洁剂中的原因是_____。

2.第二课时后作业

(1)有一种碱类物质,溶于水会放出大量的热,该碱是_____,另一种碱微溶于水,该碱是_____。

(2)生活中使用含有氢氧化钠的重油污清洁剂需要戴手套的原因__。

（3）利用碱的性质回答下列问题：

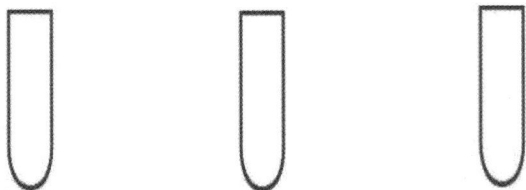

1号：**氢氧化钠溶液**　2号：**氢氧化钙溶液**　3号：**氢氧化钙溶液**

①1号、2号试管中分别通入适量的二氧化碳气体，两支试管的现象_____化学方程式为_____、_____；

②向3号、试管中滴入适量的碳酸钠溶液，现象_____化学方程式为_____；

（4）生活中用含有氢氧化钠的重油污清洁剂后要盖紧瓶盖保存的原因是_____；石灰浆粉刷墙壁后变白变硬的原因_____。

（5）从元素、微粒的角度论述氢氧化钠、氢氧化钙具有共性和差异性原因，以氢氧化钾化学式 KOH 为例，预测氢氧化钾能否与二氧化碳反应？

3. 第三课时后作业

（1）稀盐酸、稀硫酸的 PH 范围_____，滴入紫色石蕊颜色变化_____，遇酚酞颜色变化_____；氢氧化钠溶液、氢氧化钙溶液的 PH 范围_____，滴入紫色石蕊颜色变化_____，遇酚酞颜色变化。

（2）向下列试管中滴加适量的稀盐酸
写出相关反应的化学方程式_____、_____。

（3）生活现象解释

1号：**氢氧化钠溶液**　2号：**氢氧化钙溶液**

①治理酸性土壤，可以用氢氧化钙，而不用氢氧化钠，解释其原因_____。

②被蚂蚁叮咬，分泌的蚁酸导致皮肤瘙痒，可以用涂抹碱性肥皂水的方法缓解，解

释其原因_____。

(4)补全报告

表1　作业报告

装置及操作		现象	解释或结论
铁片 1 氧化铁粉末 2 3 滴有酚酞的澄清石灰水	向3中滴加足量盐酸	——	Ca(OH)₂能与盐酸反应

(三)单元作业

画出有关酸碱知识的思维导图。

七、教学设计特色说明

本单元设计紧密联系生活情境,学前调研与使用清洁剂,让学生初步了解两种清洁剂,拉近学生与酸碱物质的距离,激发学习兴趣,成为单元整体学习的良好素材。组成本单元主题的三个课时主题分别为巧用卫浴清洁剂、慎用重油污清洁、混用卫浴和油污清洁剂,层层递进,感受化学与生活的密切联系,体会化学学习的价值。本单元涉及酸和碱两类物质的性质和用途、中和反应的实质及用途,内容零散庞杂,大多是化学事实性知识,具有"易学难记"的特点,为了有效地学习化学事实性知识,采用将所学内容与学生的生活经验联系起来的方式,基于生活经验的一些疑问,在课堂小心求证,在体验和探索中构建酸碱知识体系,促进学生的科学思维发展,收获学习一类物质的思路和方法,在潜移默化中促进学生核心素养的提升。

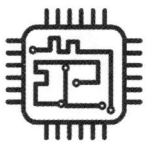

物化生增理性四

新型冠状病毒感染防治"说明"单元设计案例

刘晓婷

一、指导思想与理论依据

《义务教育生物学课程标准(2022年版)》中要求了解传染病的危害;理解人体免疫的基本原理;认识到遵守社区、地区和国家的相关防疫要求,有助于传染病的防控,增强社会责任意识。通过对传染病和免疫知识的学习,认同生物学及医学伦理观念,养成健康生活的态度和行为习惯。

主题确定与核心素养的关系。中学生学习生物学知识很重要的原因是基于对生物学的认识及对科学技术、社会、环境相互关系的理解,参与个人和社会事务的讨论,做出理性解释和判断,解决生产生活中的问题。疫情已持续两年多,防疫已经成为我们生活中不可缺少的部分,因此,本单元的设计与教学具有很大的实际意义。本单元的教学内容包括传染病及其预防、人体免疫、计划免疫的意义等基本生物学概念,是制定新型冠状肺炎防治措施的基础。我们将新冠防疫中实际采用的各种措施与基础知识进行联系、提升,在这个过程中,学生的科学探究能力和科学思维也能得以发展。通过本单元学习,学生也能理解每个人做好个人防护是配合国家打好抗疫这场无硝烟战争的社会责任,认识到遵守社区、地区和国家的相关防疫要求,有助于传染病的防控,保护自己和他人安全,增强了社会责任感。

建构主义理论认为学习是个体主动建构自己知识的过程,强调知识不是通过教师传授得到,而是学习者在一定的情境中,借助其他人的帮助,利用必要的学习资料,获取知识的过程,强调学生的自主性和能动性。

二、教学背景分析

(一)单元教学内容分析

疫情发生后,戴口罩成了日常,生活中的变化让初中年龄段的孩子产生很多疑问:为什么食堂吃饭餐桌上要放隔板,为什么要打疫苗,疫苗是什么,为什么要经常做核酸检测,核酸又是什么,等等。关于传染病的知识,学生或多或少知道一些,但头脑中的概念未必是正确的。因此,本单元从热点问题入手,为学生学会正确防治传染病打下理论基础,培养其科学精神和社会责任感。

(二)学生情况分析

疫情的防治已成日常化状态,学生对疫情防控措施不陌生,但是对这样做的意义却不是很了解,并且初二年级的学生随着年龄的增长有一定的理解力和对社会现象审视的能力,更需要对其社会责任感进行培养。

（三）整体教学设计思路分析

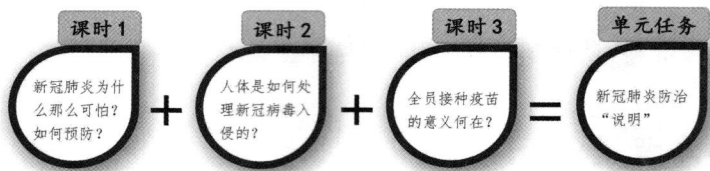

课时1
新冠肺炎为什么那么可怕？如何预防？

十

课时2
人体是如何处理新冠病毒入侵的？

十

课时3
全员接种疫苗的意义何在？

＝

单元任务
新冠肺炎防治"说明"

单元基本问题：

1. 新冠肺炎为什么那么可怕？如何预防？（传染病及其预防）

2. 人体是如何处理新冠肺炎病原体的入侵的？（人体免疫）

3. 全员接种疫苗的意义？（计划免疫）

完成3课时的学习之后，生命观念、科学思维、探究实践和态度责任四个方面的核心素养均得到落实，学生最终完成大任务：制作新冠肺炎防治"说明"手册，并在社区或者学校进行宣讲。

三、单元教学目标

1. 通过本单元的学习，学生学会按照是否有传染性，可将疾病分为传染性疾病和非传染性疾病。了解传染病的危害，某些传染病，如新型冠状病毒引起的肺炎，会对社会、经济和科技发展产生严重影响。按照传染病流行的三个环节，区分实施的措施属于预防传染病的哪个环节。分析我们身边现有的防疫措施的科学性，对人们的健康和社会的安定有着积极的促进意义。

2. 通过本单元学习，了解人体免疫三道防线，理解人体免疫的基本原理。理解人体通过免疫系统维持我们的健康。

3. 通过本单元学习，理解我们每个人做好个人防护是配合国家打好抗疫这场无硝烟战争的社会责任。认识到遵守社区、地区和国家的相关防疫要求,有助于传染病的防控,增强社会责任意识。

四、单元教学主要过程设计

(一)第1课时

1.课时目标

(1)将常见疾病按照是否有传染性,分为传染性疾病和非传染性疾病,并总结传染病的概念和特征。

(2)以常见传染病为例,如新型冠状病毒引起的肺炎,说明传染病的病因(病原体)、传播途径和预防措施。

(3)以新冠肺炎疫情的防控措施,引导学生理解传染病预防的措施及其重要意义。

(4)关注常见传染病的流行和预防及其与人体健康的关系,选择卫生、安全的生活方式。

2.主要教学环节

(1)认识传染病

①4人一组,列出常见的影响健康的疾病。按照"传染病"和"非传染病"两个类别加以区分。以"新冠肺炎"为例,分析其病原体。

②以大事件:全球疫情,引出新冠肺炎的可怕之处:流行性、传染性。

设计意图:通过将生活中常见疾病按照是否有传染性进行分类可以帮助学生总结、理解传染病的概念及特征。

(2)传染病传播及预防

①每个小组推选一人在手上沾上面粉,小组其他成员与手上沾上面粉的同学击掌,体验传染病的传播过程,总结传染病传播必须具备的基本环节和预防传染病的基本措施。

②观看视频《新冠肺炎与预防》,说出病毒的传染源、传播途径和易感

人群。列出我们身边遇到的或经历过的新冠肺炎疫情防控措施,判断其属于控制传染源、切断传播途径、保护易感人群三个措施中的哪一个。

设计意图:通过常见传染病分析传染病传播的三个环节以及预防措施。以新冠肺炎疫情的防控措施,引导学生理解传染病预防的措施及其重要意义。

③拓展例子分析:分析水痘、艾滋病、疟疾等传染病的病原体、传染源、传播途径、易感人群,区分预防措施属于预防的三个环节中的哪一个。

设计意图:通过拓展例子的分析,深化传染病的预防知识,教会学生选择卫生、安全的生活方式。

(二)第 2 课时

1.课时目标

(1)通过观看视频和体验活动,了解人体免疫三道防线,理解人体三道防线工作的基本原理。

(2)理解免疫的功能,免疫系统可以帮助人体维持健康,但是免疫缺失或过强也会影响人体健康。

2.主要教学环节

提问:如果我们接触到新型冠状病毒就一定会得病吗？引出人体免疫。

(1)人体免疫系统

①观看剪辑视频《工作细胞》片段,总结人体的三道免疫防线及其特点。

②角色扮演,强调三道防线的作用。

③分析"接种疫苗预防新冠肺炎"是第几道免疫防线,其作用是什么,绘制第三道免疫防线发挥作用的流程图,制作抗原、抗体结合模型,体验特异性免疫的特点。

设计意图:通过观看视频教学,更容易激发学生的学习兴趣,并且视频内容直观便于理解。角色扮演的前提是学生理解才能充分演绎,这样更能深化知识的内在理解。

(2)免疫的作用及免疫性疾病

①观看视频《人体的免疫》再结合图片形象地分析、总结免疫的作用。

②分析例子"泡泡男孩",艾滋病,过敏和器官移植中的排异现象。分析免疫缺失或过强对人体健康的影响。

设计意图:关于免疫性疾病的分析也是帮助学生理解免疫系统的重要性,为我们的健康生活奠定基础。

(三)第 3 课时

1. 课时目标

(1)理解计划免疫的概念及计划免疫的意义,以及全员接种新冠疫苗的意义。

(2)将接种疫苗这种预防传染病的措施与人体的特异性免疫建立联系,帮助学生理解疫苗的作用原理,用知识打消人们对疫苗的惧怕心理。

(3)理解我们每个人做好个人防护是配合国家打好抗疫这场无硝烟战争的社会责任。认识到遵守社区、地区和国家的相关防疫要求,有助于传染病的防控,经济发展和社会安定,增强学生的社会责任意识。

2. 主要教学环节

(1)4 人一组,阅读和讨论自己带来的预防接种卡上的信息,讨论:疫苗接种的时间和种类有什么特点呢? 引出计划免疫的概念。讨论:为什么我国要对儿童实行计划免疫? 总结计划免疫的意义。

(2)观看视频《疫苗的发展史》,了解疫苗的发展及对人类健康的意义。

(3)解答"老年人不怎么出门,是不是可以不用接种新冠肺炎疫苗"这一问题分析全员接种新冠肺炎疫苗的在防治新型冠状肺炎中的重要意义。

(4)解答"为什么注射新冠肺炎痊愈病人的血浆可以为重症患者提供治疗?"这一问题。

设计意图：疫苗本伴随着每个孩子的成长，查看、讨论疫苗接种册不仅是为了引出本节课，也为了让学生理解生活处处有生物学。通过《疫苗发展史》的视频向学生介绍疫苗对于人类寿命的延长，生存率的提升有重要意义。将科学发展的历史融入教学中，体验科学发展与人类幸福的关系。通过分析帮助学生理解全员疫苗的意义，提升学生的社会责任意识。

五、评价设计

(一)课堂作业

针对知识点的习题练习。

(二)拓展作业:小组合作(周末完成)

1. 以"传染病"为主题词绘制思维导图。
2. 绘制新冠肺炎疫情防控宣传海报。

(三)拓展作业:个人作业

1. 运用所学知识描述德尔塔病毒的传播过程，可以用拟人手法"德尔塔的旅行日志"。
2. 以"免疫"为主题词绘制思维导图，总结学习成果。

设计意图：针对知识点的习题练习用于强化基础知识、思维导图和海报绘制，帮助学生将所学知识进行总结归纳，形成系统，从而更好的理解。描述德尔塔病毒的传播过程，可以用拟人手法"德尔塔的旅行日志"，帮助学生厘清人体免疫三道防线各自所包含的范围以及每一道防线的作用。

六、评价量规

1. 针对知识点的习题练习全员过关。

2. 思维导图评价。及格:内容全面,基础逻辑较清晰。良好:内容全面,基础逻辑清晰,内容能够联系生活做到延伸。优秀:知识间逻辑清晰,与生活实际联系紧密,整洁美观。

3. 描述德尔塔病毒的传播过程评价。

及格:三道防线内容全面,基础逻辑较清晰。良好:三道防线内容全面,基础逻辑清晰,语言表达较流畅,专业术语使用较正确。优秀:三道防线知识间逻辑清晰,语言表达流畅,专业术语使用正确。

七、单元设计特色说明

一是本单元将基础知识融入生活实际,从生活中来再回到生活中去。结合现今生活中的热点问题"防疫",人们还存在对社区、地区和国家的相关防疫要求可能持有不理解、不去做,甚至不配合的态度,因此,这个主题意在帮助学生明白防疫的科学性,并做好宣传,培养其社会责任感。在教学过程中,提出三个主要问题:新冠肺炎为什么那么可怕? 如何预防? 人体是如何处理新冠肺炎病原体的入侵的? 为什么小区广播里天天宣传接种疫苗,全员接种疫苗有什么意义? 主要以讨论、活动体验的形式学习,提升学生的参与感和课堂融入感,思维也得到了良好的锻炼,真正做到深度学习,并且将所学知识用于家庭防疫宣传中,达到教育的目标。

2. 多用新奇有趣的素材和活动吸引学生,比如视频、模型制作等,学生有好奇以后就更愿意参与学习过程中来,学习效果也会更好。

3. 搭配更有针对性的作业设计,从基础知识的夯实,到理解的提升,从这两方面入手将本单元的目标再一次深化。

物化生增理性五

基于学生数据的物理复习备考设计方案

尤凤林

一、指导思想

本学期物理学科教研工作将在科研指导中心指导下，根据课程教学中心整体工作要求，结合本学科特点，以引导学生进行探究性学习、培养学生科学思维和探究能力为中心，以探索复习备考为重点，以强化数据工具的使用，提高教师信息素养为主线，努力做好本学科教学研究和教学指导工作，积极推进物理学科教学教研向纵深发展。

二、工作目标

一是提高物理教师复习备考阶段的课堂效率，提高教学质量。

二是教师掌握课前、课中、课后学情信息数据化收集方法。

三是教师具备进行思维障碍点题型设计与分析能力。

四是教师形成将思维障碍转化为学生活动的设计能力。

五是形成基于数据评估下的教研模式和研讨策略。

三、工作内容

1.极课智能软件平台的使用与查询

教研组内由教研组长负责极课数据平台的登录、组卷、制卡、极课号编制、扫描、特殊试卷的处理、数据查询与反馈培训。在教学实践过程中将操作方法、易出现的问题和解决策略进行系统的整理。

2.极课平台年级前测数据的分析与研讨

由组卷教师进行年级数据的下载分享后,教研组进行年级数据的分析,找出薄弱的知识点进行排序;由初二新授课的教师进行薄弱知识点问题的经验分析,教研组讨论学生思维障碍的原因,并研讨解决对策,进行分工安排。

3.周测学情数据的监控和评估研讨

每周晚自习进行周测,定期进行本周学生情况的反馈,薄弱知识点的对比分析,不同教师在授课阶段实施的策略对比、研讨。学生实验操作过程中的问题和技能障碍分析,分工安排下一阶段实施策略。

4.阶段性反馈和力学后测对比分析

章节进行阶段性反馈,力学模块复习完毕后进行后测,对比前测数据,利用极课雷达图对比分析各知识点的提升情况,分析不同的教学策略的优缺点,找出年级共性问题和亟待解决的问题。

5.与兄弟学校跨区域联研

期中考试之后与海淀区教师进修学校附属实验学校教师进行跨区域研讨,使用海淀一模试卷共同分析我校在知识点和能力素养上与区的差距,借助优质资源和骨干教师指导,调整一模后的复习备课策略。

6.反思总结教研组复习备考策略

经过一个学期的教研组研讨交流,各组员反思总结复习备考阶段利用极课平台进行授课，使用不同教学策略的实践经验，提炼成果，结合市级课题"基于数据分析的初中物理精准教学实践研究"，撰写数据驱动下的课堂活动设计。

四、教研时间和地点

教研时间为每周四第一节课，地点在四层德育教室，负责人为尤凤林，备课组长为张春丽。

五、实施过程与改进

（一）实施背景

2018年《中共中央 国务院关于全面深化新时代教师队伍建设改革的意见》要求教师主动适应信息化、人工智能等新技术变革，积极有效开展教育教学，并将教师队伍建设作为推动人工智能时代教育变革的关键，放在优先考虑的地位。同时教育者的角色和责任也将被重新定义，教师的任务变为支持学习、发现和整合信息，并使学习者们成为独立的思考者。

2021年北京市全面开展信息技术2.0能力提升工程，促使教师信息技术水平不断提升。《中国教育现代化2035》中也明确提出加快信息化时代教育变革，利用现代技术加快推动人才培养模式改革。人工智能的飞速发展，为乡村教师的专业化发展带来了机遇，同时也面临诸多挑战。

《义务教育物理课程标准（2022年版）》对学业质量标准做了明确的要求，要求教师在教学中做到精准和高质量教学，提高学生物理学科核心素养。

面对初中物理的特点，各模块之间知识关联度较低，初三第二学期面临全面复习的紧迫压力，如何精准地了解学情，明确教学的起点，尤其部分初二学生升入初三后面临更换物理教师的问题,新教师对学生初二力学知识掌握程度并不清楚。教师即使是教同一批学生,但经过半年电学知识的学习,学生初二的知识还记得多少教师也存在疑惑。针对"双减"政策要求和现实的困惑,教研组对学生力学模块进行前测,进行实践探索,基于极课大数据分析系统,根据数据处理结果进行有针对性的教学,取得了显著的效果。

(二)极课平台使用培训

学校与科大讯飞公司合作,对备课组长进行了极课数据平台的使用培训。教师发展中心副主任和物理备课组长张春丽进行了系统的培训。两位教师经过前期的测试和实践,能够进行日常操作后,对组员进行了登录、组卷、制卡、极课号编制、扫描、特殊试卷的处理、数据查询与反馈培训。全组教师均可以进行日常学情数据收集和查询。

(三)力学模块前测数据收集

物理力学模块复习时间为五周左右时间,为提高课堂效率,基于学情进行有针对的教学。学生的问题、疑惑才是教学重点、难点,已经掌握的内容可不讲或略讲,这样才能提高课堂效率,给予学生更多的思考时间、纠正

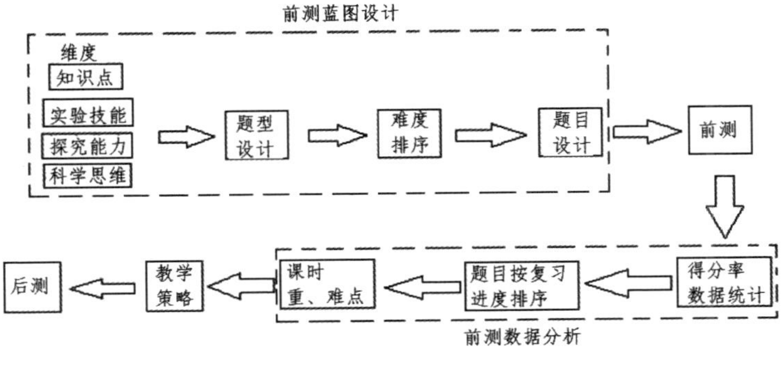

图1　前测蓝图设计、数据分析改进教学流程图

错误认知，避免出现"雨过地坪湿"，看似全面覆盖，实则没有侧重点的复习方式。为此教研组进行了前测的蓝图设计和数据处理过程，充分发挥数据分析的作用，结合前测、后测检验复习课的教学效果和针对性。如图1所示，前测蓝图设计、数据分析的流程图：

教研组研讨后依据章节复习知识点，将该知识点在 excel 表中标注为适合题型，如选择题、作图题、实验探究、计算题等。前测试题不宜过多，所以用选择题形式尽可能扩大考查范围。题型设计好后，依据题型、知识点设计题目难易度进行排序，就可以整理出一份题号、知识考查面广、难易度适宜的试卷。通过蓝图设计前测试题，尽可能避免遗漏知识，在核心素养能力水平上也能得到有效反馈。

（四）力学前测数据分析与研讨

前测过后，通过手阅的方式对学生答题情况进行批阅，将学生的答题卡经扫描仪上传后，依据极课数据统计，系统会回传每个题的得分率、平均分、错题名单、知识点掌握情况总体反馈，形成雷达图，各个班级的两率一分，各考点的掌握情况一目了然，班级之间的差异也非常清楚。教研组依据系统反馈各小题得分率情况，按照力学模块的复习进度，制定复习方案，每个课时的安排。最后将学生每道题依据课时进度安排进行排序，这样就能出现每个课时学生知识点的掌握情况，该知识点学生掌握程度和思维水平。哪些内容已经掌握，哪些内容是教学的重点、难点，班级中哪位学生在这个知识点上有困难就非常清楚。教师依据整理好的数据进行复习备课，极大地提升课堂针对性，真正实现减轻学生课业负担的同时，提高教学质量。

前测中学生探究能力掌握水平也可以反馈出来，通过得分率统计每个空的答题情况，由此可以推测学生提出可探究问题、实验探究中控制变量思想、实验设计、实验评估能力、依据实验现象分析论证得出结论的能力水平。前测中包含已知实验结论的实验探究，例如：26 题中第（3）问：探究机械效率与动滑轮连接绳子段数关系应参考哪两组数据;两个班的得分率分别为64.4%和59.8%,基本相近,说明有近35%的学生对实验探究的基本思路还不甚清晰,对于自变量、因变量识别不够;28题第3问:依据表格数据分析滑动摩擦力与接触面积是否有关,两个班得分率为55%和59%,说明学生依据数据分析得出实验结论能力还有40%以上的同学有困难。

(五)周测数据监控和研讨

每周晚自习物理学科进行30分钟的周测,评估学生本周复习掌握情况,周测数据也经过极课扫描上传到系统中,经过班级数据对比,教研组内分析班级之间的差异,研讨在差异知识点的处理方法和教学策略,发挥集体智慧,相互交流分享。由于班级之间学生差异,同一位教师在某个得分点上也存在明显区别,例如在平衡力和相互作用力得分率上,1班和2班的得分率分别为25.2%和51.6%,由此可以看出两个班的差异比较明显,显然不能采用相同的教学设计或者策略。对于年级出现的共性问题和下一周复习的薄弱知识点进行研讨,商量在思维障碍上采用的实验设计、问题设计、习题设计,分工安排ppt、课后作业、周测内容、实验器材准备。

(六)跨区域联合教研

海淀区作为全国"智慧教育示范区"和"国家级信息化教学实验区",承担了教育部第二批人工智能助推教师队伍建设和北京市"互联网+基础教育"项目,也是北京市首个大中小思政课一体化建设研究基地,在信息技术与教育教学融合创新方面开展了积极探索,积累了经验,取得了明显成效。

为提升学校教师队伍的发展,更新教育教学理念,发挥海淀教育优质资源的辐射带动作用,桥梓中学与海淀区教师进修附属实验学校开展校级联合教研,持续探索信息技术与教育教学的融合。

面对年级的共性问题，教研组内无有效对策时，借助海淀区教师进修附属实验学校优质师资，聘请指导教师进行主题研讨。从遇到的教学问题和困惑中凝练出研讨主题，每月一个主题，所有成员在宽松、民主的环境下对该主题进行探讨交流，指导教师分享面对同样问题时的常规做法和实践经验；在总结反思环节教师将主题研讨和课例分析中的想法、困惑及时记录。教研组将交流中的策略应用于实践中，不断积累和迭代，将有价值的反思经过提炼整理形成教科研论文素材。

（七）凝练数据驱动下的教研活动成果

通过前测数据可以形成班级在各个知识点的雷达图，如图 2 所示，通过相同试卷进行后测，得到经过教学改进后复习效果雷达图，两次图像的对比就可以清晰展示出教研组研讨教学设计的有效性。同时学生两次成绩、小题得分对比，也可以跟踪学生知识、能力水平进阶的轨迹。

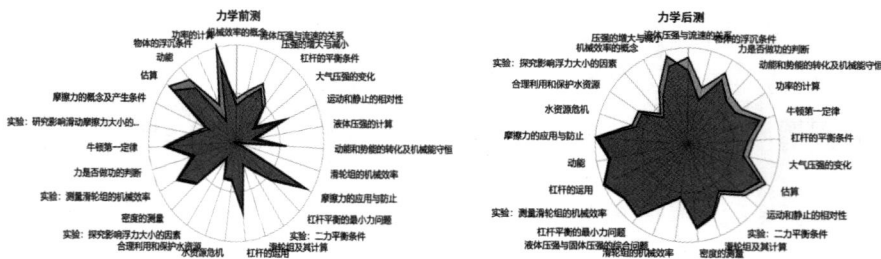

图 2　力学前测、后测雷达图

通过数据对比情况可以判断学生在具体知识点上的提升，也能看出在某些知识上，提升效果并不明显，还存在较大的问题，需要教研组不断反思提升总结。

（八）实施过程中的优化与改进

在学情信息收集阶段，选择题命题覆盖知识面广，无法精准定位学生在不同知识上掌握程度，在题型和题目设计上还需要进一步改进。实践表明综合程度较大的题目并不适合作为选择题考查，以计算和推理展示思维过程的题目更适合，利用思维链条和详细的步骤撰写，统计每个步骤和逻辑思维过程的得分点，以便精准收集学生思维障碍点。

未来教研组将在周测和前测的基础上，进行学生知识点错题统计，建立错题台账，为学生进行有针对性的辅导。学校引入 ClassIn 课堂智能诊断分析系统，借助人工智能分析平台，将教师的音视频录像进行解读，获取教师讲授时长、师生互动、个人活动、小组合作时长统计和分布信息。呈现教师提问数量，师生互动 S-T 图像，IRE（I 表示教师提问，R 表示学生回答、E 表示教师对学生回答的评价反馈）的水平信息，为教师改进教学提供诊断数据。教研组依据教学诊断报告进行第二轮的优化，再进行录课、分析，产生新一轮的数据，如此不断迭代，促进教师专业化发展。

六、评价设计

（一）制度保障

制定教研组活动制度和教研活动手册，每次记录活动的主题和内容，分工安排，将准备的资料在教研组群中进行分享。

（二）质量监测

周测和阶段性反馈的数据，及时督促物理备课组成员积极参与、实际执行的效果。

（三）成果评价

依据市级课题"基于数据分析的初中物理精准教学实践研究"分工安排，撰写教学案例。

七、教研效果及特色

（一）提升科研能力

精准教研的依据来自极课提供的数据，很多数据反馈出的情况是教学活动的设计不合理，导致学生概念理解出错，掌握不牢固。过去的教研活动更多会在习题上花功夫，理想化地认为习题可以弥补状况，忽视了教与学中的关联关系。基于学情进行教学设计，有针对性地对学生思维障碍点进行问题剖析、实验演示、学生活动设计。思维引导等措施突破教学难度和重点。教师从教学中提炼、撰写论文。精准教研让教学更具科学性，教研中对知识、能力维度精准定位，让教师的教学不盲目。经过一个学期的教研组研讨交流，各组员反思总结复习备考阶段如何利用极课平台进行授课，从实践中提炼教学策略。教研组申请的市级课题"基于数据分析的初中物理精准教学实践研究"已完成开题。

（二）整体把控教学

美国教育心理学家奥苏伯尔说："影响学习的最重要的因素是学生已经知道了什么，我们应当根据学生原有的知识状况去进行教学。"为第一时间掌握学生的学情，第二学期开学初对全体学生进行前测，时间为 1 至 2 课时，看似占用复习时间，但收集的学情信息将极大提升接下来五周的复习效果。前测过后，依据极课数据统计，系统回传每个题的得分率、平均分、错题名单、知识点掌握情况总体反馈，形成雷达图，各个班级的两率一分，各考点的掌握情况一目了然，班级之间的差异也非常清楚。

由于之前做了大量的积累工作，每一章节都有相应的数据支持，所以教学活动不是只局限于单独一章、一节，而是站在整个学科体系角度，将教学活动形成一个个系列，如知识的巩固、思维的提升、学科能力的培养等，可以让教师站在学科的高平台对力学模块复习进行整体把控。

（三）实现深度教学

有了对学生目前现有水平的反馈，基于 2022 年新课程标准，学业质量要求，核心素养的要求，教师教学就能在复习阶段，站在一定的高度进行精简精练，进行有深度的教学。教师对问题的设计和学生活动任务设计更聚焦。以任务或问题驱动学生深度思考，提出的问题不再以是与否来结束，而是能激发起学生的发散思维与思考的深度。

（四）提升教学质量

教研组通过前后测实践对比分析，学生在知识掌握程度上有明显提升，满分 90 分的测试试卷中，四个班平均分提升均在 20 分以上，小题的得分率也有大幅度提升。两届的学生采用相同的教学策略，物理学科成绩都有显著的提升。

从授课反馈的数据分析来看，力学模块前测能让教师从自身行为上反思，如语言表达是否会将学生的讨论提前终止、是否对学生参与情况形成相应的评价、学生对教师设计的活动是否感兴趣、是否过于追求学生回答唯一确定答案等。基于数据的学生活动设计让教师有了深层的、多方位的思考，促进教师教学水平迅速提升。

史地政展文采一

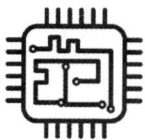

"辽宋夏金元时期：民族关系发展和
社会变化"单元教学设计

郝晓丽

一、指导思想与理论依据

本单元教学设计以《义务教育历史课程标准（2022年版）》为指导思想，深度理解历史课程的性质、理念，领悟历史学科核心素养的内涵与目标要求，选取部编版《中国历史》七年级下册教材第二单元。在充分研读课标中关于本单元的内容要求、学业要求和教学提示后，对教学内容进行设计匹配，对辽宋夏金元时期的单元重点进行分析梳理，结合学科核心素养培育，形成第二单元整体教学设计。

在"深度学习"理论的指导下，通过"理解为先"单元整体教学设计模式，建构课时之间的关系，引导学生在历史学习过程中，厘清民族关系发展脉络，聚焦社会变化与进步的多元因素，体会感悟宋元时期中华民族多元一体向前发展的时代主线，实现历史学科的人文价值和育人功能，为学生打下中国文化的底色。实现课堂教学过程中，变教师"主讲"为学生"追问"，从"教师教"转变为"学生学"，在学习历史的过程中培养学生的多元思考能力，持续培育学生的历史学科核心素养。实现基础教育课程改革目标中提出的,从"以学科为中心"到"以学生为中心",从"知识技能获得"到"核心素养发展"的转变,落实立德树人根本任务。

二、教学背景分析

(一)单元教学内容分析

"辽宋夏金元时期"延续中国古代史的整体脉络,以大一统国家的发展与巩固和中华民族多元一体格局的形成为主线,特别突出辽宋夏金元时期多民族政权的相继建立及其相互交往、交流与交融的历史。本单元突出中华民族的疆域拓展及疆域治理政策,丰富学生对中华文明的整体认知,在时间上从公元 10 世纪到公元 14 世纪 400 多年的历史,涉及契丹族、党项族、女真族、蒙古族和汉族多个民族政权的建立和疆域治理,在多民族政权相继建立与战和交织的民族关系发展过程中相互交融,既凸显了中华民族多元一体,又延续并最终完成了中国古代经济重心的南移。在政治、经济及民族关系的多重因素影响下,科技文化、史学艺术的发展达到了前所未有的高度,中华文明在多民族的交融共生中创造了新辉煌。

教师将带领学生通过课时学习和单元建构,使学生了解各民族政权建立后,民族关系的发展特点,知道中国古代国家历史发展的演进过程和总体趋势,认识中国古代民族交流、交往与交融是大一统国家的发展趋势,最终形成中华民族多元一体的国家认同。选取有代表性的知识学习、分析,实现学生思维由低阶到高阶的培育,增强学生对中华民族统一国家的自豪感和自信心。

(二)学生情况分析

基于乡村学校初一年级学生年龄特点和生活现状,学生对中华民族多元发展的历史了解较少,没有对宋元时期历史遗迹的参观经历,特别是对繁荣的都市文化生活的体验少,对文化发展的认知不充分,学生对图片、文本史料的学习能力还相对欠缺,缺乏对历史特定领域学习的方法,迁移能力也需要引导和培养。由于辽宋夏金元时期少数民族政权与两宋政权之间的战和交织,时间交错,内容繁杂,学生不易形成对时代特征的全面认识,因此单元设计中增加了两节复习课。经过之前的历史学习,学生对每个历史时期都有时序建构的意识,懂得要从教材文本和图文史料中获得新知,有较简单的对比分析和归纳意识,能从多角度说明政治的特点和经济的发展,但政治制度和经济发展带给社会生活及科技文化发展变化的内在联系尚未建立,这正好成为教师创设情境、学生分组体验、小组交流讨论之后,建构单元联系的重要结合点。

(三)整体教学设计思路分析

1.单元与课时整体建构

图1 "辽宋夏金元时期"单元与课时建构

2.课时教学设计思路

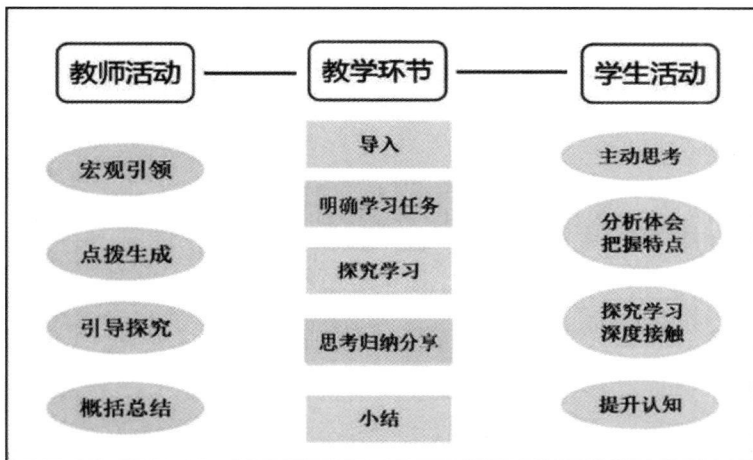

图2　"辽宋夏金元时期"课时教学思路

三、单元基本问题

本单元教学主题:辽宋夏金元时期。这是中国古代多民族大一统国家的发展与巩固的重要阶段。

单元基本问题:民族关系发展和社会变化。一是以两宋和元为代表的各民族政权的建立与民族关系的发展,两宋重文轻武的政治统治和高度发展的经济状态为民族关系的发展提供了条件。在国家版图、民族关系方面体现民族之间"战"与"和"的交织,为中国统一多民族国家的形成奠定了基调。二是通过宋元时期经济、文化、科技、社会生活、中外交通等方面的发展变化,体现宋元时期多民族国家走向统一的生机勃勃,推动古代中国在宋元时期领先世界。

四、单元教学目标

单元教学设计遵循"理解为先"模式，学生通过教师创设学习情境，在理解的基础上完成单元学习建构，努力实现学习能力的迁移，落实学科核心素养的培育。

一是知能目标：了解各民族政权建立后民族关系的发展特点，进一步认识中国古代国家历史发展的演进过程和总体趋势，明确宋元时期的政治特点和经济发展状况，归纳中国古代经济重心南移的历史进程，体会宋元时期都市生活、科技文化、史学艺术发展的成果。

二是理解意义：通过情境创设、分组讨论、交流分享等形式的课时学习，体会宋元时期政治特点、经济发展与民族交融的时代特征，理解中国古代民族交流、交往与交融是大一统国家的发展趋势，最终形成中华民族多元一体的国家认同。理解宋元文化异彩纷呈、科技高度发展是民族交融的产物，是中华民族多元一体文化的重要体现，更是对世界文明的重要贡献，从而奠定学生的人文底色和民族自信心。

三是学习迁移：在单元教学设计中，教师将持续锻炼学生文本阅读能力和时代对比分析能力，培养学生追问和思考力，提升学生的认知层次，实现学生发现自我、不断向上的状态。通过学习情境创设，保持学生的学习好奇心，提供相关史料，聚焦社会变化的探究，引导学生根据史料从不同角度思考、探究、论证社会变化的原因及成果，初步掌握史料实证的方法，逐步培养"论从史出"的历史学科思维，提高时空思维建构素养和科学客观的历史解释核心素养。通过学习知识实现从掌握知能到理解意义，最终实现学科迁移的目标。

五、单元教学主要过程设计

（一）第1课时　北宋的政治

1. 课时目标：学习北宋加强中央集权的措施，分析重文轻武政策的利弊，认识王安石变法。

2. 主要教学环节（典型任务）：以角色扮演进入北宋时期，用问题串追问：如何治理？有何利弊？怎样解决？

3. 教学设计意图：引导学生面对复杂新形势，锻炼文本、地图的阅读能力，分析能力和问题解决能力。提升史料分析和历史解释素养。

4. 作业内容：治国策略书。以选定的历史人物为角色，整理一份北宋形势图及治国策略说明。

5. 作业设计意图：使学生在掌握北宋政权统治政策的基础上，锻炼分析问题和解决问题的能力。

（二）第2课时　北宋与辽、西夏的并立

1. 课时目标：构建各民族政权建立的时空关系和民族之间的战和关系，理解北宋面临的新形势。

2. 主要教学环节（典型任务）：分组学习、交流分享：民族政权建立的有利因素？民族战和交流的根本原因？

3. 教学设计意图：引导学生认识民族文化对政权建立的意义，培养学生分析民族交流中的优势因素对政权发展的价值。提升家国情怀学科素养。

4. 作业内容：民族政权我来说。分组展示民族政权亮点及民族战和交流典型事件及结果。

5. 作业设计意图：引导学生认识各民族文化及民族交流的成果，培养

学生对中华民族多元一体的深刻认同。

（三）第3课时　金与南宋的对峙

1. **课时目标**：学习金政权建立及其征服策略，分析南宋偏安的原因，了解岳飞的英雄事迹，体会民族精神。

2. **主要教学环节（典型任务）**：民族角色扮演，学习民族关系交织：金政权及疆域如何确立的南宋偏安的条件，怎样评价岳飞？

3. **教学设计意图**：引导学生了解强势民族金政权建立的历程，分析金与南宋对峙双方各自的有利条件，提升史料分析能力和历史解释与家国情怀。

4. **作业内容**：图说历史。选定金与南宋对峙的典型图片，整理政权对峙形成历程的解说词。

5. **作业设计意图**：引导学生建构政权对峙图示，培养学生读图解图的历史思维表达力。

（四）第4课时　元朝的统一和统治

1. **课时目标**：学习蒙古兴起和元朝统一，掌握元朝统治制度和疆域政策，理解中华民族交融发展的历史进程。

2. **主要教学环节（典型任务）**：民族角色扮演，学习民族交融发展：蒙古族怎样建立起强大的统一政权？如何治理辽阔疆域？

3. **教学设计意图**：激发兴趣，进入角色情境，分析强大民族发展的重要条件，增强对中华民族多元一体格局的认识，提升中华民族的文化认同。

4. **作业内容**：治国策略书。以蒙古族建立统一政权为主线，梳理元朝统一及治国政策。

5. **作业设计意图**：使学生在掌握元朝统治政策的基础上，根据疆域治理政策，进一步锻炼分析问题和解决问题的能力。

(五)第 5 课时　复习课　宋元的政治与民族关系

1. 课时目标:民族政权关系在战和交织、民族交流交往的发展中,从并立走向统一。

2. 主要教学环节(典型任务):分组梳理宋元时期民族政权的先后建立与民族关系的交流交往时空导图,讲解民族交融的发展历史。

3. 教学设计意图:以时序和地理空间关系建构为主线,梳理各民族交流、交往与交融的历史,突出政权统治政策与民族关系发展,增强中华民族多元一体格局的认同感。

4. 作业内容:宋元时期民族关系图谱。整理各民族政权发展的时序关系,突出并立走向统一的时代特点。

5. 作业设计意图:引导学生建构各民族政权交流交往的图示,进一步培养学生读图、解图的历史思维表达力。

(六)第 6 课时　宋元时期的经济

1. 课时目标:分析、列举宋元时期农业生产发展特点,手工业兴盛的表现及商业贸易繁荣的例证,理解经济重心南移的历史进程。

2. 主要教学环节(典型任务):分组学习、交流分享:农业发展的特点? 手工业兴盛的表现? 商业贸易繁荣的例证? 在史料分析的基础上,归纳经济重心南移的历史进程。

3. 教学设计意图:发挥小组合作学习的优势,从知识输入到理解输出,培养学生的思维表达力和归纳总结能力,培养学生史料实证和历史解释素养。

4. 作业内容:宋元经济发展链。从农业、手工业、商业三个层面整理宋元时期经济发展线,认识经济繁荣的表现形式。

5. 作业设计意图:引导学生整体把握经济状况是历史发展的重要因

素,理解繁荣的经济是宋元时期科技文化蓬勃发展的基础。

(七)第7课时 宋元时期的都市与文化

1. **课时目标**:体会宋元时期都市生活,了解传统节日习俗。结识名人雅士朋友,探寻宋元文化发展的成果,找到学习的榜样和努力的方向。

2. **主要教学环节(典型任务)**:穿越历史——聚焦宋元都市生活;结识朋友——聚焦宋元名人雅士;回归现实——首尾相接完成任务。

3. **教学设计意图**:以穿越体验式的学习方式建立时空观;用"自主选择"的学习方式接触宋元都市生活,研读史料结识朋友,生成认知,教师点拨建构知识链,培育学生人文底色。

4. **作业内容**:穿越体验。结合上海世博会《清明上河图》写一篇游记或体会。

5. **作业设计意图**:用体验和想象激发学生对历史学科的学习兴趣,唤起学生的历史思维力、想象力和创造力。

(八)第8课时 宋元时期的科技与中外交通

1. **课时目标**:以发达的中外交通路线为情境,探究活字印刷术、指南针和火药的发明与创新应用,认识中国古代重要发明对世界文明发展的贡献。

2. **主要教学环节(典型任务)**:情景故事:国外史学团队沿海上丝绸之路来到中国,要探究宋元时期三大发明的产生历程,进而说明其外传对世界文明发展的贡献。

3. **教学设计意图**:以国外的视角对三大发明的产生进行探究,激发学生的好奇心和学习兴趣,同时对中华文明成果的世界价值予以认定,增强民族自尊心和自豪感。

4. **作业内容**:史学研究报告。以国外史学研究者的身份经海上丝绸之路,抵达中国宋元时期,探究三大发明的产生历程。

5.**作业设计意图**:激发学生的学习好奇心和求知欲,培养学生从不同视角学习中国历史的能力,培养学生的世界眼光和家国情怀。

(九)第9课时 复习课 宋元时期的社会变化

1.**课时目标**:分析概括宋元时期的经济、文化、科技交通的发展变化,理解社会变化是时代进步的重要推动力。

2.**主要教学环节(典型任务)**:小组抽签选择宋元经济、文化、科技交通等方面的变化,讨论归纳,呈现小组成果交流分享,教师点拨社会变化对时代发展的作用。

3.**教学设计意图**:发挥小组合作学习优势,从知识输入到理解输出,认识社会变化既是时代发展的表现又是其重要的推动力。进一步培养思维表达力和归纳总结能力,培育核心素养。

4.**作业内容**:宋元时期社会变化展览。分组制作宋元时期社会经济、文化、科技交通变化的图文展览。

5.**作业设计意图**:引导学生分工合作,建构宋元时期的社会变化图文展,在合作学习中,学会分析史实间的因果关系。

六、典型教学效果评价量规

以《宋元时期都市生活与文化》的评价量规为例。**高级水平**的学生角色意识强,能够在学习体验中完成知识输入,并在理解的基础上学会追问原因,分析相互间的因果关系,锻炼思考力,不断提升认知层次,涵养历史学科核心素养,在交流分享中实现由知能向素养的转化。**中级水平**的学生有角色意识,能够在"穿越都市——结识朋友——回归现实"的情境创设中,体会宋元时期都市的变化和丰富多彩的市民生活,理解传统节日习俗特点,认识宋元文化异彩纷呈,并与名人雅士深度结识,奠定人文底色。**初**

级水平的学生能说出宋元时期都市的变化及繁华生活的主要表现；知道宋朝传统节日的一些习俗；能说出宋词元曲的主要特点及代表作家；知道史学家司马光及其名著《资治通鉴》，有初步的对比学习能力。

七、教学设计特色说明

本单元教学设计特色主要体现在学习情境创设丰富和学习方式多样化两个方面。整个教学设计有意识地融入了学生研学实践活动的构想，用角色扮演、分组探究、穿越体验等学习方式，激发学生的好奇心和求知欲。通过民族角色融入和都市生活体验，让学生有历史参与感，为学生真实的"学习"和实践搭设了场景。学生以角色接触历史，带着任务去探究学习，在提供各类史料及史实的基础上，无论是自主学习，还是小组讨论，都设计了有针对性的问题串、知识链，不仅是知识的输入，更重视理解后的输出表达，课堂上特别锻炼了学生的小组合作及交流分享能力，作业设计凸显了学生的合作及创新能力，整个单元学习过程中，学生增强了思维力和表达力，学习过程有成就感。

八、教学反思

此次单元教学设计共9个课时，每个课时均以不同的方式开展学习活动，有新知的探究也有阶段复习展示，角色代入感强，激发学生的学习热情，文本图片分析能力得到锻炼，在小组合作学习过程中，学生缺乏表达自信，应变性学习及表达能力还需要持续培养。

在单元教学设计与课时实施过程中，教师对单元建构和课时关系的研究还需要加强，以增强对宋元时期民族关系发展与社会变化的系统性思考深度。课堂教学中教师语言多，替代学生表达依然明显。未来还需继续躬身实践，从教学设计、精练教师语言和有效提问开始，不断改革，提升教学水平。

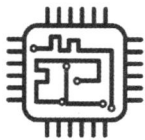

史地政展文采二

"秦汉大一统国家的边疆治理"教学设计

尚路瑶

一、文本分析

秦汉时期是中国古代历史上统一多民族国家的建立和巩固时期。它上承夏商周时期统一多民族国家的孕育,下启三国两晋南北朝时期民族大交融和统一多民族国家的重塑,是中国历史上的"大一统"时期。秦汉时期的"大一统"包含政治集中、思想集中以及疆域扩展等各个方面。本课从疆域扩展的角度,探究秦汉统一多民族国家建立和巩固的措施及其意义。《义务教育历史课程标准(2022年版)》要求:观察并识读中国古代各时期的疆域图,从历史地图中辨识、获取重要的历史信息,并将历史地区中的信息与所学内容建立起联系。围绕中国古代历史上重大的、综合性的问题进行探究并展开讨论,例如"中国古代历史上历代中央政权对边疆地区的有效治理",通过探究与讨论,强化国家认同和民族认同。根据《义务教育历史课程标准(2022年版)》的要求和教材内容,笔者设计了如下教学框架,一是探寻·追踪国家起源——先秦与秦朝时期国家的起源。让学生通过观察先秦和秦朝时期的疆域图,厘清中原和边疆地区的时空位置、秦朝时期的疆域扩展和边疆地区的管辖措施。二是追踪疆域扩展——西汉时期的疆域扩展。让学生通过对比秦汉时期的疆域图，观察西汉时期的疆域扩展区域以及西汉王朝的边疆管辖措施。三是共研边疆治理——秦汉时期边疆治理的意义。通过对史料的研读，分析秦汉边疆治理对统一多民族国家的意义。全课围绕这三个核心问题，通过设计一系列问题链，认识统一对中华民族的历史意义，强化学生的国家认同和民族认同。

二、教学目标

《义务教育历史课程标准（2022年版）》对于本课的要求是：观察并识读中国古代各时期的疆域图，从历史地图中辨识、获取重要的历史地理信息，并将历史地图中的信息与所学内容建立起联系。能够通过了解中国古代史发展的趋势，认识统一多民族国家的形成，巩固和发展的重要意义。

（一）知识与能力目标

通过夏商周的历史地图的研读，说出中原地区起源于黄河中下游。通过对比春秋战国形势图和秦朝疆域图，分析得出统一是中国历史的发展趋势，涵育时空观念素养。

（二）过程与方法目标

通过秦汉疆域图的研读，说出秦汉疆域的扩展以及边疆治理的措施。通过对材料的研读，分析秦汉边疆治理的措施，认识秦汉边疆治理对统一多民族国家的发展和意义，涵育家国情怀素养。

（三）情感态度与价值观目标

通过张骞出使西域的艰难历程，了解张骞百折不挠、坚忍不拔和大胆探索的精神，学会面对挫折和失败，落实立德树人的德育目标。

三、学情分析

（一）已知点

学生在学习本课之前,已经学习了史前、夏商周以及秦汉时期"大统一"国家的承袭和"大统一"国家的巩固。

（二）未知点

学生并不清楚历代王朝边疆治理的措施及其对统一多民族国家形成和发展的意义。

（三）思维障碍

学生还未形成历史学科思维,学科学习方法也有待改进。

（四）发展点

教师要给予学生读图指导,引导学生阅读历史地图和历史史料,能够从地图和史料中提取相关信息。学生在自主学习和合作探究的过程中涵育时空观念和历史解释素养。

四、教学重点

秦汉"大一统"国家的边疆治理的措施。

五、教学难点

秦汉"大一统"国家的边疆治理的意义。

六、课时安排

1课时。

七、教学进程

（一）情境导入

展示材料：《中国行政区图》。《现代汉语词典》中对边疆的解释是靠近国界的领土。

设问：现在中国的边疆地区有哪些。

答：黑龙江省、内蒙古自治区、新疆维吾尔自治区、西藏自治区等。这些边疆地区是如何一步步纳入中国版图的？让我们一起来学习秦汉"大一统"国家的边疆治理。

设计意图：

设置现实问题情境，思考现在中国的版图是怎么形成的，激发学生兴趣，导入新课内容。

（二）探寻·追踪国家起源——先秦与秦朝时期国家的起源

展示材料：教材地图《夏朝形势图》《商代重要城市分布图》《周初分封诸侯国示意图》。

设问：概括商西周中国古代王朝都城（城市、国都）分布的共同点。

答：主要分布在黄河中下游。

设计意图：

学生通过分析夏商周中国古代王朝都城（城市、国都）的共同点，对中国的起源的地点形成空间认识，同时，在观察地图的过程中训练学生的识图能力。

我们国家的起源的地点是中原地区（黄河中下游）。周朝分为西周和东周，东周分为春秋和战国，春秋战国时期发生了一些变化，让我们观察春秋战国形势图，分析这一时期出现的变化。

展示材料：教材地图《春秋争霸形势图》《战国形势图》。

设问：观察春秋战国形势图，分析这一时期出现的变化。诸侯争霸、兼并战争不断，诸侯国数量减少。春秋战国时期，人民最大的愿望是什么。实现统一。在《战国形势图》中，有一个国家统一了六国，那就是秦国。

展示材料：《中外历史纲要（上）》地图册地图《秦朝疆域图》。

设问：对比图《秦朝疆域图》与《春秋争霸形势图》《战国形势图》，概括秦朝和春秋战国的不同之处。从分裂到统一。秦朝是我国历史上第一个统一的多民族的国家。

设计意图：

通过春秋战国和秦朝疆域的对比，让学生认识到统一是中国历史的发展趋势，锻炼学生从历史地图中获取历史信息的能力。除了从分裂到统一之外，《秦朝疆域图》中的图例部分还有一处和夏商周的地图不同的地方，那就是疆域。

设问：结合图例，画出公元前221年秦朝的疆界。公元前221年前后的疆界有什么变化。北方扩展到河套地区，南方扩展到滇南地区。

从图中我们可以看到，秦朝的疆界已经扩展到长城、南海、陇西和东海地区，秦朝是如何管理这些边疆地区的呢？

设问：通过识图，找到秦朝为抵抗匈奴所采取的措施以及为管理南方所采取的措施。修筑长城，设置郡县。

设计意图：

通过一系列问题链以及地图信息直观感受秦朝疆域的扩展以及秦朝边疆治理的措施，锻炼学生识图以及从材料中获取历史信息的能力。

设问：从先秦、秦朝的疆域变化中你获得哪些知识？

答：统一是历史发展趋势、中华民族多元一体等。秦朝建立了我国历史上第一个统一的多民族国家，汉朝继承了秦制，巩固了统一多民族国家，汉朝的疆域在秦朝的疆域进一步扩展。

（三）追踪·疆域扩展——西汉时期的疆域扩展

展示材料：《中外历史纲要（上）》地图册地图《秦朝疆域图》《西汉疆域图》。

设问：对比《秦朝疆域图》和《西汉疆域图》，找到秦汉疆域的具体变化。西汉增加了西域、海南岛以及朝鲜半岛北部等地区。

设计意图：

通过秦汉疆域的对比，培养学生从历史地图中获取历史信息的能力，使其直观地观察汉朝疆域的扩展区域。在西汉时，西域纳入西汉版图，西域在哪里呢？

展示材料：教材地图《张骞第一次出使西域路线图》。

设问：阅读教材 67 页注释，圈出西域的大体位置。我们从图片中可以得出，西汉距离西域很远。汉代是如何打通通往西域的通道呢？在西汉初，匈奴奴役西域各国，并且不断向西汉发起进攻。汉武帝听说匈奴打败大月氏后，将大月氏首领的头部砍下来当成喝酒的容器。于是，汉武帝想要联系大月氏夹击匈奴。汉武帝派遣张骞出使西域。张骞从长安出发，在途中他被匈奴抓住，在匈奴的威逼利诱之下，张骞始终不忘使命，被扣留十多年后逃脱，艰难到达大月氏，但是大月氏西迁已久，安居乐业，不想再和匈奴打仗，张骞只好返回。归途中他又被匈奴抓住，扣留了一年多才得以逃脱,回到了长安,并向汉武帝汇报西域的所见所闻。自此,汉朝和西域的使者开始互相往来,东西方的经济文化交流日趋频繁。后人把这些沟通东西方交流的路线称为"丝绸之路"。

设计意图:

学生通过听教师讲述张骞通西域的故事,学习张骞不畏艰险、勇于担当、敢于探索和坚持不懈的精神,涵育学生的家国情怀。

展示材料:教材地图《丝绸之路主要路线图》。

设问:依据地图,说一说丝绸之路的路线。从长安出发,穿过河西走廊,经西域运往中亚、西亚,最终到达大秦。在"丝绸之路"开通后,东西方的经济文化交流日趋频繁,请同学们来归纳哪些是中原,哪些是西域的。中原:丝绸、铁制农具、陶器;西域:石榴、核桃、宝石、良种马。

"丝绸之路"为西汉王朝管理西域创造条件。公元前 60 年,西汉朝廷设置西域都护,标志着西域正式归属中央政权。通过观察地图,我们还可以发现海南纳入西汉版图,它的管辖措施是公元前 110 年,汉武帝在海南岛设置珠崖、儋耳(dān ěr)两郡,自此,海南正式归属中央政权,成为我国领土。南海诸岛纳入西汉版图。原因是秦汉时期,中国人民频繁航行于南海之上,最早发现了南海的岛屿礁滩(jiāo tān),并予以命名。

西汉疆域扩展到朝鲜半岛中北部地区。管辖措施是公元前 109 年至公元前 108 年,汉武帝在朝鲜半岛设置乐浪(lè làng)郡、玄菟(xuán tú)郡、真番郡、临屯郡。

设计意图:

通过观察《西汉疆域图》,直观地认识汉朝疆域的管辖措施以及汉朝的疆域扩展,培养学生从历史地图中提取关键信息的能力。

设问:对比《秦朝疆域图》和《西汉疆域图》,你有哪些认识?西汉疆域比秦朝扩大,巩固了大一统国家。我们已经了解了秦汉时期的疆域变化以及边疆治理的措施,秦汉时期的边疆治理有什么影响和意义?

（四）共研·边疆治理——秦汉时期边疆治理的影响与意义

小组合作:请同学们结合学案,分类概括秦汉时期边疆治理的措施与意义。

材料①:"不是张骞通异域,安能佳种自西来?"踏着串串悠长的铃声,一支支驼队驼着中原丝织品、服饰、铜镜、瓷器、茶叶、桃、梨、杏去了,驼着造纸术、冶铁术、灌溉术去了。穿过大漠茫茫的风沙,一支支驼队驼着皮毛、琥珀、苜蓿、蚕豆、石榴、黄瓜来了,驼着佛经、乐器、杂技艺术来了。张骞两次出使西域,开通的这条丝绸之路,穿过岁月的风尘,永远镌刻在人类文明的史册。

——引自《二十五史详解》

材料②:后秦灭六国,而始皇帝使(派遣)蒙恬将(jiàng 率领)十万之众北击(进攻)胡,悉(全部)收(收取)河南地。

——《史记·匈奴列传》

材料③:乌孙(西域某国)使(使者)既(已经)见(看到)汉(汉朝)人众(众多)富后(物产丰厚),归(回去)报(报告)其(他的)国(国王),其(他的)国(国王)乃(就)益(更加)重(重视)汉(汉朝)……于(在)时(那时)西北国始(开始)通(交往)汉矣。

——《史记·大宛列传》

材料④:略取(夺取)南越陆梁(嚣张)地,置(设置)桂林、南海、象郡,以谪徙(因罪而被罚迁徙)民五十万人戍(防守边疆)五岭,与越杂(混合)处。

——《资治通鉴》

材料⑤:明犯强汉者,虽远必诛!

——(西汉)陈汤

表 1 共研·边疆治理

方位	材料序号	采取的措施	意义
北方地区	②⑤	北击匈奴	维护政权,巩固统一
西北地区	①③	派张骞出使西域,开通丝绸之路	促进经济文化交流,增加国家影响力
南方地区	④	征服越族,设置郡县	促进民族交融,巩固统一

设计意图:

通过史料分析,让学生认识秦汉疆域管理的措施以及意义,直观认识到秦汉边疆治理有利于巩固国家统一和促进民族关系的发展。同时,还可以培养学生的史料分析能力,涵养学生的历史解释素养。

(五)拓展作业

展示材料:《中国行政区图》。

任务 1:标注秦朝的疆域四至。任务 2:绘制西汉的疆域图,并在相应的地区标注相关的史实(措施)。任务 3(可选):选择任一形式梳理先秦到秦汉的疆域变化。如思维导图、小报、文字描述等。

九、教学评价

水平 1:能够从历史地图中提取历史信息,归纳秦汉的疆域扩展以及边疆治理的措施。水平 2:能够从历史地图和历史史料中提取信息,归纳秦汉疆域治理的措施以及影响。水平 3:能够从历史地图以及历史史料中提取信息,归纳秦汉疆域治理的措施以及影响,认识统一是中国历史发展的趋势,增强国家认同和民族认同。

十、教学反思

（一）较为成功的地方

本课围绕《义务教育历史课程标准(2022年版)》以及单元主题,对教学内容进行整合。聚焦单元主题:秦汉大一统国家的建立和巩固。"大一统"包含政权集中、思想集中以及疆域扩展等方面。本课突破教材课时的限制,探究先秦、秦朝、汉朝的疆域扩展以及秦汉边疆治理的措施和意义。边疆治理有利于"大一统"国家的巩固,促进了统一多民族国家的发展。

本课以学生为主体,用问题链的形式由浅入深,注重对学生的识图能力以及史料研读能力的培养,涵育学生的时空观念以及历史解释素养。

（二）不足之处

学习过程中给予学生思考和表达的时间比较少。问题链之间的过渡衔接不够流畅。

（三）解决之道

加强理论学习,备课更加充分,做好《义务教育历史课程标准(2022年版)》以及重点习题的研究。关注学生获得,让学生可以在课堂充分表达。

（指导教师：崔文静）

史地政展文采三

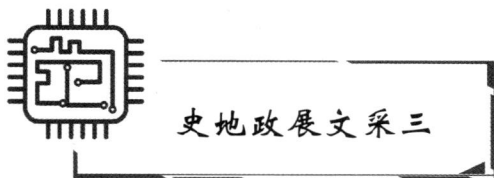

"国防建设与外交成就"单元教学设计

陶海玲

一、指导思想与理论依据

(一)内容标准

《义务教育历史课程标准(2022年版)》中提出通过新时代中国在经济建设、政治建设、文化建设、社会建设、生态文明建设等领域取得巨大成就,综合国力和国际影响力不断提高的史事,认识中国特色社会主义建设对中国社会发展的意义及对世界的贡献。

(二)学业要求

1.能够了解中国现代史发展的基本线索和重要事件、人物、现象;能够理解中国走社会主义道路的历史必然性和探索这条道路的艰巨性和曲折性。(唯物史观、时空观念、历史解释)

2.能够搜集、分析重要的历史文献资料,学会社会调查的方法,加强对所学内容的理解与解释。(史料实证、历史解释)

（三）教学提示

在教学中，教师要注意选取贴近社会、贴近生活、贴近学生的情境素材，以加深学生的情感体验和实际感受，要开发和利用多种多样的课程资源，如重要的会议文献、历史著述、口述材料、英模事迹、有重要意义的建筑和场所、反映社会生活变化的物品，以及图像影视材料等，要引导学生积极、主动地搜集和运用身边的学习资源。

（四）教学目标

知识与能力：了解人民军队建立和发展的历史，认识科技强军的重要性，理解国防建设和军队建设对国家发展的重要作用。了解和平共处五项原则的主要内容与意义，认识中国独立自主的和平外交政策。了解20世纪70年代中国的外交成就及其原因。了解改革开放后中国发展全方位外交的成就，认识中国在国际事务中发挥重要的作用。

过程与发展：通过搜集、整理我国历次阅兵的资料，学习筛选、整理资料的方法，通过阅读、分析相关资料，掌握分析资料的方法，培养史料实证、论从史出的意识，提高处理历史信息的能力。

情感态度与价值观：通过学习，了解军队建设、外交政策和重要人物所起的作用，认识中国人民独立自主、自强不息的精神，感受中国国际地位的不断提高，增强民族自豪感，树立正确的国际意识。

单元重点：了解新中国国防建设和外交事业取得的重大成就。

单元难点：国防力量的强大与国家综合实力增强的内在联系，构建知识之间的联系。

二、教学背景分析

本单元主要阐述了新中国成立后在国防建设和外交建设两方面的主

要成就。第 15 课"钢铁长城"是中华人民共和国的国防建设事业取得了巨大成就,筑起了保卫祖国的钢铁长城。是中华人民共和国独立自主和平外交建立与发展的重要保障。第 16 课"独立自主的和平外交"中华人民共和国自成立以来就奉行独立自主的和平外交政策,20 世纪 50 年代外交事业不断发展。这些成就为中华人民共和国树立了崭新的国际形象,奉献了中国智慧,为新时代外交奠定基础。第 17 课"外交事业的发展"重点讲述 20 世纪 70 年代中国外交史上的三件大事和改革开放后中国全方位外交的辉煌成就。第 16 课和第 17 课共同构建起新中国的外交,为国防建设提供了和平环境。国防建设和外交都是国家建设的重要组成部分,也是国家综合实力的重要体现。国防建设主要体现的是硬实力,是保卫国家的钢铁长城,外交建设主要体现的是软实力,为国家建设营造良好的外部环境。这一硬一软,相辅相成,都为社会主义现代化建设提供了重要保障。

单元立意:国防建设和外交发展共同守护国家安全。

课时立意:第 1 课时是钢铁长城:国家安全奠定;第 2 课时是 50 年代外交政策:国家安全基础;第 3 课时是 70 年代外交:国家安全发展;第 4 课时是新时代外交:国家安全盛世。

学情分析:学生通过前四单元的学习,大多数学生已经知道新中国成立以来党和国家在经济、政治等方面取得了巨大成就,但对国防建设和外交建设的发展原因,具体成就,知道得甚少。但是学生对这两个方面很感兴趣,针对这些情况,笔者在教学中找到一些学生感兴趣的视频、图片,增强学生学习兴趣。

三、单元(或主题)基本问题

(一)国防建设和外交发展共同守护国家安全

1. 军队建设如何发展。
2. 如何与第三世界国家合作。
3. 20世纪70年代外交如何发展。
4. 改革开放后外交有何新发展。

(二)五单元教学结构表

表1　教学结构

单元主题	课时名称	关键问题	主要内容	素养能力	情感价值
国防建设和外交发展共同守护国家安全	钢铁长城	军队建设如何发展	1. 海陆空、导弹部队建立和发展 2. 武器装备发展历程 3. 新时代强军之路	唯物史观	结束百年屈辱历史，中国人民从站起来到富起来，取得非常大的成就，中国国际地位不断提高。感受国防建设和外交事业在国家安全中发挥重要作用。树立民族自豪感。
	20世纪50年代外交政策	如何与第三世界国家合作	1. 建国之初外交政策 2. 和平共处五项原则 3. 与亚非国家合作	时空观念	
	20世纪70年代外交	20世纪70年代外交如何发展	1. 恢复联合国合法席位 2. 中美建交历程 3. 中日建交历程	史料实证	
	新时代外交	改革开放后外交有何新发展	1. 全方位外交背景 2. 全方位外交举措 3. 全方位外交成就	历史解释家国情怀	

四、单元(或主题)教学目标

一是通过绘制时间轴,学生能够说出我国国防建设、外交建设取得的成就,构建以此为基础的历史发展线索,涵育时空观念的核心素养。

二是针对不同史料类型的解读,学生能够复述这一时期的国防建设、外交建设的成就,客观地评价国防建设和各个时期外交建设成就及原因,初步掌握论从史出,史论结合的方法。涵育唯物史观、史料实证和家国情怀的核心素养。

三是通过典型的史料,分析我国国防建设、改革开放后的外交建设成就对中国历史发展的影响,感受中国国际地位的不断提高,增强民族自豪感。涵育家国情怀的核心素养。

五、单元(或主题)教学主要过程设计

(一)第 1 课时

课时目标:

1.利用图片展示,学生能够简单复述我国军队的建设和发展壮大。

2.针对不同史料类型的解读,学生能够说出我国武器装备经历的几个阶段。

3.通过开国大典到新中国成立 70 周年国庆阅兵视频,学生了解了我国国防实力的不断增强。

主要教学环节:

导入:播放中华人民共和国成立 70 周年国庆阅兵的部分视频。

任务一:教师出示不同时期阅兵方队照片,通过对比,使学生认识到军

种实现了由单一军种到诸军兵种合成的转变。

任务二:出示一组阅兵图片、周年阅兵资料,使学生认识到我国武器装备由缴获-仿制-自主研发,我国武器装备的现代化水平和发展成就。

任务三:通过看图片和视频,学生知道国防建设和军队建设的改革,形成军委管总、战区主战、军种主建的新格局。

教学设计意图:

播放视频、出示不同时期阅兵图片,了解我国国防实力的增强和人民军队的发展壮大。培养时空观念和史料实证核心素养。

作业内容:

中华人民共和国军事装备板报展。

作业设计意图:

培养学生搜集、甄别、归纳资料的能力,让学生了解我国的国防建设成就,学习制作板报的方法。

(二)第2课时

课时目标:

1. 通过绘制时间轴,学生能说出 20 世纪 50 年代外交建设的成就。涵育时空观念的核心素养。

2. 通过对史料的研读和分析,学生能得出我国外交政策及外交原则。

3. 通过典型万隆会议的分析,学生能得出对中国以及世界的影响。

主要教学环节:

导入:外交部发言人视频。

任务一:出示两则材料,学生通过分析得出我国奉行独立自主的和平外交政策。(基础)

任务二:出示两则材料,学生通过材料分析得出:我国提出和平共处五项原则是处理国与国之间的基本准则。

任务三:出示时间轴,学生补充完整。出示材料"周恩来总理在万隆会

议上发言"内容和实质,引导学生理解周恩来总理的发言,从而得出结论:
加强与亚非国家的团结与合作。

教学设计意图:

播放视频、出示时间轴和文字材料,了解 50 年代外交的政策和原则,
为理解 20 世纪 70 年代外交事业发展做铺垫。培养时空观念和史料实证
核心素养。

作业内容:

以周恩来总理的外交事迹为主题,举办故事会。

作业设计意图:

学生通过搜集周恩来总理的外交事迹,了解我国在 20 世纪 50 年代的
外交成就,从而提高搜集、整理资料、撰写演讲稿,讲述历史的能力。

典型教学效果评价量规:

表 2　故事会评价量表

主指标	等级 A 的评价标准	等级 B 的评价标准	等级 C 的评价标准	学生自评	小组互评	教师评价
搜集材料	能主动上网、去阅览室,搜集周恩来总理在 20 世纪 50 年代外交的故事。搜集材料能力强。自己完成	能主动上网、去阅览室,搜集周恩来总理在 20 世纪 50 年代外交方面的故事。需要别人的帮助完成	能主动上网、去阅览室,搜集周恩来总理的故事。搜集的故事有些不符合外交主题			
故事内容	切合主题,观点鲜明,故事内容实在具体。准确反映历史,富有现代教育意义	切合主题,观点鲜明,故事内容有些散,富有现代教育意义	切合主题,观点鲜明,内容实在,故事具体。富有现代教育意义			
表达能力	语言符合年龄特点,逻辑清晰语言生动,语句流畅,脱稿	语言符合年龄特点,语言生动,语句较流畅,半脱稿	语言符合年龄特点,语言较生动,语句较流畅,没有脱稿			

续表

主指标	等级 A 的评价标准	等级 B 的评价标准	等级 C 的评价标准	学生自评	小组互评	教师评价
有感染力	感情充沛，精神饱满，配有适当的动作手势，感染力强	感情较充沛，精神较饱满，配有适当的动作手势，感染力较强	感情不充沛，精神不饱满，没有动作手势，没有感染力			
仪表形象	仪表自然大方、体态自然	仪表较自然大方、体态较自然	仪表不自然、体态不自然			

（三）第 3 课时

课时目标：

1. 通过绘制时间轴，学生能说出 20 世纪 70 年代外交成就。涵育时空观念的核心素养。

2. 通过图片和史料分析，学生能简单分析中美建交、中日建交的历程。

3. 通过中国恢复在联合国的合法席位，让学生感受中国国际地位的不断提高，增强民族自豪感。涵育家国情怀的核心素养。

主要教学环节：

导入：时间轴，说说 20 世纪 50 年代中国取得了哪些外交成就？有何作用？

任务一：出示图片《乔的笑》和材料，学生阅读材料，分析得出中国重返联合国对中国、世界意义。

任务二：出示中美建交时间轴和表格，学生自主完成时间轴和表格，初步了解中美建交的历程。

任务三：出示中日建交联合声明和图片，学生了解中日建交的历程。

教学设计意图：

复习导入，温故而知新，以中美关系发展为主线整理大事年表，补充完整大事年表和时间轴，即落实知识目标，也培养学生时空观念和史料实证核心素养。

作业内容:

梳理 20 世纪 50 年代、20 世纪 70 年代外交成就及对世界的影响。

作业设计意图:

学生熟悉教材,以课本为纲,培养学生归纳能力。了解新时期外交事业的发展,树立正确的国际意识。

(四)第 4 课时

课时目标:

1.利用时间轴和图片的展示,学生能说出改革开放后外交成就。涵育时空观念的核心素养。

2.学生通过读课本,能概况出新时代外交的举措。

3.出示习近平总书记在党的十九大的开幕式报告的视频,分析新时代外交的影响和特点。让学生知道改革开放后的外交成就对中国历史发展的影响,感受中国国际地位的不断提高,增强民族自豪感。涵育家国情怀的核心素养。

主要教学环节:

导入:20 世纪 50 年代、20 世纪 70 年代外交时间轴,复习旧知识,从而导入新课。

任务一:学生阅读教材,归纳全方位外交的背景。

任务二:学生阅读教材,能找到全方位外交的举措。

任务三:学生阅读教材,完成表格,能归纳出我国全方位外交的巨大成就。

总结:对比几幅图,分析中国的外交形象有何变化?引起这种变化的根本原因是什么?对此你有何感悟?

教学设计意图:

出示时间轴,帮助学生理解 20 世纪 50 年代、20 世纪 70 年代外交成就,构建新时代外交成就,培养学生时空观念。学生能浅谈新中国外交发展的感受,培养学生家国情怀。

作业内容：

整理本单元核心知识,完成本单元思维导图。

作业设计意图：

在学生牢记基础知识的基础上,完成单元思维导图,培养学生大单元意识和归纳能力。认识新中国国际地位的不断提高。

六、教学设计特色说明

一是实现了理解为先的逆向设计。先确定单元预期学习结果,再依据结果设置合理的评估方式,考核学生是否理解,最后依据上面两点安排教学活动。

二是落实学科核心素养和"双减"要求。一课一得,层层深入,优化了课堂教学方式,提高了单元教学的效率。

三是创设历史学习情境,激发学生学习动机。完成故事会,学生参与历史课堂中,充分实现互动。

七、教学反思

一是利用时间轴提出问题。让学生通过阅读教材和补充资料,落实基础知识,并找出本单元的外交成就的主要大事,把每个事件填在时间轴的相应位置上。这样,对整个单元的内容有一个大体的轮廓认知,而且时间脉络清晰。学生既了解本单元的主要内容,又对内容按发生的顺序进行了一次梳理,同时也学会了怎样学习历史。

二是通过对历史事件的梳理与归纳,学生对本单元知识基本掌握的前提下,问题再深入一步,共同来探究中国外交事业取得辉煌成就的原因是什么,得到哪些启示？使问题顺理成章,自然深入,学生既有兴趣去学,也不会觉得任何一个很突兀。

史地政展文采四

"我们生活的大洲——亚洲"单元设计

马莹

一、指导思想与理论依据

(一)指导思想

1. 依据《义务教育地理课程标准(2022年版)》体现课程性质

(1)体现区域性

义务教育地理课程内容以区域地理为主,展现各区域的自然环境与人文环境特点,阐明不同区域的地理概况、发展差异和区际差异。本单元是以亚洲为例,学习认识大洲尺度区域地理的方法。

(2)体现综合性

地理环境是地球表层差异各种自然和人文要素相互联系、相互作用的复杂系统。本单元选取亚洲为例,学习分析各自然要素之间相互关系。

(3)体现思想性

地理课程突出当今社会面临的人口、资源、环境和发展问题,富含热爱、热爱祖国、关注全球以及可持续发展思想的教育内容。本单元以"亚洲文明大会"为背景，将亚洲各地区和国家通过本次活动汇聚在一起，展现多彩亚洲文明。通过本单元的学习使学生热爱家乡，同时去关注和尊重文化差异，关注全球。

2. 依据《义务教育地理课程标准（2022年版）》课程标准，
  体现课程理念

（1）指向核心素养

单元共涉及两个主要的地理学科素养：区域认知和综合思维：

"区域认知"——本单元通过亚洲的学习，形成大洲尺度区域特征认知的基本思路和方法；"综合思维"——本单元突出区域地理环境中的主要要素，学习单一要素的特征及多要素之间相互关系。

（2）体现地理空间尺度

地理课程内容主体由认识全球和认识区域两大部分构成；认识区域部分分为认识世界和中国空间尺度的区域。本章属于认识世界中大洲尺度区域地理的学习。

（3）以学生为主体

《义务教育地理课程标准（2022年版）》倡导以学生为中心的地理教学方式。本单元的学习过程设计多个学习任务驱动，以小组讨论、自主学习等多种方式使学生深度参与地理学习活动，提升图文阅读能力及综合分析地理问题的能力。

（二）理论依据——布鲁纳的认知结构理论

布鲁纳认为，知识的学习包括三种几乎同时发生的过程，即新知识的获得、旧知识的改造、检查知识是否恰当。在教学过程中，学生是一个积极探究者。因此，学习的目的不是记住教师所教的知识，而是要让学生参与学科知识体系建立的过程中。由此可看出，布鲁纳强调的是，学生是主动的、积极的知识探究者，通过发现问题，总结方法，然后迁移。因此，本单元是在结合亚洲相关知识的学习后,总结归纳区域认知的方法,建构体系,然后迁移其他区域使学生掌握。

(三)课标分析

本单元属于人教版七年级下册第六章的内容,纵观七年级下册整本教材,共涉及大洲、地区、国家三个空间尺度的区域地理的学习。本单元属于大洲尺度区域地理的学习,共涉及两个课标点。现对课标分析如下:

一是运用地图等资料简述某大洲的纬度位置和海陆位置。

二是运用地图和其他地区资料,归纳一个大洲的地形、气候、水系等特点,简要分析其相互关系。

由课标要求可看出,本单元重在学习方法的掌握。课标中明确要求"简述某大洲……""归纳一个大洲……"因此本单元重在通过亚洲的学习,形成大洲尺度区域地理认知的一般思路和方法。地图是认识区域必不可少的工具。本单元涉及的2个课标均要求"运用地图等资料……"可见地图的基础性和重要性。认知水平涉及多个层级要求。《标准》对本单元要求,本单元涉及描述、归纳、分析多个认知水平。

二、教学背景分析

(一)教学内容分析

本单元是学生认识和学习区域地理的起始篇章,在初中地理知识结构中具有承上启下的作用。本单元的学习一方面将上册的地形、气候等内容运用于具体的区域中,同时又为后续地区和国家尺度区域地理的学习提供了基本方法和策略。课程标准要求至少选择一个大洲的案例,以落实大洲地理的两条"标准"。由于亚洲是七大洲中最大的一个洲,且是我们熟悉的、生活的大洲，按照"选择我们所在的区域"的区域选择原则，教材选择亚洲作为大洲学习的案例，掌握描述区域地理位置的方法、学会归纳大洲自然环境特点及分析大洲各自然要素之间关系的方法，然后迁移应用到北美洲，体现了分析案例、应用方法的思路。

本单元以"亚洲文明大会"为时事背景，从亚洲多彩的文明导入，认识亚洲。本单元共分为三个课时，分别为开放包容，多彩亚洲、和而不同，各美其美、追溯历史，探索起源，对应亚洲的位置与范围和自然环境。

第1课时：位置和范围。本课时包括"雄据东方的大洲"和"世界第一大洲"两部分。"雄据东方的大洲"，重点是以亚洲的学习，形成描述区域地理位置和范围的一般思路和方法。"世界第一大洲"突出说明亚洲范围之大。教材首先从面积、所跨纬度、东西距离三个方面说明亚洲是世界第一大洲，以突出说明世界之最的基本思路和方法。接着，教材介绍了亚洲的分区，并以图片辅以说明的形式展示了亚洲不同分区居民的生活差异，说明自然环境与生产生活的关系。

第2课时和第3课时：自然环境。本节教材内容分为"地势起伏大，长河众多"和"复杂的气候"两大部分。本节重点突出了自然环境中地形、气候和水系三大要素。延续上一节的思路，本节仍以亚洲的学习为例，形成归纳大洲自然环境特点及分析大洲各自然要素之间关系的基本方法和思路。此外，教材还注意了学生识图用图的培养，以及从各种资料中提取相关地理信息的能力。

本单元的内容都是以亚洲的学习为例，提升学生运用地图获取地理信息的能力和综合分析地理问题的能力，形成认识大洲的一般思路和方法，最后迁移应用到其他区域。因此在教学时，应注重区域地理学习方法的引导。

（二）学情分析

认知特点：初一的学生抽象思维、逻辑思维尚未成熟，经过上学期的训练学生已具备一定的读图、归纳、分析能力，但是综合思维能力还不强；

已有知识：在七年级上册，学生已学习过区域地理中地形、气候等多个自然要素以及经纬度、半球划分、大洲和大洋等基础知识，这为本单元的学习打下了知识基础。

学习障碍：学生尚未接触过区域地理的学习，对于区域特征的归纳概括以及区域自然环境认知的思路还没有形成。

（三）单元整体设计思路

表1　单元整体设计

课时安排	关键问题	主要学习任务	能力	素养
课时1：开放包容多彩亚洲	如何描述描述位置？	任务1：运用地图及学案引领，描述亚洲半球位置、海陆位置及经纬度位置	识别描述	区域认知
课时2：和而不同各美其美	如何归纳区域自然环境特征？	任务2：运用地图及导学案总结亚洲的地形特征 任务3：运用图文资料说明亚洲的地形地势与流向关系，归纳亚洲的水系特点 任务4：阅读地图完成学案问题，总结亚洲的气候特征	概括归纳	区域认知综合思维
课时3：追溯历史探索起源	各自然要素之间有何联系？	任务5：（1）运用亚洲地形图以及长江、黄河相关图文资料，分析地形、气候与河流之间的关系，完成学案 （2）小组讨论绘制地形、气候与河流之间关系结构图	分析	综合思维

三、单元教学目标

一是运用地图和资料描述亚洲的半球位置、经纬度位置、海陆位置，学会描述区域地理位置的一般方法，培养学生的区域认知。

二是运用地图和资料，归纳亚洲的地形、气候和水系特点，学会归纳区域自然要素特征的一般方法,提升学生的区域认知的素养。

三是运用长江、黄河的相关资料分析地形、气候、河流之间相互关系,提升学生的综合思维的素养。

四是初步形成认识区域自然环境特征的一般方法和思路。

四、单元教学主要过程设计

(一)课时1 开放包容,多彩亚洲

1. 课时目标

(1)运用地图和资料描述亚洲的经纬度位置、海陆位置和半球位置;学会描述大洲位置的一般方法。

(2)从面积、所跨纬度、东西距离三个方面说明亚洲是世界第一大洲。

2. 主要教学环节

导入:播放歌曲《美丽的亚细亚》及"亚洲文明大会"相关图文资料。

【雄据东方的大洲】

任务一:(1)填写亚洲与相邻大洲的分界线,描画亚洲轮廓,确定范围;

(2)运用地图描述亚洲半球位置、海陆位置、经纬度位置,完成导学案。

方法总结:描述区域地理位置的一般方法。

学以致用:结合教材第3页北美洲的位置和范围图,描述北美洲的地理位置。

【世界第一大洲】

提问:阅读教材图6.4七大洲面积比较,找出面积最大的大洲;

出示:世界地图和各大洲轮廓图。

提问:(1)阅读世界地图,估算各大洲所跨纬度,找出跨纬度最广大洲;

(2)阅读各大洲轮廓图,比较找出东西距离最长的大洲。

提问:阅读图 6.5 亚洲的分区,找出亚洲共有哪些分区,划分依据是什么?

教学设计意图:借助导学案引领,阅读地图完成亚洲地理位置的学习,并通过亚洲的学习总结出区域地理位置描述的一般方法。方法迁移,熟悉、掌握描述方法,提升区域认知素养。

3.作业设计

基础作业:精确制导第六章第一节亚洲的位置与范围的习题。

拓展作业:亚洲辽阔的土地上孕育出多彩的亚洲文化。请从亚洲任选一个国家,搜集相关资料,完成以下内容:(1)描述该国地理位置。(2)介绍该国的文化(建筑、服饰、饮食等)。

作业设计意图:强化描述区域位置的方法;拓展学生的知识面,提高地理实践力,为后续认识自然环境对人类活动的影响做好铺垫。

(二)课时 2 和而不同,各美其美

1.课时目标

(1)运用地图和资料分析亚洲的地形、气候、水系特点;(2)结合亚洲的学习,学会归纳区域地形、气候、水系特点的一般方法;(3)运用所学,解释亚洲不同地理分区居民生活与当地自然环境的关系。

2.主要教学环节

导入:播放视频《亚洲文明之光》片段。

【图游山川】

任务二:(1)借助亚洲地形图,找出沿东纬 80°和北纬 30°分别经过的地形区,说出其主要地形类型有哪些?地势特征如何?

(2)总结亚洲地形特征。

方法归纳:概括区域地形特征的一般方法。

【云游亚洲】

任务三:尝试绘制云游大致路线图;阅读亚洲气候类型分布图,完成以下问题:

(1)找出亚洲共有多少种类型及其分布?(2)找出分布最广的气候类型?(3)显著的气候类型是什么?(相比其他大洲)

总结亚洲气候特征;

【方法归纳】概括区域气候特征的一般方法。

任务四:结合从视频中截取的图片,小组合作分析亚洲不同分区居民生产生活与当地自然环境的关系。

教学设计意图:运用地图,借助导学案引领,学习亚洲的地形、气候和水系特点,并由此总结出归纳区域自然环境特征的一般方法,同时在此过程中提升学生读图析图的能力,提升区域认知、综合思维的素养。

3. 作业设计

【基础作业】

区域学习重在方法,让我们运用学习大洲的方法来认识非洲。阅读非洲气候类型分布图、非洲地形图及沿东经19°地形剖面图,回答下列问题。

(1)定位置:找特殊纬线。非洲大部分位于南回归线与_____,大部分位于五带中的_____。

(2)析气候:阅读_____图。非洲气候类型以_____带气候为主,具有_____分布的规律,其中分布最广的气候类型是_____。

(3)看地形:阅读地形图及地形剖面图。非洲地形以_____,盆地为主,沿东经19°的地形剖面图可知地形特征_____。(单项选择)

A.北高南低   B.中部高四周低

C.平坦开阔   D.南北高中部低

(4)说水系:对比分析。非洲中部地区比南、北地区的河流数量_____(多/少)。受地形地势的影响,世界上最长的河流尼罗河大致流向为_____。

作业设计意图:通过习题练习进行方法迁,以使学生学会运用地图描述区域自然环境特征,反馈课堂学习情况。提升学生图文分析能力及区域认知素养。

【拓展作业】查阅地图资料,制作北京市自然环境名片,并附上解说词。

作业设计意图:通过习题实现方法迁移使学生学会运用地图归纳区域自然环境特征,同时理解各自然要素之间相互联系。通过制作名片,可增强学生动手能力,同时将所学运用到实际,提升区域认知及综合思维的素养。

(三)课时 3　追溯历史,探索起源

1. 课时教学目标

(1)以中华文明的摇篮——长江、黄河为例,结合相关地图和资料分析地形、气候与河流之间的相互关系;(2)形成区域自然环境认知的一般思路。

2. 主要教学过程

【导入】播放视频《亚洲文明之光》片段

任务五:

(1)运用亚洲地形图及长江、黄河流域相关图文资料,分析地形、气候与河流之间的关系,完成导学案学习任务;(2)小组内讨论绘制地形、气候与河流之间关系的结构图,小组派一个代表展示并阐述各要素之间的关系。

【学以致用】利用印度河流域相关图文资料分析地形、气候与河流之间关系,完成学案学习任务。

【单元总结】区域自然环境认知的一般方法和思路。

教学设计意图:运用充分的图文资料引导学生分析地形、气候与河流之间的相互联系,充分理解自然地理环境是由各个要素共同组成的整体,

彼此间相互影响、相互作用,强化地理学科综合思维的素养;梳理知识构建认识大洲的基本思路和方法。

3. 作业设计

【基础作业】

区域比较是区域认知的重要方法。阅读亚洲与欧洲地形图及北京、伦敦气温曲线和降水量柱状图,回答下列问题。

第一步:读图,比较欧洲与亚洲自然环境特征,完成①② :

第二步:分析地形、气候、河流的相互关系,将代表自然环境的字母填入③至⑥中。(每空只填写一个字母,选项可重读使用)

A. 地跨经纬度小,面积①　　　　　　　　③,长河少

B. 地形以平原为主,地势低平　　　　　④、⑤、D,河网密

C. 受海洋影响大,降水季节变化②　　　⑥、D,流量稳定

D. 同纬度地区降水量大,降水空间分布差异小

作业设计意图:

通过习题进行方法迁移,使学生学会分析地形、气候与河流之间相互关系,提升学生图文分析及区域认知、综合思维的素养。

【拓展作业】搜集永定河流域相关资料,分析北京地形、气候对永定河的水文特征的影响以永定河为例,绘制三者之间关系的思维导图小报或者撰写小论文介绍。

作业设计意图:

通过思维导图和小论文的制作,不仅巩固了所学知识,而且让学生以自己的方式将知识结构化,增强了学生的理解,同时体现了"学习对生活有用的地理,学习对终身发展有用的地理"这一初中地理的课程理念。

五、典型教学效果评价量规

以下是各自然要素相互关系结构图评价量表。

表1　学生小组活动过程评价量表

评价项目	具体内容	自评等级			小组内互评等级		
		A	B	C	A	B	C
合作能力	主动表达自己的观点						
	能与其他成员紧密合作						
探究精神	主动承担展示任务						
	合作学习						
	对组内学习作出贡献						
	听取他人观点和见解						
情感态度	积极参与讨论						
	主动提出建议						
成果体验	课堂展示全面而大方						
	学案完成度高						

表2　学生作品(结构图)展示评价量表

	要求	师评("√")	小组互评("√")
优秀级	文字工整,版面整洁,结构图清晰完善;能够较为准确阐述河流与其他自然地理要素之间相互关系		
良好级	文字较工整,结构图较为完整有个别缺失;河流与其他自然地理要素之间如何相互影响阐述不够清晰		
改进级	文字较为潦草,结构混乱,有明显错误;语言逻辑性不强,自然地理要素之间关系表述不准确		

六、教学设计特色说明

（一）时事热点为背景

以"亚洲文明大会"时事背景为线索，选取丰富的视频导入，激发学生学习兴趣；运用充足的图文资料，分析亚洲多彩文明的原因——复杂多样的自然环境。

（二）任务驱动，学生主体

本单元的学习过程是以学生为主体，多个学习任务驱动，小组讨论、自主学习等形式相互配合。通过任务探究，提升图文阅读能力及综合分析地理问题的能力，落实核心素养。

（三）注重方法引领，指向核心素养

本单元以亚洲为例，运用充足图文资料，借助导学案引领，帮助学生归纳总结方法，形成完整的大洲尺度区域地理认知的基本思路。同时借助地图资料及学习任务设计培养区域认知和综合思维的素养。

史地政展文采五

"遵守社会规则"单元教学设计

郭津聿

一、单元教学设计说明

（一）本单元学习对核心素养发展的价值

根据《义务教育道德与法治课程标准（2022 年版）》的要求，道德与法治课程要培养的核心素养，主要包括政治认同、道德修养、法治观念、健全人格、责任意识。

通过本单元的学习，帮助学生从规则的产生、规则的运行、规则的改进等角度深刻认识规则，引导学生自觉践行规则。理解社会秩序与规则的关系，辩证看待规则与自由的关系，从而自觉践行社会主义核心价值观，有助于发展学生的政治认同核心素养。

道德是社会关系的基石，是人际和谐的基础，社会生活讲道德包含三个主题：尊重他人、以礼待人、诚实守信。在学生懂得理论知识的基础上，引导学生把所学的知识付诸实践，在社会生活中不断努力，共同构建和谐的人际关系，创建文明的社会生活，有助于培育学生的道德修养核心素养。

本单元从全面推进依法治国、加快建设社会主义法治国家的高度，阐明了尊法守法的必要性，对学生提出了行为的要求。法律是全体社会成员都要共同遵守的行为规范，是最刚性的社会规则，不违法是人们行为的底线。作为中学生要努力成为一名社会主义法治的忠实崇尚者、自觉遵守者、坚定捍卫者，有助于培养学生的法治观念素养。

（二）教学设计与实践的理论基础

一是《义务教育课程方案和课程标准（2022年版）》指出，要深化教学改革，强化学科实践。一方面是注重"做中学"，引导学生参与学科探究活动，经历发现问题、解决问题、建构知识、运用知识的过程，体会学科思想方法；另一方面是加强知识学习与学生经验、现实生活、社会实践之间的联系，注重真实情境的创设，增强学生认识真实世界、解决真实问题的能力。教学与社会实践活动相结合，加强课内课外联结，实现隐性课程与显性课程相配合。

二是习近平总书记在学校思想政治理论课教师座谈会上的讲话中强调，思政课要坚持建设性和批判性相统一，任何社会、任何时期都会有各种问题存在，要教育引导学生正确看待、辩证认识、理性分析现实问题，辨明大是大非、真假黑白，在对社会假恶丑现象的批判中弘扬真善美。要坚持主导性和主体性相统一，思政课教学离不开教师的主导，同时要坚持以学生为中心，加大对学生的认知规律和接受特点的研究，发挥学生主体性作用。

三是深度学习：学生在面对陌生的、复杂程度高的真实问题时，表现出的能够创造性地分析、较快形成解决思路、迅速进行决策、快速整合资源解决问题的可迁移的素养，是深度学习学科育人的追求。真实、具体、富有价值的问题解决情境是学生学科核心素养形成和发展的重要载体，也为学生学科核心素养提供了真实的表现机会。

四是《全面推进"大思政课"建设的工作方案》中强调充分调动全社会力量和资源，推动思政小课堂与社会大课堂相结合。推进"大思政课"建设,要构建学校与社会同频共振的人才培养模式,打造"思政小课堂+社会大课堂""思政课程+课程思政"双向互动、协同育人的教学模式。

二、单元目标与重点难点

(一)单元目标

学生通过分享感悟、探讨方案,理解井然有序的社会秩序离不开社会规则的维系。社会秩序是社会生活的一种有序化状态,是人民安居乐业的保障。扩展对于社会规则认识的广度和深度,培养多角度看问题、分析问题的意识和能力。

学生通过课堂知识与实践活动的结合,多角度了解社会生活中的主要道德规范,提高道德水平和法治观念,能够践行社会主义核心价值观,做到遵法守法学法用法。

学生通过探究活动,能够说出社会规则对个人、社会的价值和意义,理解道德和法律是调节人们行为的两种主要社会规则,提高道德修养,增强法治意识,从而推动社会文明进步,培育政治认同和道德修养核心素养。

(二)教学重难点

重点是社会秩序与社会规则的关系;道德和法律是调节人们行为的两种主要社会规则。

难点是自由与规则的辩证关系。

三、单元整体教学思路

本单元共三课八个课时教学内容,其中第三课"社会生活离不开规则"

讲述了社会规则维系社会生活的整体作用、规则与自由之间的关系，以及"遵守、维护、改进规则"的行为要求，从而引导学生做到将规则内化于心、外化于行"；第四课"社会生活讲道德"从尊重、礼仪、诚信三个方面引导学生了解社会生活中的主要道德规范；第五课"做守法的公民"，从介绍违法行为入手，引导学生明确一般违法和犯罪的关系，当自身合法权益受到侵害时，知道依法保护自身合法权益的途径和方法。

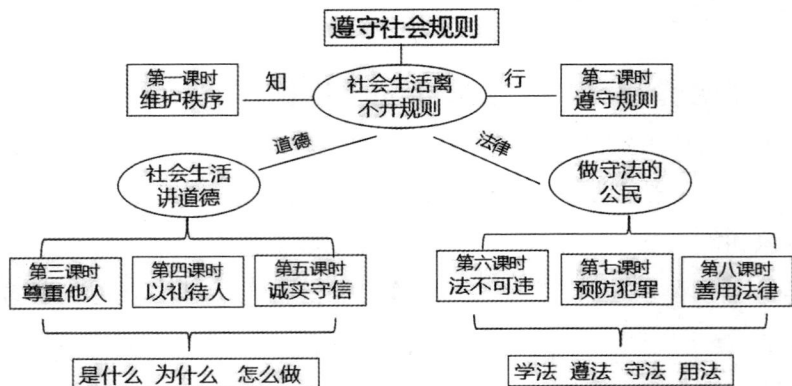

图1　单元整体教学思路

四、"遵守规则"课时教学设计

（一）教学内容分析

1.本课时教学内容在单元中的位置

本课在单元中处于承上启下的位置，上一课"维护秩序"帮助学生感悟"社会生活有秩序"，通过"如果没有秩序，我们的生活将会怎样"这一问题，帮助学生思考秩序的意义，开启"生活—秩序"这一逻辑链条，并为"秩序—规则"的逻辑展开打下基础。

本课通过学习社会规则与自由的关系，遵守规则的做法和维护规则的做法，也为接下来的道德与法律的学习打下基础。

2. 核心内容对发展学生核心素养的功能价值分析

本课意在引导学生懂得社会规则对个人、社会的价值和意义，在指出道德和法律是调节人们行为的两种主要社会规则的基础上，推动社会文明进步，培育学生道德修养和法治观念的核心素养。

通过学习社会规则维系社会生活的整体作用和"划定边界、保障自由"的内在原理，以及"遵守""维护""改进"的行为要求，从而引导学生做到"与规则同行，创建美好生活"，培育学生政治认同和责任意识核心素养。

3. 已学内容与本课内容的关联

前一课"维护秩序"，从感受生活中的秩序导入，领悟"生活—秩序—规则"的逻辑线索，即"社会生活有秩序"，有秩序才有美好生活；而良好的秩序又需要规则，"维护秩序靠规则"。这一框从生活实际出发，让学生感受到规则不是外在强制的结果，而是我们享受美好生活的内在要求，以此引出本课如何做到遵守规则。

（二）学情分析

1. 相关学习经验

小学阶段学生学习了规则有关知识，但是学生对规则的认识主要集中在如何遵守社会规则？如按时完成作业、尊敬父母、排队购物等。对为什么遵守规则？是不是所有规则都是反映人们的意愿？规则能不能修改等问题，他们尚未形成完整认识。通过上一课"维护秩序"的学习，学生们了解了社会规则的含义和社会规则的形式。

2. 知识储备

八年级上册教材的主题是社会生活，社会规则对初中学生来说并不陌生,知道社会生活中的社会规则主要包括道德、纪律、法律等,这些不同的社会规则对人们的各种行为进行规范和引导。

3. 学科能力水平

随着学生抽象思维能力的提高,如何帮助学生从规则的产生、规则的运行、规则的改进等角度深刻认识规则,引导学生自觉践行规则,成为这一时期学科教育和德育教育的重要内容和目标,扩展学生对规则认识的广度和深度,有助于培养学生多角度看问题、分析问题的意识和能力。

4. 学生兴趣与需求分析

从学生心理发展的阶段性来看,八年级学生正处在由他律向自律转变的发展过程中,他们既能够明白社会规则对自我、他人的约束,又不能完全控制自己的行为、会出现言行不一的现象,也就是心目中的"我"与实际表现出来的"我"会存在差异。儿童向成人转变,实现社会化,就需要了解、学习、掌握、遵守社会规则。遵守又分为两种形式,即基于他律的遵守和基于自律的遵守。学生目前主要还处于他律阶段,需要从他律向自律转变。

5. 发展路径分析

本年级学生是小学高年级段的延续,与高中阶段相衔接,是培育道德品格,形成世界观、人生观和价值观的重要时期。以学生的真实生活为基础,突出问题导向,引导学生发现问题、分析问题、解决问题,提升道德理解力和判断力,强化规则、纪律、秩序等教育。

6. 学习本课时可能遇到的困难

学生对"社会生活离不开规则"的观点是认同的,也知道社会运行要有各种各样的规则。但是对于如何做到自觉遵守规则,规则的价值和意义究竟是什么,是学生在本课时可能遇到的困难。

(三)目标确定

1. 应达成的目标

(1)学生通过分析案例,能够形成基本的规则意识,理解社会规则与自由的辩证统一关系,认识到法律对个人生活、社会秩序和国家发展的规范和保障作用。学生要树立守法用法意识,养成守法用法的思维方式和行为习惯,培育法治观念核心素养。

(2)学生通过分享感悟,了解遵守规则的做法,能够遵守社会规则,依法依规有序参与公共事务,具有公共意识和公共精神,培育责任意识核心素养。

(3)学生通过探讨方案,能够做到有技巧地维护规则,又能根据社会变化情况参与改进规则,践行明礼遵规的道德要求,养成良好的个人品德和社会公德,培育道德修养核心素养。

2. 学生应该能够做到的事情

(1)能够自我管理,在日常生活中辩证看待社会规则与自由的关系,增强遵守规则的自觉性。

(2)在日常生活中能够自觉遵守规则,将规则内化于心,外化于行,自觉践行社会主义核心价值观。

(3)不仅能够自己遵守规则,还能够有技巧地提醒、监督、帮助他人遵守规则,共同营造遵守规则的良好环境。

(四)学习重点难点

重点是自由与规则的辩证关系;要在自觉的基础上自主遵守规则,坚定维护规则。

难点则是自由与规则的辩证关系。

(五)学习评价设计

本课既有较强的思想性、理论性,又有较强的实践性。思想认识清晰明确,实践行动才会正确有效。在评价过程中,把形成性评价与终结性评价结合起来,对学生思想认识的提升、转变过程加以肯定。

采取项目评价的方式。本课有大量的探究活动可以开展,根据教学需要选取其中的重点问题,让学生分成学习小组,开展合作探究,用课件、口头汇报等方式交流自己的探究成果,教师对小组成果做出评价。

(六)学习活动设计

1. 课堂导入

(1)教师活动:
展示图片"五一"假期,文化和旅游行业复苏势头强劲。通过观察上述图片,你能得出什么结论?

(2)学生活动:
学生分析数据和图片,结合自身体验,总结观点。

(3)活动意图说明:
结合学生真实经历和直观数据、图片,导入新课,激发学生兴趣。

2. 环节一:析案例—探规则

教师活动:

(1)展示两幅动图,提问:你如何评价这些游客的行为?

(2)展示案例一和案例二以及处罚依据,提问:这两名游客为什么会受到处罚? 为什么要受到处罚?

(3)结合上述案例和处罚依据,请你谈一谈社会规则与自由的关系是什么?

学生活动:

(1)观看动图,评价这些游客的行为。

(2)分析学案,结合案例和处罚依据,小组进行讨论。

(3)梳理社会规则与自由的关系。

活动意图说明:

通过分析案例,让学生充分了解自由与规则的辩证关系,增强遵守规则的自觉性,对规则要内化于心,外化于行。

3. 环节二:谈感悟—守规则

教师活动:

(1)展示小组活动材料:四月份,学校组织同学们参观了首都博物馆,说一说学校和博物馆都采取了哪些措施保证大家文明安全参观?

(2)展示宋元时期许衡的典故,并提问:你怎么看待"梨虽无主,我心有主"的观点?除了外在约束以外,你认为自身应该如何做,才能做到许衡所说的"我心有主"?

(3)展示三幅图片,提问:你认为,他们为什么会做出这样的行为?

学生活动:

(1)结合材料和自身经历,小组讨论学校和博物馆都采取了哪些措施保证大家文明安全参观?

(2)阅读许衡的典故并回答问题。

(3)分析三幅图片,回答问题。

活动意图说明:

结合学生的生活实际谈感受,让学生知道遵守规则不仅需要自律和他律,还需要我们发自内心地敬畏规则。

4. 环节三:谋方案—护规则

教师活动:

(1)出示博物馆中的两个场景,分别提出设问。

(2)方法与技能:展示劝导技巧。

(3)展示三种改进规则的实例,介绍两种建言献策的渠道。

学生活动:

(1)学生小组讨论,遇到上述两个场景该如何做?

(2)分享自己的劝导技巧。

(3)学生发言,说一说日常生活中哪些情形下需要改进规则?

活动意图说明:

在日常生活中要坚定地维护规则,在社会变迁的基础上学会积极改进规则。

5.本课小结

教师活动:

(1)进行本课小结,梳理三个环节之间的逻辑关系。

(2)布置本课实践作业,拟写文明参观博物馆的倡议书。

学生活动:

(1)厘清思路,参照板书,在学案上整理笔记。

(2)结合本课所学知识,拟写倡议书。

(3)完成倡议书的小组,小组代表进行发言。

(4)进行课后反思,记录仍没有解决的问题。

6.板书设计

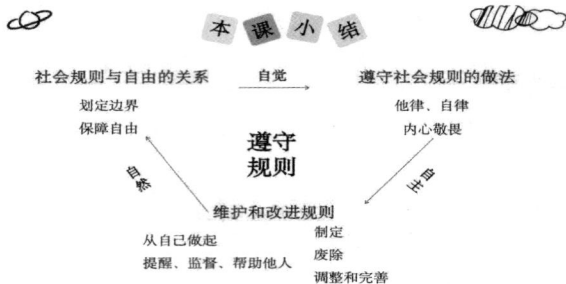

图 2　课时板书设计

7. 作业与拓展学习设计

(1)基础型作业——必做(5 分钟)

①从"社会规则"的角度看,下列对于素材解读正确的是(　　)

> 随着人民生活水平的提高,中国儿童的平均身高也在增长。有的儿童虽然年纪小,但身高已经超过 1.5 米,因此享受不到儿童优惠票。对此,国家铁路局对外发布《铁路旅客运输规程(征求意见稿)》,拟规定"实行车票实名制,年满 6 周岁且未满 14 周岁的儿童可以购买儿童优惠票"。像以往的按身高标准"一刀切"的做法说"不"。

A. 社会规则是可以随时修改的

B. 建立规则是为了限制自由

C. 修订规则是为了降低标准,逐渐取消规则

D. 规则需要改进和完善,以更符合人民的利益

(2)提高型作业——必做(10 分钟)

"实践我参与"学校目前正在为同学们安排国家博物馆之行,请你结合本课所学知识,拟写文明有序参观博物馆的倡议书。

(3)拓展型作业——选做(两周)

博物馆是首都北京的优势资源,截至 2022 年底,北京市备案博物馆达 215 家,初步形成门类丰富、特色鲜明的城市博物馆体系。为充分挖掘北京地区博物馆深厚文化底蕴,充分展示北京"四个文化"深刻内涵,桥梓中学计划组织初二年级学生进行博物馆研学旅行,请你根据本课所学,设计一份博物馆研学旅行前课方案。

8. 特色学习资源分析、技术手段应用说明

(1)基于学生生活,创设真实情境,增强学生认识世界、解决真实问题的能力。

(2)课堂上充分采取小组合作、小组探究的学习方式,提升学生关键能力。

(3)围绕主题主线,生成核心素养,教学与学生社会实践活动相结合,

加强课内课外联结,实现隐性课程与显性课程相结合。

9. 教学反思与改进

教学反思:

(1)设问的思维含量有待提高。

(2)教学活动设计需要更加有效,让学生乐于参与。

改进:

(1)加强教材解读,明确学科核心素养。把握教材主线,读懂教材逻辑,厘清教材重难点。

(2)开发教学素材,助推素养培育,选择具有典型性、时代性、生活性的素材。

史地政展文采六

"模拟提案,共建文明社会"教学设计

高烁

一、单元教学设计说明

本单元所依据的课程标准的相应部分为"我与国家和社会"中的"积极适应社会的发展"。核心素养相应部分是"政治认同""道德修养""法治观念""责任意识"。

其中第3课"社会生活离不开规则"对应的内容目标是"遵守基本的礼仪""理性维护社会公德""维护公共秩序、讲社会公德、爱护公共财物,在公共生活中做一个文明的社会成员"。第4课"社会生活讲道德"对应的内容标准是"理解诚信是做人的基本要求,做到言行一致""理解社会主义核心价值观的内涵及其重要意义"。

第5课"做守法的公民"对应的内容标准是"认识违法行为及其法律责任""理解犯罪的特征及后果,主动预防未成年人犯罪"。

二、学习者分析

中学生在小学的"道德与法治"中已经学习了如何遵守规则,在学生的成长过程中,不断了解、遵守各种社会规则,但对为什么要遵守社会规则,能否改进规则等问题,尚未形成完整的认识。初中生虽然能够明白社会规则对自己和他人的约束,但是又不能完全控制自己的行为,会出现言行不一的现象,学生正处于规则意识形成的关键时期,是他律向自律转变的重要时期,加强对这一阶段学生的规则、道德、法律意识的教育就尤为重要。

八年级学生对社会现象有了初步的评价标准,对社会规则有了一定的认识,对法律知识也有了一定程度的了解。实践和思辨能力进一步提高,但同时由于生活范围的局限性,他们对社会生活的认识较为浅显,容易停留在表面,而且八年级的学生正处在青春期,情绪化明显,做事容易冲动不计后果,意识不到不良行为如果不加以纠正会产生的后果,对法律知识缺乏系统的了解,在法律相关知识的学习和理解中存在较多困难,因此需要教师通过丰富的案例来激发学生的学习兴趣,引导学生树立规则意识和法治意识。

三、单元学习目标与重点难点

(一)单元学习目标

本单元引导学生从规则的产生、运行、改进等角度深刻认识规则,自觉践行规则,培养学生多角度看问题,分析问题的意识和能力;从尊重的含义和功能,文明有礼的培养,诚信的社会意义、经济意义等角度引导学生了解生活中的主要道德规范;通过法律案件的分析,介绍保护自己的途径和方法,帮助学生学会尊法学法守法用法。作为社会成员,了解社会规则,理解规则的意义和价值,知道如何遵守规则,学习维护改进规则。道德和法律是调节人们行为的两种主要社会规则,通过学习让学生自觉践行道德和法律规范,提高道德修养,增强法治意识。

(二)单元学习重点难点

1.教学重点

了解自由与规则的关系;如何做到尊重他人、以礼待人、诚实守信;违法行为的类别,预防犯罪。

2.教学难点

遵守社会规则需要他律和自律;明确社会规则的作用;刑法的含义及分类。

四、单元整体教学思路

第二单元"遵守社会规则"是八年级上册的第二单元,在第一单元向学生介绍了丰富的社会生活等内容后,本单元对社会规则的相关内容进行了系统的阐述,道德和法律就是调节人们行为的两种主要的社会规则。

第3课"社会生活离不开规则",主要引导学生了解社会秩序的意义,社会规则的种类,规则与秩序的关系,理解自由与规则的关系,从而知道在现实生活中如何遵守维护改进规则。

第4课"社会生活讲道德",从尊重的含义和意义,从文明有礼的培养,从诚信的社会和经济意义等角度,引导学生了解社会生活中几类主要的道德规范,把握尊重他人,文明有礼,诚实守信的方法和技巧,做一个讲道德的人。

第5课"做守法的公民",引导学生认识违法行为的分类,感受违法行为的危害,树立法不可违的信念,帮助学生反省自身行为,远离不良行为,积极预防犯罪,同时也帮助学生了解法律救济的相关知识,增强依法维权的能力和意识。

五、课时教学内容分析

本课是在第二单元"遵守社会规则"学习结束后，围绕第三课学习内容，通过活动课的形式对第三课进行的深度学习。本课围绕学生生活中两个主题展开活动，通过引导学生分享不遵守规则会造成的不良影响，理解社会正常运行需要规则，从而树立规则意识，能积极维护并改进规则。以建言献策作为课程主要活动环节，以模拟提案作为课堂提升。在"发现问题、提出问题、解决问题"的活动中培养学生运用并解决实际问题的能力，关注家乡发展，培养主人翁意识和社会责任感。

六、学习目标确定

通过"问题研讨"，提升学生发现问题、提出问题、解决问题的能力；培养学生的家乡情怀，乐于为学校和社区发展贡献自己的力量，培养社会责任感和主人翁意识；通过"整理展示"，提升学生多角度思考问题的能力；培养学生创新性思维和团队合作意识；通过"了解提案"，提升学生依法有序参与民主生活的能力，获得参与感和成就感。

七、教学重点

理解社会正常运行需要秩序，维护秩序靠规则。

八、教学难点

了解制定规则要遵循一定的程序，树立参与意识和规则意识。

九、学习评价设计

表1　学习评价表

内容	评价标准	学生自评	学生互评	教师评价
学习态度	1.学习目标明确,积极参与资料的搜集、整理 2.能够主动参与课堂学习活动 3.能够完成课后作业与实践活动			
思维状态	1.基于教学情境,能够归纳初中道德与法治课的知识逻辑 2.能够把所学知识迁移到新情境中,解释现实生活中存在的社会现象 3.思维清晰,能从不同的角度论证与所学内容相关的问题			
探究能力	1.勇于表达自己的观点 2.能够与小组的其他成员展开积极的交流,贡献自己的观点并交换观点 3.善于倾听,尊重他人;能够认真听取同学和教师的反馈,进行反思并完成自己承担的任务			
备注	评价指标赋值方法:☆ ☆ ☆ ☆ ☆ 5星制:优:☆☆☆☆☆;良:☆☆☆☆; 　　　好:☆☆☆;一般:☆☆;尚好:☆			

十、课时安排

1课时。

十一、教学进程

（一）课堂导入

1. 教师活动

前期将大家分成了四个小组，分别走访调查，相信同学们也发现了很多问题，接下来给大家五分钟的时间，将你们组发现的问题整理在大白纸上。

2. 学生活动

学生分成四个小组，将课前走访发现的问题进行整理。

3. 设计意图

本活动在前期提前分组走访调查的基础上，让学生将生活中发现的社会管理、交通等问题进行整理。在讨论交流的过程中培养学生合作精神和责任意识。

（二）问题研讨

1. 教师活动

请各小组将整理的问题进行分享。

（1）垃圾分类

教师：请说一说你们在垃圾分类过程中存在的问题。你们有什么好的解决办法吗？

教师对学生提出的问题进行整理，并引导学生谈一谈对这些问题的感受或看法。

（2）校门口交通问题

教师：请小组代表说一说你观察到的放学时校门口存在哪些交通问题。对于上述的种种，你们有什么好的解决办法吗？

教师对学生提出的问题进行整理，并引导学生谈一谈对这些问题的感受或看法。

2. 学生活动

四个小组代表分享本组发现的问题是什么，一个小组进行主要发言，另外一个走访调查相同问题的小组进行问题补充。分享问题的同时，展示调查过程中拍摄的相关图片及视频。思考这些问题会造成哪些影响，根据这些问题有什么好的解决办法。其他小组同学进行补充。学生在听其他小组分享的同时，完善补充自己小组整理的内容。

3. 设计意图

本活动通过引导学生分析生活中"垃圾分类"和"校门口交通"两个领域出现的问题，思考如何改变这种混乱的情况，活动选取的两个情境都是在学校周围出现的问题，贴合学生生活。活动中教师让学生各抒己见、畅所欲言，引导学生关注身边的事，有主人翁意识，把爱护家乡和学校当成自己的事去，培养社会责任感。

（三）整理展示

1. 教师活动

教师：请各个小组结合刚才的分享，将问题进行完善，将解决办法进行整理。

根据小组整理的内容，教师将解决办法进行主体归类。引导学生思考解决办法是否具有可行性和创新性。

2. 学生活动

学生利用3分钟时间整理内容，并进行展示。

3.设计意图

本次活动让学生在分享结束后，进行整理，在展示过程中教师对学生总结的内容进行点评，注意学生提出的方法在现实生活中是否具有可行性，以及是否有所创新。引导学生从政府部门学校管理者、学生、家长、社会车辆等多个角度思考，献计献策。根据学生提出的问题和解决办法，引导学生建立正确的价值观念。

（四）了解提案

1.教师活动

引导学生思考建言献策提出的这些好的方法如何发挥作用，为社会发展作出贡献。展示中学生的优秀"提案"提交全国政协大会的案例。展示其他提建议的渠道。

2.学生活动

学生观看中学生优秀提案，了解提案和其他提建议的渠道和方式。

3.设计意图

本活动介绍同龄人提案的事例，让学生了解到本节课建言献策的过程就是提案的流程，作为一名中学生也可以依法有序参与民主生活。

（五）课后作业

1.学生活动

学生按照学案中的提案格式将今天的问题与解决方法进行整理。并自行通过网络上传并在下节课进行展示。

2.设计意图

本次活动让学生了解正规提案格式，并在课下进行上传，让学生获得参与感和成就感。

(六)板书设计

表2　模拟提案,共建文明社会

发现问题,提出问题	解决问题
1.社会正常运行需要规则	1.树立规则意识
2.社会秩序营造良好的社会环境	2.积极维护,改进规则
3.社会规则维护社会秩序	
4.自由与规则的关系	

十二、特色说明

本节课通过小组合作的形式,重视情境创设,让学生置身于情境之中,运用所学知识解决实际问题。

音体美修心性一

"乐海泛舟"教学设计
——G 大调弦乐小夜曲

郑宸睿

一、单元（或主题）指导思想与理论依据

（一）指导思想

本课的指导思想是应用"参与—体验理论"组织教学资源，设计教学活动，达成教学目标. 在培养学生审美感知和艺术表现的基础上，增强其对中西方音乐文化融合的理解，提升学生音乐学科核心素养。

（二）理论依据

《义务教育音乐课程标准（2022 年版）》中明确指出强调音乐实践，鼓励音乐创造。学习并掌握必要的音乐基础知识和基本技能，拓展文化视野，发展音乐听觉能力、表现能力和创造能力，形成基本的音乐素养。

二、教学内容分析及课时分配

(一)教材内容分析

本单元教学设计为八年级下册的第二单元,由作曲家勃拉姆斯创作的一首歌曲《摇篮曲》、莫扎特的室内乐《G 大调弦乐小夜曲》第一乐章、舒伯特《A 大调(鳟鱼)钢琴五重奏》第四乐章和《梁山伯与祝英台》构成。通过作品的学唱和赏析,了解摇篮曲、室内乐和协奏曲的音乐体裁,了解作曲家会从各乐器组的表现力和音色特点出发进行创作,并学会分析作曲家的配器手法和作曲手法,通过作品的学习提升学生赏析大型作品的能力,感受体验多种复杂的音乐情绪和深刻的人文思想。

1.《摇篮曲》是浪漫主义时期音乐家勃拉姆斯所创作的歌曲,乐曲为 D 大调,3/4 拍,在弱拍上起始,单二部结构。全曲由两个乐段组成,呈方整性结构形态,每个乐段两个乐句。每句都是由第三拍弱拍起唱,形成"弱、强、弱、弱"的舞曲风格,摇摆韵律。音乐中富于徐缓的叙事语气的旋律,再加上装饰音的运用,表现出那充满无限温存慈祥的万千柔情。勾画出一幅母亲对孩子亲切祝福的动人画面,也表达了人类最崇高的感情——母亲对孩子的爱。

2.《G 大调弦乐小夜曲》(作品 K·525)又称《第 13 号小夜曲》,是莫扎特于 1787 年 8 月 24 日在维也纳完成的。该曲是十八世纪中叶器乐小夜曲的典范,是莫扎特所作十多首组曲型小夜曲中最受欢迎,也是人们最为喜爱的一首古典作品。全曲共四个乐章,第一乐章为 4/4 拍,中速稍快,奏鸣曲式。第一主题开门见山,以活泼流畅的节奏和短促华丽的八分音符颤音,组成了欢乐的旋律,其中充满了明朗的情绪色彩和青春气息和轻盈的舞步般旋律。乐曲的四个音乐主题以问答的方式贯穿始终。

3.《鳟鱼》是舒伯特 1817 年根据诗人舒巴尔特的浪漫诗创作的一首艺

术歌曲。它以叙述式的手法向人们揭示了善良和单纯往往被狡诈和邪恶所害。借对小鳟鱼不幸遭遇的同情,抒发了作者对自由的向往和对迫害者的憎恶,是一首寓意十分深刻的作品。

4.《A 大调(鳟鱼)钢琴五重奏》是舒伯特应朋友之邀,继歌曲《鳟鱼》问世两年后创作的一部室内乐作品。全曲共分五个乐章。因其中的第四乐章是用歌曲《鳟鱼》的音乐主题写成,故又称《A 大调(鳟鱼)钢琴五重奏》。在这部作品中,舒伯特运用了器乐的各种特点和多种变奏手法,将歌曲的内容进行了深入的刻画和描述。乐曲的主题轻快活泼,由小提琴做主奏乐器,表现了小鳟鱼自由自在、无忧无虑的形象,中提琴、大提琴和低音提琴共同营造出一种和谐的氛围。

5.小提琴协奏曲《梁山伯与祝英台》是由我国作曲家何占豪、陈钢创作的一部大型音乐作品。选择家喻户晓的民间传说为题材,吸取了越剧中的曲调作为素材,成功地创作了这部单乐章、标题性的小提琴协奏曲。表现了梁山伯、祝英台二人的真挚爱情,及对封建礼教进行的愤怒的控诉与鞭挞,反映了人民反封建的思想感情及对这一爱情悲剧的深切同情的思想感情。音乐结构为奏鸣曲式,由"呈示部""展开部""再现部"三部分组成。作品的内容撷取了民间故事传说中的三个主要情节:"草桥结拜""英台抗婚""坟前化蝶"。其情节安排体现了"相爱"和"反抗"两条情感主线。

(二)课时分配

在初中六册音乐教材中,共有欣赏作品 127 首,歌唱作品 40 首,作品总量共 167 首。本单元为八年级下册第二单元,涉及一首歌唱作品,四首欣赏作品,共分四课时完成。

第一课时:学唱歌曲《摇篮曲》。

第二课时:赏析莫扎特《G 大调弦乐小夜曲》第一乐章。

第三课时:赏析舒伯特的歌曲《鳟鱼》和乐曲《A 大调(鳟鱼)钢琴五重奏》。

第四课时:赏析中国小提琴协奏曲《梁山伯与祝英台》。

三、学生情况分析

(一)前期的课堂教学和调查

1.音准:进校测试时,学生音准较差,90%的学生无法准确演唱单音;学生经过入学一年的音乐学习,通过常规训练,对歌唱状态、音准有了一定程度的认识和提高,能基本准确构唱大小三和五度音程。

2.节奏:学习了基本的 13 个节奏型,但大小附点和大小切分和三连音掌握并不牢固,仍需加强训练。记写速度较慢,少数学生可以进行小附点节奏的读写和听记。

3.节拍:大部分学生能在老师提示下,通过听辨节拍强弱规律判断乐曲节拍二拍子、三拍子;大部分学生能手打稳定拍进行视唱;部分学生能够进行二拍子、三拍子的挥拍视唱。

4.识谱:大部分学生能够根据不同 do 音位置视唱节奏简单的曲谱,但速度较慢,视唱字母谱速度稍快些。

5.歌唱:大部分学生能轻声歌唱,少数喜欢唱歌的学生能够主动关注歌唱表现力;大部分男生已进入变声期;部分学生不敢大胆歌唱,羞于表现。

(二)学生思维障碍点

1.还不能做到准确而快速地识读乐谱,尤其是遇到密集节奏、附点节奏、三连音、八分休止等。

2.乐器音色听辨,了解乐器组之间的点缀与烘托配合。

3.作曲家创作手法的分析与归纳。

（三）学生发展点

1. 通过节奏记写、音程构唱，提升基本的音乐表现技能。

2. 通过音乐鉴赏，学会分析作品结构、创作手法；能够听辨乐器音色，初步感受世界音乐文化的多样性。

四、单元教学目标

（一）总目标

1. 能够用自然圆润、亲切优美的声音，清晰地吐字有感情地演唱《摇篮曲》，了解摇篮曲体裁。

2. 欣赏弦乐合奏《G 大调弦乐小夜曲》，能够演唱并记忆乐曲的主要音乐主题，感受、体验室内乐的特点，了解维也纳古典乐派作曲家莫扎特的生平。

3. 聆听、演唱歌曲《鳟鱼》，体验歌曲伴奏的艺术特点及歌曲表现的内容、情绪。

4. 欣赏《A 大调（鳟鱼）钢琴五重奏》第四乐章，体验乐曲中各种音乐要素所引起的情绪反应及表现力，了解室内乐和钢琴五重奏乐队编制，了解浪漫乐派作曲家舒伯特的生平及贡献。

5. 聆听小提琴协奏曲《梁山伯与祝英台》，记忆乐曲音乐主题及长笛、双簧管、小提琴、大提琴的音色，感各种音乐要素对音乐情绪、情感表达的作用，初步掌握协奏曲相关知识。

（二）分课时目标

第一课时：

1. 准确诵读《摇篮曲》歌曲节奏、能够划分曲式结构。

2. 小三度音程构唱、视唱《摇篮曲》曲谱,能够完整演唱曲谱。

3. 能用亲切柔和的声音演唱、背唱歌曲《摇篮曲》,准确表达歌曲情感。

第二课时：

1. 在聆听、演唱、表现活动中,感受《G 大调弦乐小夜曲》四个音乐主题的不同之处,准确背唱第一主部主题。

2. 通过聆听和欣赏《G 大调弦乐小夜曲》,了解莫扎特及其音乐作品,感受古典音乐的特点。

3. 学习前倚音、颤音等装饰音,感受其在作品中的作用。

4. 了解奏鸣曲的曲式结构特点。

5. 能够分析《G 大调弦乐小夜曲》主题乐句间的关系,学习模进的创作手法。

第三课时：

1. 能手打稳定拍,视唱《鳟鱼》曲谱。

2. 聆听《A 大调(鳟鱼)钢琴五重奏》第四乐章,根据乐器组的不同,听辨辨不同的主题,听辨每个主题的不同情绪。

第四课时：

1. 聆听协奏曲《梁山伯与祝英台》听辨三个主题,能视唱爱情主题旋律。

2. 了解协奏曲,听辨乐器音色,了解其在作品中的表现的音乐形象。分析小提琴协奏曲《梁祝》的音乐表现手法赏析作品,提高学生的感受、分析和鉴赏音乐作品的能力。

五、单元（或主题）教学过程设计

（一）第一课时《摇篮曲》

1. 节奏练习。

2. 聆听全曲,划分乐段、乐句。分析乐句间的关系。

3. 分乐句视唱曲谱,完整演唱曲谱。

4. 有感情演唱《摇篮曲》。（注意力度记号以及语气）

设计意图：

1. 培养节奏能力,感受附点的作用。

2. 提高作品结构分析能力。

3. 提高五线谱识读能力。

4. 感受表现歌曲的情绪。

评价目标与任务：

1. 拍读节奏。

2. 学唱歌曲曲谱。

3. 附点准确演唱。

4. 表现歌曲情绪。

（二）第二课时《G大调弦乐小夜曲》第一乐章

1. 学习古典主义时期艺术特点,介绍作曲家以及作品体裁。

2. 分段聆听作品主题,学生视唱四个主题旋律,引导学生从节奏、旋律、创作手法等方面,聆听鉴赏作品。

3. 完整聆听作品,了解古典乐派奏鸣曲式特点。

设计意图:

1.了解音乐作品做铺垫。

2.感受音乐情感变化。

3.熟悉主题,学习奏鸣曲式结构。

4.分析乐句间关系及创作手法。

评价目标与任务:

1.分析主题。

2.视唱主题。

3.曲式结构分析。

4.感知作品。

(三)第三课时《鳟鱼》和《A 大调(鳟鱼)钢琴五重奏》第四乐章

1.欣赏并演唱歌曲《鳟鱼》。

2.复习交响乐队编制,乐器组音色特点。

3.介绍作曲家以及艺术歌曲。

4.完整聆听乐曲《A 大调(鳟鱼)钢琴五重奏》,举手示意聆听的不同主题。

5.分段聆听不同主题,引导学生从配器、节奏、旋律、调式等方面,赏析作品。

设计意图:

1.学唱歌曲。

2.感受音乐情感变化。

3.学习艺术歌曲体裁。

4.根据乐器组音色熟悉乐曲主题。

5.分析乐曲不同主题的配器手法和创作手法。

评价目标与任务：

1. 聆听演唱歌曲。

2. 分析主题。

3. 视唱并记忆乐曲主题。

4. 曲式结构分析。

（四）第四课时《梁山伯与祝英台》

1. 了解协奏曲，复习弦乐器音色特点。

2. 介绍作曲家以及创作背景（越剧）。

3. 完整聆听乐曲，根据旋律听辨主题。

4. 复习奏鸣曲式。分段聆听不同主题。

5. 引导学生从节奏、旋律、调式等方面，分析作品创作手法和表达情绪。

设计意图：

1. 了解音乐作品。

2. 感受中国风格的交响作品，熟悉乐曲主题。

3. 学习协奏曲、奏鸣曲体裁。

4. 分析作品创作手法。

评价目标与任务：

1. 分析主题。

2. 视唱主题。

3. 感知作品。

4. 曲式结构分析。

六、单一课时《G 大调弦乐小夜曲》教学设计

(一)内容定位

本课时是本单元(主题)教学的第二课时。

(二)教学目标

表 1　课时教学目标

	已具备的知识与技能	本课时目标
音准	能够较准确的进行二度、三度、五度音程构唱	准确视唱主题一、主题二(运用)
节奏	能在稳定拍下较准确读出组合的节奏型;能够准确挥二拍子、三拍子	学会挥 4/4 拍。(新授)手打稳定拍,口读第一主题节奏(复习)
结构	能分辨乐句间的重复、变化重复。接触过一段体、二段体、三段体结构的音乐作品	掌握奏鸣曲式(新授)
音乐表现	能用自然圆润的声音有感情地演唱歌曲和音乐主题 能够手打稳定拍随琴视唱歌曲和乐曲主题旋律	用聆听、律动、演唱等多种表现形式参与音乐实践活动(运用)
音乐知识	认识"f、p"" ‖: :‖ "音乐表情记号	学习倚音、颤音,感受摸进的创作手法(新授)

(三)本节课为学生储备了知识、技能、作品(典型音调)

1.能手打稳定拍,跟唱《大调弦乐小夜曲》四个主题旋律,根据旋律线划分四个主题。

2.了解古典主义时期音乐作品的艺术特点。

3. 了解莫扎特以及室内乐体裁,能听辨作品每个主题的不同情绪。

4. 能通过旋律线表现和作曲手法分析听辨弦乐四重奏。

(四)教学重难点

1. 视唱《G 大调弦乐小夜曲》四个主题旋律,背唱第一主题。

2. 感受、分析《G 大调弦乐小夜曲》四个主题旋律的异同,了解古典乐派音乐特点。

3. 学习奏鸣曲式。

(五)本课时教学过程

导入:

1. 师生问好歌。

图 1　问好歌旋律

2. 聆听主题一片段,观察两幅绘画作品(古典主义时期和中国水墨画),选出符合音乐情境的画(左幅),介绍古典主义时期的艺术特点,了解古典主义时期艺术形式。

设计意图:节奏律动为试唱主题一做准备,学习古典主义时期艺术特点,为聆听乐曲做准备。

初听乐曲:

1. 聆听主题一旋律。

2. 复习弦乐四重奏编制和各乐器的音色特点。

3. 介绍莫扎特。

4. 介绍小夜曲和室内乐体裁。

设计意图:复习弦乐组乐器,熟悉作曲家,学习小夜曲体裁。

分段聆听作品:

1.学习主题一

(1)通过画旋律线聆听引导学生通过节奏进一步感受音乐情感,完成表格。

表2　主题一表格

节奏	
速度	
力度	
音乐情绪	

(2)出示主题一谱例,学生思考主题一的节奏特点,运用了哪些大量节奏节奏展示音乐风格?(八分休止符)

图2　主题一旋律片段

(3)学生划分乐句,判断乐句关系。分析出这段音乐采用问答式的手法作为旋律的基础,并在此基础上予以发展,给人以雄壮有力、流畅明快的感受。

(4)学生视唱主题一旋律,通过分组演唱的方式展示乐曲的问答乐句。

2.学习主题二

(1)聆听主题二,感受音乐情绪的变化。

(2)学生分组加入肢体动作视唱主题二旋律。

图3　主题二旋律片段

(3)介绍倚音,弹奏有倚音和没有倚音的主题二旋律,感受倚音乐曲中的作用(旋律中的装饰"倚音"表现出一种跳跃、欢快音乐风格)。

3.学习主题三

(1)聆听主题三,学习脱帽礼动作。

图4　主题三旋律片段

(2)男女生分组跟随音乐行"脱帽礼"。

(3)介绍主题三的创作手法——下行三度模进的创作手法。

4.学习主题四

(1)聆听主题四,跟随音乐加入颤音动作。

(2)出示乐谱,介绍创作手法(运用了大量的颤音所表现)。

图5　主题四旋律片段

(3)分析副部主题与主部主题相比发生了哪些变化(创作手法、力度、音乐情绪)完成表格(古典主义时期奏鸣曲式呈示部的副部主题与主部主题形成鲜明的对比)。

5.学习奏鸣曲式

奏鸣曲式包括三个部分——呈示部、展开部、再现部,呈示部由四个主题旋律构成,展开部由呈示部的音乐材料发展变化而来,再现部回到呈示部的旋律,每一个部分都是由二段体或者三段体的结构组成。

6.聆听展开部

分析展开部材料取自哪个主题(主题一及主题四)。

7.聆听再现部

(1)记录下它们出现的顺序(主题一、主题二、主题三、主题四)。

（2）完整聆听乐曲,完成四个主题的动作。

（3）总结"奏鸣曲式"（出示曲式结构图）。

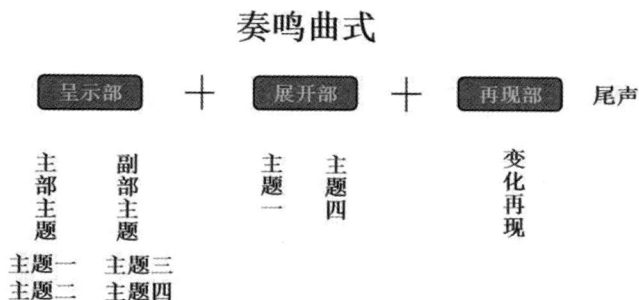

图6　奏鸣曲式结构图

设计意图:培养学生敏感的音乐听觉,引导学生有意识地分析创作手法。通过之前的分析规律和方法,在熟悉主题音乐的基础上,培养学生欣赏和分析音乐的能力。

（六）课堂小结

1.课堂检测,学生复习巩固本节课所学知识点（奏鸣曲式、古典乐派创作特点、莫扎特介绍等）。

2.师生再见歌下课。

图7　问好歌旋律

七、单元教学反思

(一)教学生学习方法,激发学习兴趣

很多学生不愿甚至从没完整聆听过交响作品,主要因为听不懂的畏惧心理,为克服此现象,本课在学生已有的基本音乐知识、技能基础上,通过学习音乐的体裁、创作手法、各种乐器的音色特点,学习用音乐要素,分析作品的创作手法,表达的音乐情感和内容,培养学生会听音乐作品,能够听懂音乐作品,从而激发学习兴趣。

(二)在音乐实践活动中,提高音乐能力

坚持以学生为主体,引导学生参与聆听、分析、打节奏、演唱、表现等音乐活动,并将其作为学生走进音乐、获得音乐审美体验的基本途径。用最基本的四二拍、四四拍、附点节奏、八分休止符等组合进行音乐实践活动,将模唱、节奏模仿、识谱、演唱、表现等音乐能力的学习蕴含在练习之中,在多样的音乐活动中,有效提升学生音乐素养和技能。

(三)不足之处

有些问题的设计以及教师的语言还不够清晰明了。演唱过程中个别学生有音准问题,今后的课堂中,在做到鼓励学生放声歌唱的同时,继续循序渐进地培养学生音准、发声。若想唱准并记住主题,需要较快地识读乐谱的能力。在今后的教学中,教师需要加强学生音程、音准、节奏、读谱的能力的培养,打下扎实基础。

第三编　减负增效，
　　　　优化作业促发展

语数英筑根本一

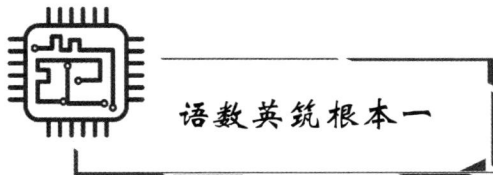

探说明文经纬　书写桥中风采

张建英　贾娟

一、指导思想

(一)《义务教育语文课程标准(2022 年版)》(以下简称《课标》)

1. 创设真实而富有意义的学习情境,凸显语文学习的实践性。学习情境的设置要符合核心素养整体提升和螺旋发展的一般规律。语文学习情境源于生活中语言文字运用的真实需求,服务于解决现实生活的真实问题。创设情境,应建立语文学习、社会生活和学生经验之间的关联,符合学生认知水平;应整合关键的语文知识和语文能力,体现运用语文解决典型问题的过程和方法。

创设学习情境,教师应利用无时不有、无处不在的语文学习资源与实践机会,引导学生关注家庭生活、校园生活、社会生活等相关经验,增强在各种场合学语文、用语文的意识,建设开放的语文学习空间,激发学生探究问题、解决问题的兴趣和热情,引导学生在多样的日常生活场景和社会实践活动中学习语言文字运用。

2. 作业评价是过程性评价的重要组成部分,作业设计是作业评价的关键。教师要以促进学生核心素养为出发点和落脚点,精心设计作业,做到用词准确、表述规范、要求明确、难度适宜。要合理安排不同类型作业的比例,增强作业的可选择性,除写字、阅读、日记、习作等作业外,还应紧密结合课堂所学知识,关注学生校内外个人生活和社会发展中的热点问题,设计主题考察、跨媒介创意表达等多种类型的作业,培养学生自主学习和综合学习的能力。随着学段升高,作业设计要在识记、理解和应用的基础上加强综合性、探究性和开放性,为学生发挥创造力提供空间。

3. 表达与交流要求多角度观察生活,发现生活的丰富多彩,能抓住事物的特征,为写作奠定基础。写作要有真情实感,表达自己对自然、社会、人生的感受、体验和思考,力求有创意。注重写作过程中搜集素材、构思立意、列纲起草、修改加工等环节,提高独立写作的能力。根据表达的需要,借助语感和语文常识修改自己的作文,做到文从字顺。

(二)语文核心素养

语文核心素养包括四个方面:语言建构与运用、思维发展与提升、审美鉴赏与创造、文化传承与理解。语文学科核心素养是学生在积极的语言实践活动中积累与构建起来,并在真实的语言运用情境中表现出来的语言能力及其品质;是学生在语文学习中获得的语言知识与语言能力,思维方法与思维品质,情感、态度与价值观的综合体现。

二、学情分析

(一)已有基础

八年级学生经过七年级的语文学习,已经具有一定的阅读不同类型作品的经验,能够厘清文章写作思路,理解主要内容。写作时也能考虑不同的目的和对象。根据表达的需要,围绕表达中心,选择恰当的表达方式。

（二）存在问题

写作一直是学生头疼的问题,对刚接触说明文的初二学生来说,让他们写一篇说明文更有难度。《课标》指出写简单的说明性文章,做到明白清楚,可是学生在进行说明文写作时不能抓住事物的特征,缺乏条理性,也不能综合运用多种说明方法,不能做到明白清楚。

三、单元教学目标

一是通过学习本单元文章,认识说明文的文体特征。

二是学习写简单说明文,能够运用恰当的说明方法,合理安排说明顺序,抓住桥梓中学的主要特征进行写作,在具体情境中创作并制作学校风采宣传折页。

三是通过阅读和写作实践,增强思维的条理性和严密性,培养学生热爱学校的情感,提高审美意识,增强文化自信。

四、学习资源

核心资源:《中国石拱桥》《苏州园林》《蝉》《人民英雄永垂不朽》《梦回繁华》。

五、单元核心任务

初二年级要开展桥梓中学风采展示活动,请同学们完成以桥梓中学为说明对象的非连续性文本"探说明文经纬　书写桥中风采"系列折页设计制作，以此来展现学校风貌。

要求：(1)抓住桥中主要特征进行说明。(2)说明方法恰当，说明顺序合理，语言准确、简明。(3)图文并茂，图文对应。

六、单元教学说明

基本问题：如何在阅读中掌握说明文文体特点，学会运用恰当的方法书写桥中风采。

说明：本单元安排5课时。

第1课时：发布单元核心任务，明确单元学习目标，把握说明对象特征。

第2至4课时：完成单元学习内容。

第5课时：完善学习成果并分享。

具体教学过程：

第1课时学习内容：明确单元任务，阅读《中国石拱桥》，理解两座桥梁的典型性和代表性特征。梳理《苏州园林》段落间关系，把握事物特征。

第2课时学习内容：阅读《人民英雄永垂不朽》，理解如何运用恰当的说明顺序有效说明事物特征。修改初稿，完成系列折页设计制作。

第3课时学习内容：阅读《蝉》《梦回繁华》，理解说明方法、体会说明文语言。围绕说明方法、语言，修改提升作品。

第4课时学习内容：通过交流互评，制定系列折页设计评价量表，根据评价量表修改制作。

第5课时学习内容：再次修改作品，完成非连续性文本"探说明文经纬书写桥中风采"系列折页设计制作，完善学习成果并分享。

七、详细作业设计

说明:单元整体作业——初二年级要开展桥梓中学风采展示活动,请同学们完成以桥中为说明对象的非连续性文本"探说明文经纬　书写桥中风采"系列折页设计制作,展现桥中风貌。

具体课时作业:

第1课时:

作业目标:学习把握说明对象特征,明确单元任务。了解什么是折页设计。

作业内容:

基础作业:识记说明顺序。

拓展作业:绘制修改赵州桥示意图、苏州园林思维导图。

以桥中作为说明对象进行说明文写作,要求抓住写作对象特征,突出学校特点。

作业评价:绘制思维导图、画桥梁示意图,把握桥中特征,进行第一次写作。

设计意图:以《中国石拱桥》《苏州园林》为例,让学生把握它们的特征,总结说明事物特征的方法并确定体现桥中风采的事物特征,初步完成系列折页写作。

第2课时:

作业目标:以《苏州园林》《人民英雄永垂不朽》《故宫博物院》为例,结合学生作品,探究说明内容和说明顺序。

作业内容:

基础作业:以文章为例,对说明方法进行批注。

拓展作业:以桥中文化墙、分享教室为例完成两个片段写作,抓住对象特征,突出学校特点。找出学生作品中运用的说明顺序,修改作文。

作业评价:评价初稿,重点学会运用说明方法,修改提升作品。

设计意图:精读《人民英雄永垂不朽》,让学生理解如何运用空间顺序说明纪念碑特征,并在写桥中文化墙、分享教室等事物中学会合理安排空间顺序,修改提升系列折页制作。

第3课时:

作业目标:以第五单元文章为例,学习运用恰当的说明方法进行写作,修改作品。

作业内容:

拓展作业:从说明顺序和方法的角度,修改完善写作片段。

选做作业:修改完善写作片段,注意语言的准确、简明。

作业评价:修改提升作品,重点学会运用说明顺序,做到语言准确、简明。

设计意图:精读《蝉》《梦回繁华》,让学生理解文章是如何运用说明方法、说明语言来有效说明蝉和名画特征的,并在写桥中事物文化墙、分享教室中学会恰当运用说明方法,做到语言准确、简明。

第4课时:

作业目标:分析学生作品中的得与失,进行修改完善。通过交流互评,制订折页设计的评价量表。

作业内容:

基础作业:制定评价量表。

拓展作业:完成书写桥中风采系列折页设计制作,并配图案。

作业评价:修改提升作品。

设计意图:通过交流互评,让学生制订出系列折页设计的评价量表。在进行修改作品时有依据。

第5课时:

作业目标:对照评价量表,进一步修改自己的作品。

作业内容:

拓展作业:根据评价量表修改作品。

作业评价:最终完成系列折页设计制作。

设计意图:通过交流互评,让学生再次修改,并最终完成桥中风采非连续文本系列折页设计制作。

八、作业实施过程

(一)作业实施环节

本单元分为 5 课时,根据学习目标和作业目标,设计的 5 次作业分别为:

1. 以桥中文化墙、分享教室等为说明对象进行写作,要求抓住说明对象特征,突出学校风采。

2. 在学生准确把握桥中文化墙、分享教室等对象特征后再修改提升系列折页制作,学会合理安排空间顺序。

3. 在前 2 次写作的基础上修改提升系列折页制作,要求学会恰当运用说明方法,并且语言要准确、简明。

4. 让学生制订出系列折页设计的评价量表。

5. 通过交流互评,让学生对照评价量表,再次修改自己的制作,并最终完成桥中风采非连续文本系列折页设计制作。前 3 次作业都是在学生完成之后老师批改,指出存在问题,学生进行修改,修改后老师再次批阅。后 2 次是学生对照所学说明文知识,抓住说明对象特征、说明方法、说明顺序、说明语言制订出评价量表后,再进行交流互评,互评之后再次修改,最后完成终稿。

每一项作业都紧扣单元学习目标,课时学习目标,做到了环环相扣,层层递进,最终帮助学生完成单元作业。完成作业的同时,在听说读写各个方面得到综合训练，切实提升了学生的语文核心素养。

（二）特色和亮点环节

1. 作业特色

（1）作业内容的设计具有整体性。作业设计以基本问题"如何在阅读中掌握说明文文体特点，学会运用恰当的方法书写桥中风采"为统领。作业有核心任务——初二年级要开展桥中风采展示活动，请同学们完成以桥中为说明对象的非连续性文本"探说明文经纬　书写桥中风采"系列折页设计制作，以此来展现桥中风貌。所有布置的作业都是以折页设计为核心任务，以说明文的特点为核心知识，作业设计具有整体性。

（2）作业内容的设计层层递进。每一课时的作业设计都层层递进。每一课时的作业都会运用说明文的不同文体知识来进行说明文写作修改提升，都会为最终完成系列折页设计制作打下基础，目标明确，指向性强。

（3）作业批阅方面。每次的作业都是完成初稿后由教师批阅，批阅后学生修改，修改后老师再次批阅再次修改，完成终稿。

2. 亮点环节

（1）作业的设计以任务为导向，以活动为载体，结合学生的生活实际创设了真实情境。让学生书写自己的学校，是因为学生们每天都在校园里学习生活，学校是学生熟悉的场所。作业设计贴合学生的实际，让学生觉得有话可说、有内容可写。

（2）学生把桥中作为写作对象，在完成"探说明文经纬　书写桥中风采"系列折页设计制作的过程中，不仅掌握了说明文文体知识，更重要的是增强了思维的条理性和严密性，培养了学生热爱学校的情感。

（3）作业设计充分体现了语文学科素养。学生在进行写作的过程中，必须先掌握说明文文体知识，了解常见的说明方法、说明顺序，体会说明文语言的准确、简明的特点，这就充分体现了语言建构与运用这个核心素养。

并在掌握文体知识后结合实际生活进行写作,引导学生在运用语言的过程中提升了语文素养。

九、作业实施改进反思

1.作业形式略显单一。虽然每课时的作业都是为作品准备材料,但都是动笔写的作业,如思维导图、作文片段。学生在完成作业的过程中难免觉得枯燥乏味。在今后设计作业的时候,应该尽量使作业形式多样化,避免不同课时作业类型的单一和重复,留出高阶思维的空间,体现单元作业之间的结构和衔接。

2.学生最后呈现的优秀系列折页设计作品还是太少,学生面对熟悉的校园,虽然有的可写,但是还不能运用恰当的说明顺序、说明方法、说明语言表现桥中鲜明的特征。比如写第一稿时,学生没有真正明确作业设计的意图。有的同学对学校全貌做了概括,比如教学楼、宿舍、操场、停车场、食堂,学生面面俱到,但是没有挖掘桥中独有的特征。写第二稿时有的同学写出了桥中的特征,但是在写作时又没有运用合理的说明顺序和说明方法,因此学生的写作能力还需进一步加强。正如《课标》指出要多角度观察生活,发现生活的丰富多彩,能抓住事物的特征,为写作奠定基础。如果学生做到这一点,写作水平就自然会逐步提高。

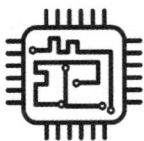

语数英筑根本二

尺规作图与轴对称

石燕颖

一、单元主题

尺规作图及轴对称(5课时)。

二、单元目标

1. 能用尺规完成以下基本作图:作一条线段等于已知线段;作一个角等于已知角;作一个角的平分线;作一条线段的垂直平分线;过一点作已知直线的垂线。

2. 会利用基本作图作三角形:已知三边、两边及其夹角、两角及其夹边作三角形;已知底边及底边上的高线作等腰三角形;已知一直角边和斜边作直角三角形。

3. 在尺规作图中,了解作图的道理,保留作图的痕迹,不要求写出作法。

4. 探索并证明角平分线的性质定理;理解线段垂直平分线的概念,探索并证明线段垂直平分线的性质定理。

5.结合具体实例,会区分命题的条件和结论,了解原命题及其逆命题的概念;会识别两个互逆的命题,知道原命题成立其逆命题不一定成立;了解反例的作用,知道利用反例可以判断一个命题是错误的。

6.通过具体实例了解轴对称的概念,探索它的基本性质:成轴对称的两个图形中,对应点的连线被对称轴垂直平分;能画出简单平面图形(点,线段,直线,三角形等)关于给定对称轴的对称图形;了解轴对称图形的概念;探索等腰三角形、矩形、菱形、正多边形、圆的轴对称性质;认识并欣赏自然界和现实生活中的轴对称图形。

三、单元教学设计说明

通过初一的学习,学生能作一条线段等于已知线段,作一个角等于已知角,作一个角的平分线,过一点作已知直线的垂线,学生对基本作图的命名并不陌生,但那时使用的工具是刻度尺、三角板和量角器.在学习尺规作图之前,学生又学习了三角形及其性质、全等三角形、等腰三角形、直角三角形等知识并加强了几何推理的培养,为学习尺规作图提供了理论依据.所以,尺规作图既是对前面知识的应用,也是对前面知识的巩固和深化。

结合具体实例,会区分命题的条件和结论,学生对互逆命题、互逆定理概念的理解困难不大,但对于简述(不是"如果……那么……"形式)的命题,写出逆命题时就会有一定的困难,可以引导学生先分析简述命题的条件和结论,再把其转化为"如果……那么……"的形式,最后写出逆命题.

学习轴对称图形要求学生能够理解其概念、性质,体会轴对称思想,同时要明确"轴对称图形"和"轴对称"是两个不同的概念,注意二者的区别和联系。

（一）本单元的基本框架图

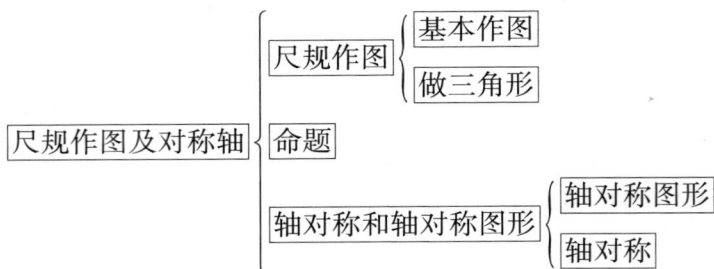

图 1　本单元的基本框架图

（二）本单元的核心素养

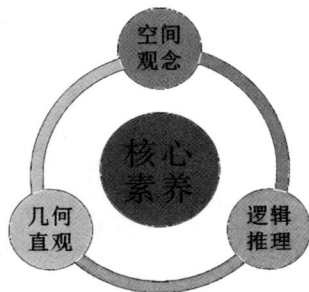

图 2　本单元的核心素养

（三）本单元的课时分解

表 1　本单元课时分解

	具体课时安排	内容	核心知识和方法
尺规作图 及轴对称	第 1 课时	基本作图	作一条线段等于已知线段、作一个角等于已知角、作角的平分线、作线段的垂直平分线及探索角平分线和线段垂直平分线的性质
	第 2 课时	作三角形	作三角形
	第 3 课时	逆命题、逆定理	互逆命题、命题的真假
	第 4 课时	轴对称图形	轴对称图形、对称轴
	第 5 课时	轴对称	轴对称、对称点

四、学情分析

通过小学的学习,学生已经对圆有了一定的认识,并且会用圆规画圆;学生通过初一的学习,会用刻度尺、三角板和量角器作一条线段等于已知线段;作一个角等于已知角;作一个角的平分线;过一点作已知直线的垂线,因此对于尺规作图的学习并不困难。在三角形这一章中,学生又学习了全等三角形,等腰三角形等知识并加强了几何推理的培养,为学习尺规作图提供了理论依据,也为探索并证明角平分线、垂直平分线的性质定理提供了条件。学生学习了很多具有互逆关系的命题和定理.如:两直线平行,内错角相等和内错角相等,两直线平行;等边对等角和等角对等边;在学习尺规作图中,还学习了角平分线的性质与判定定理和线段垂直平分线的性质与判定定理;在代数的学习中也有很多具有互逆关系的性质,如:$m(a+b+c)=ma+mb+mc$ 和 $ma+mb+mc=m(a+b+c)$。这些都为学习逆命题、逆定理奠定了坚实的基础。学生在小学时期通过观察、操作等活动,已经认识了轴对称图形及其对称轴,能在方格纸上画出轴对称图形的对称轴,能够在方格纸上补全一个简单的轴对称图形。因此学生学习轴对称及轴对称图形并不困难。现年龄段学生直观感强,可借助信息技术手段增强情境体验,加强教师示范作图和学生模仿作图环节的教学,但学生的作图能力、推理和说理能力还需要进一步培养。

五、单元作业目标

一是能用尺规完成以下基本作图:作一条线段等于已知线段;作一个角等于已知角;作一个角的平分线;作一条线段的垂直平分线;过一点作已知直线的垂线;了解作图的道理;并理解角平分线的性质定理及逆定理;理解线段垂直平分线的概念、性质定理及逆定理。

二是会利用基本作图作三角形：已知三边、两边及其夹角、两角及其夹边作三角形；已知底边及底边上的高线作等腰三角形；已知一直角边和斜边作直角三角形。

三是能够区分命题的条件和结论，并构造原命题的逆命题，能判断命题的真假。

四是会识别现实生活和几何图形中的轴对称图形；能够根据轴对称的基本性质：成轴对称的两个图形中，对应点的连线被对称轴垂直平分，画出简单平面图形(点、线段、直线、三角形等)关于给定对称轴的对称图形。

六、单元作业类型

一是基础巩固型(基础知识的理解、基本作图的方法)。
二是能力发展型(较为复杂的作图及作图原理的理解)。

七、单元作业的使用

一是用时说明。课时作业，主要是基础巩固型为主，辅以能力发展型，用时约 5—10 分钟。

二是课时作业内容。与单元作业目标匹配，与单元教学目标匹配，与课时教学目标匹配。

八、单元作业具体内容

第一课时 基本作图

作业目标:

(1)能用尺规准确完成几种基本作图并知道作图依据。

(2)能在文字描述和图形表达中识别辨析几种基本作图并进行简单推导。

(3)能在简单情景中,运用角平分线和线段垂直平分线的性质解决问题。

作业内容:

1.根据作图痕迹,判断下列四种基本作图对应做法是否正确,不正确的说明理由。

①作一条线段等于已知线段。 ②作一个角等于已知角。

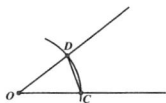

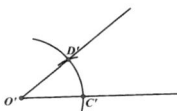

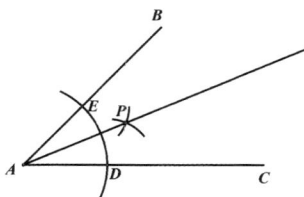

③作一个角的平分线。 ④作一条线段的垂直平分线。

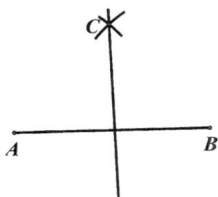

答:不正确的是_____,不正确的原因是_____。

(知识维度:程序性知识;认知过程:识别、说明)

设计意图：因为本课时的学习内容比较多，包含 5 个基本作图和角平分线和线段的垂直平分线的性质探究，作业是课堂教学的巩固和延续，要尽量多地体现课堂教学内容。学生通过完成 1 题，可以快速重温、回忆课堂所学内容并作出识别，简要说明判断理由，体现作业目标 2。

2. 根据下面"作 $\angle MON$ 的角平分线"的尺规作图过程，使用直尺和圆规，补全图形（保留作图痕迹）并完成填空。

已知：$\angle MON$。求作：$\angle MON$ 的角平分线。

作法：

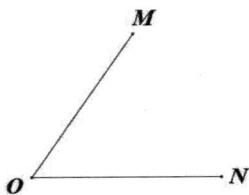

①点 O 为圆心，适当长为半径作弧，分别交 OM 于 A，交 ON 于 B；

②分别以 A、B 为圆心，大于 $\frac{1}{2}AB$ 的同样长为半径作弧，两弧在 $\angle MON$ 内交于点 P；

③作射线 OP。所以射线 OP 就是所求作的 $\angle MON$ 的角平分线。

在该作图中蕴含着几何的证明过程：

由①可得：$OA = OB$

由②可得：_____

由③可知：$OP = OP$

∴ _____ ≅ _____（依据：_____）

∴ 可得 $\angle POA = \angle POB$（全等三角形对应角相等）

即 OP 就是所求作的 $\angle MON$ 的角平分线。（知识维度：程序性知识；认知过程：执行、推断）

设计意图：学生通过完成 2 题，根据文字叙述完成角平分线的作图；通过补全证明过程，知道作图的依据，体现了作业目标 1 和作业目标 2。

3. 如图，在 $\triangle ABC$ 中，$\angle C = 90°$，以点 A 为圆心，适当长为半径画弧，分别交 AC，AB 于点 M、N，再分别以点 M，N 为圆心，大于 $\frac{1}{2}MN$ 的长为半径画

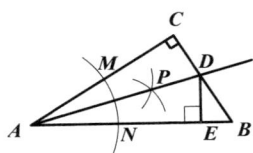

弧,两弧交于点 P,作射线 AP 交 BC 于点 D,所以 AD 是∠_____的角平分线;过点 D 作 $DE \perp AB$,垂足为 E,若 $CD = 1$,则 DE 的长是_____。(知识维度:程序性知识,概念性知识;认知过程:识别、推断)

设计意图:学生通过完成 3 题,再一次强化角的平分线的基本作图,然后根据角平分线的性质推断出 DE 的长度,体现了作业目标 2。

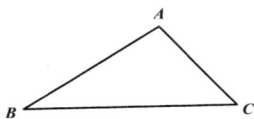

4.如图,已知△ABC,用尺规作图作出 AB 边的垂直平分线(保留作图痕迹),交 BC 边于点 P,连接 AP,则 $AP = $ ____。(知识维度:程序性知识,概念性知识;认知过程:执行、推断)

设计意图:学生通过完成 4 题,准确作出已知线段的垂直平分线,完成了对基本作图的识别;根据文字叙述完成作图并根据线段的垂直平分线的性质推断出 AP 与 BP 的关系,体现了作业目标 1 和作业目标 3。

第二课时 作三角形

作业目标:能根据给定条件,熟练应用尺规作图作出相应的三角形。

作业内容:

1.如图,已知线段 AB。

求作:等边三角形 ABC(不要求写画法,要保留作图痕迹)。

(知识维度:程序性知识;认知过程:回忆、执行)

设计意图:学生通过完成 1 题,根据等边三角形的性质,类比课上已知三边作三角形的方法完成作图,体现了作业目标。

2. 如图，已知线段 a、c 和 $\angle B$，利用直尺和圆规作 $\triangle ABC$，使 $BC = a$，$AB = c$，$\angle ABC = \angle B$（不要求写画法，要保留作图痕迹）。（知识维度：程序性知识；认知过程：回忆、执行）

设计意图：学生通过完成 2 题，类比课上已知两角及其夹边作三角形的方法完成已知两边及其夹角作三角形，体现了作业目标。

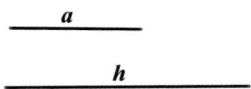

3. 如图，已知线段 a、h，求作：等腰三角形 ABC，使底边 $BC = a$，底边上的高 $AD = h$（用圆规和直尺作图，不写作法，要保留作图痕迹）。（知识维度：程序性知识；认知过程：理解、执行）

设计意图：学生通过完成 3 题，根据等腰三角形"三线合一"的性质，模仿课上已知底边和中线作等腰三角形的方法完成已知底边和高线作等腰三角形，体现了作业目标。

4. 已知：如图，线段 a、c 和直线 MN 及 MN 上一点 C。求作：$Rt\triangle ABC$，使 $\angle C = 90°$，$BC = a$，$AB = c$。（用圆规和直尺作图，不写作法，要保留作图痕迹）（知识维度：程序性知识；认知过程：理解、实施）

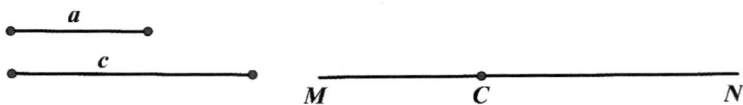

设计意图：学生通过完成 4 题，根据所给条件并结合课上例题和练习，自主分析作图思路和作图步骤完成，已知斜边和一直角边作直角三角形，体现了作业目标。

第三课时　逆命题、逆定理

作业目标:

1. 能准确表述具体命题的题设和结论。

2. 能写出一个命题的逆命题。

3. 能识别原命题与逆命题的真假,并能进行有条理地表达。

作业内容

1. 填表:写出下列命题的题设和结论。

命题	题设	结论
全等三角形的对应角相等		
对顶角相等		
如果 $x=y$,那么 $x^2=y^2$		

(知识维度:概念性知识;认知过程:回忆、解释)

设计意图:学生通过完成 1 题,指出具体命题的题设和结论,体现了作业目标 1.

2. 写出下列命题的逆命题,并判断它是真命题还是假命题。

(1)等腰三角形的两底角相等。

(2)如果一个三角形有一个角是钝角,那么它的另外两个角是锐角。

(3)如果 $x=y$,那么 $x^2=y^2$。

(知识维度:概念性知识;认知过程:描述、推断)

设计意图:学生通过完成 2 题,写出原命题的逆命题,并判断逆命题的真假,体现了作业目标 2 和作业目标 3。

3. 通过举例说明命题"若 $a>b$,则 $a^2>b^2$"是假命题。

(知识维度:概念性知识;认知过程:举例、说明)

设计意图:学生通过完成 3 题,通过举反例来判断命题的真假,体现了作业目标 3。

第四课时　　轴对称图形

作业目标：

1. 能识别轴对称图形并能作出基本几何图形的对称轴；

2. 能根据文字描述，图形表达和画图实践进行解释及简单推导。

作业内容：

1. 下列图形中，不是轴对称图形的是（　　　　）

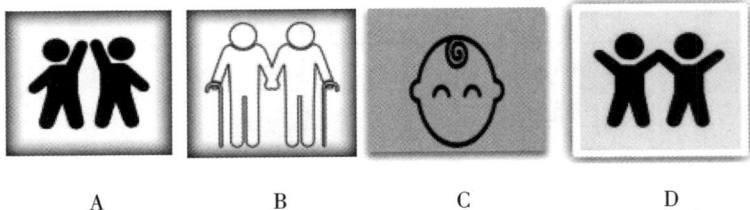

| A | B | C | D |

（知识维度：概念性知识；认知过程：识别、推断）

设计意图：学生通过完成 1 题，根据轴对称图形的概念，识别出轴对称图形，体现了作业目标 1。

2. 画出下列图形的所有对称轴，并完成表格。

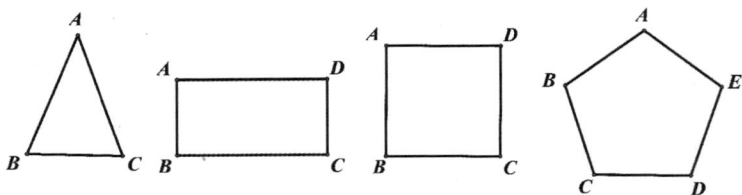

图形名称	等腰三角形	矩形	正方形	正五边形
对称轴的条数				

（知识维度：概念性知识；认知过程：执行、推断）

设计意图：学生通过完成 2 题，根据对轴对称图形的对称轴的理解，画出所给常见几何图形的所有对称轴，体现了作业目标 1。

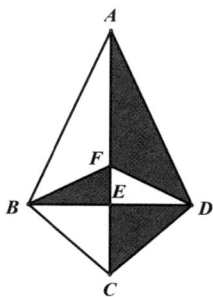

3.如图,在四边形 ABCD 中,AB = AD,BC = CD,则四边形 ABCD 是轴对称图形吗? ____.连接 AC、BD 交于点 E,点 F 在线段 AE 上,连接 BF、DF,若四边形 AB-CD 面积是 12,则阴影部分的面积是_____。

(知识维度:概念性知识;认知过程:识别、推断)

设计意图:学生通过完成 3 题,根据轴对称的概念,判断具体情境中的图形是否为轴对称图形;根据轴对称图形的性质,利用转化求出阴影部分的面积,体现了作业目标 1 和作业目标 2。

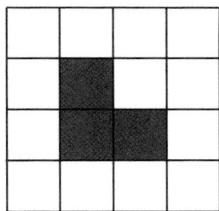

4.在 4×4 的方格中,已有 3 个小正方形被涂黑,再将图中其余小正方形涂黑一个,使整个被涂黑的图案构成一个轴对称图形的方法共有_____种。

(知识维度:概念性知识;认知过程:执行、总结)

设计意图:学生通过完成 4 题,根据轴对称图形的概念,通过枚举判断哪些情况形成的图形为轴对称图形,总结出成立的总数,体现了作业目标 1 和作业目标 2。

第五课时　　轴对称

作业目标:

1.能画出简单平面图形关于给定对称轴的对称图形。

2.能根据轴对称的性质进行解释,推导和说明。

作业内容:

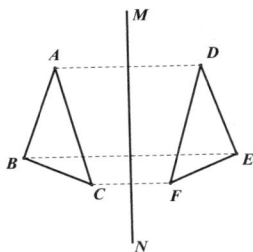

1.如图,△ABC 与△DEF 关于直线 MN 成轴对称,则下列推断①△ABC ≌ △DEF;②AB = DE,③AB//DF,④MN 垂直平分 AD,一定正确的有_____。

根据轴对称的性质你还能写出哪些结论(至少

1 条)_____。

(知识维度:概念性知识;认知过程:识记、解释、推断)

设计意图:学生通过完成 1 题,根据轴对称的性质,判断结论的真假;添加了一个开放性填空,丰富了题型,发散了学生思维;只要求写出一个,难度并不大,主要是树立开放意识,体现了作业目标 2。

2. 分别画出线段 AB 关于直线 l 的对称图形。

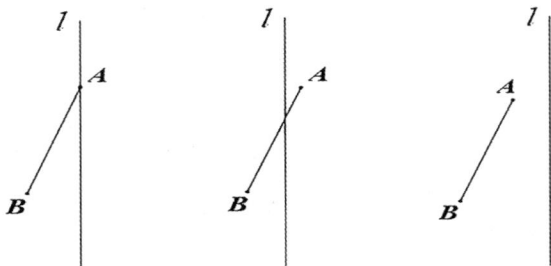

(知识维度:程序性知识;认知过程:回忆、执行)

设计意图:学生通过完成 2 题,根据轴对称的概念和性质,画出线段 AB 关于直线 l 的对称图形;按线段与对称轴的位置关系分成了 3 种情况,体现了作业目标 1。

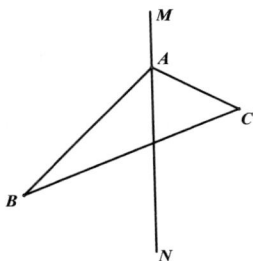

3. 已知△ABC,直线 MN,如图所示,画出△ABC 关于直线 MN 对称的图形(不要求写画法,要保留作图痕迹)。

(知识维度:程序性知识;认知过程:回忆、执行)

设计意图:学生通过完成 3 题,根据轴对称的概念和性质,画出△ABC 关于直线 MN 对称的图形,并为第 4 题做好铺垫,体现了作业目标 1。

4. 如图,△ABC 与△AED 关于直线 MN 成轴对称,画出对称轴 MN 并简要说明画法和依据。

(知识维度:程序性知识;认知过程:回忆、实施)

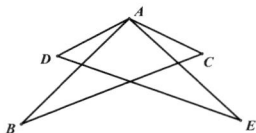

设计意图:学生通过完成 4 题,逆用轴对称的性质,画出有轴对称关系的两三角形的对称轴,渗透逆向思维意识,体现了作业目标 2。

九、作业实施过程

实施过程为作业作为每课时教学内容后的课后作业进行布置,针对相应的教学内容进行落实反馈,教师全批全改.

亮点为作业是依据目标分类学从认知过程角度进行设计,作业设计关注学生的认知过程,从识别、回忆、解释、推断、比较、说明、执行、实施等维度对概念性知识和程序性知识进行作业目标的实现.

评价等级(以第 5 课时为例)分为三个级别,级别一:不达标,即对于 1、2、3 题中关于线段、三角形的对标作图,即简单推导、执行级别的作业没有正确作答,说明对于做轴对称的基本方法、步骤没有掌握;级别二:达标,即能准确完成 1、2、3 题简单推导、执行级别的作图,说明学生能理解最基本的轴对称的知识;级别三:优秀,所有题目都能准确完成,说明学生掌握并理解了轴对称的知识和作图方法.

根据作业完成情况,对照评价等级,了解学生对于知识的认知程度,进而反馈到教学改进和学生的个性化辅导。

语数英筑根本三

中国制造

高春丽　李玉茹　赵丽娜

一、作业设计说明

（一）单元教学内容说明

本单元选自九年级全一册第五单元。主要围绕中国制造这一话题展开,属于人与社会主题语境。

本单元主要学习物品的制作材料、产地以及物品的特点,通过不同场景下的语言材料呈现核心词汇——物品材料,以及核心句式——被动语态;讨论产品用什么制造,在哪制造;了解常见的文章结构特点——先总体介绍,后细节描述;引导学生了解中国的传统文化元素,了解当今世界制造业的格局,看到中国在世界经济竞争中的优势和劣势,引发反思。基于此,将单元主题设计为:中国制造,意在激发学生的民族自豪感。依据单元主题将本单元语言材料进行优化调整,确定为三个小主题:材料及产地、经济与创意、文化与传统,确定课时目标,并在真实的情境中感知、理解、运用核心词汇和核心句式。

通过本单元的学习,学生能够做到以下四点:

一是能听懂关于产品和制造材料的对话,理解被动语态在日常交际场

景中的真实运用,并系统梳理、运用相关内容的词汇和目标语言描述日常生活用品以及中国特色的产品。(语言知识层面)

二是能够读懂关于讲述在美国的购物经历的评论性文章,讨论我国在世界经济竞争中的优势与不足,分析作者的写作意图,培养学生探究学习能力。(学习能力方面)

三是尝试运用批判性思维方式评价物品的价值,以独特的视角欣赏作品,激发创造力。(思维品质方面)

四是在全球化背景下,感知中国优秀传统文化并正确理解中国在当今世界经济竞争中的优势和劣势,形成正确的价值观。(文化意识方面)

(二)分课时内容说明

表1 分课时内容

中国制造(人教版九年级第5单元)				
材料及产地	经济与创意		文化与传统	
第一课时	第二课时	第三课时	第四课时	第五课时
Section A (1a-1c)	Section A (3a-3c)	Section A (2a-2c)	Section A 2d Section B(1a-1e)	Section B (2a-2d)
呈现本单元的主题对话:谈论日常生活用品用什么原材料制造,以及出产地在什么地方。语言材料引导学生正确评价物品的质量,学生要掌握并运用日常生活用品和制造该用品所需原材料的基本词汇,且在真实情境中感知新的语言结构——被动语态。	以任务链的形式完成阅读任务:讲述一个中国学生在美国的商店找不到美国制造的产品而几乎都是中国制造的事实,了解我国在世界上的经济竞争的优势和不足,引发学生思考,也再现了本单元要求学习和掌握的被动语态结构。	以听说方式巩固、拓展本单元话题:谈论学校将要组织的一次参观活动以及会场上的两件作品的制作原料,切入再生资源的利用。语言材料展示了对创造性作品的赞叹。学生从感知语言到初步使用目标语言。	以两段对话输入加深本单元的话题内容:谈论中国传统文化中的茶和风筝。了解中国茶的产地和制作过程以及风筝的制作材料和文化背景。进一步理解本单元的目标语言结构的使用场景。	引导学生阅读文章:中国文化传统中具有代表性的孔明灯、剪纸、泥塑。为学生提供更丰富的主题材料,提升民族自豪感。本文为学生展示了总分结构的清晰写作逻辑,也为正确运用本单元的目标语言结构提供使用环境。

附加材料：为了进一步加深本单元主题的学习，为学生补充了两个视频材料《没有"中国制造"的一年节选》《Hello，China-tea》及两个拓展阅读材料：义务教育教科书（人民教育出版社）九年级全一册第 6 单元阅读：An Accidental Invention 和第 13 单元阅读：Rethink，Reuse，Recycle！作为拓展学习作业。

（三）学情分析

在日常教学中，曾经引导学生关注产品的标签并从中了解产品的材料，也看过相关视频，因此学生对中国制造的话题并不陌生，只是没有系统学习过身边物品的材料；至于本单元的目标语言结构——被动语态，学生在八年级阅读文章中接触过该语法知识，但没有系统学习。因此，学生正确运用此单元词汇和语言结构描述中国制造的产品有一定的难度。为了帮助学生解决这个难点，我们在作业设计时由简入难、层层递进。

（四）作业目标

根据"最近发展区理论"本单元作业从课前导入作业入手，从不同角度，为不同层次的学生提供操作性强的任务，以进阶式作业引导学生正确使用目标语言描述中国传统文化的背景以及特色产品的制作工艺、制作原料和象征意义等。最终实现用英语正确表述中国传统艺术的各个方面，抒发自己的民族自豪感，树立文化自信，提升跨文化交际意识和学习能力。

（五）作业类型

作业类型包括夯实基础知识基本技能的巩固和内化类的短周期课后练习，如摘抄、朗读、复述等；自主探究汇总的单元前置作业（预习报告），如运用工具书或者网络解释 material（材料）单词；深化主题内容的拓展提高类作业,如阅读本册教科书第六单元和第十三单元的资源再利用的创意作品文章、观看视频并记录内容的自主学习类作业等;综合运用目标语言的长周期作业,如在单元结束时完成有关传统文化的推介展示(为中国传统文化博览会上的展品设计解说词等)。另外,在完成方式上有可选择的独立完成作业,也有两人一组完成的对话朗读类作业,还有需要小组合作完成的展示作业等。课时作业按照难度以 A、B、C 标注呈现进阶式,但是各课时作业均控制在 20 分钟之内。

(六)作业如何使用

本单元作业采用单元学习之前布置预习作业、单元学习伊始布置单元长周期作业、每课时后巩固性作业和拓展作业等相结合的方式以及采用个人选择作业内容独立完成和小组内完成的交替方式。每天的作业在 20 分钟之内完成,单元长周期作业在一周内完成。

二、详细作业设计

表1　本单元主题:中国制造

	作业目标	作业内容	作业支架	评价标准
单元前置作业	了解学生对 material 的理解程度,为本单元学习提供精准学情	请使用工具书或者网络寻求帮助,解释 material 这个单词,并将表示不同物品材料的词汇分类	可用图标、图表、图片、思维导图等形式丰富对单词的理解	能够合理使用工具书或者网络,对单词的解释清楚且丰富,有例句,能够运用思维导图等辅助理解 评价方式为:学生展示,教师点评

	作业目标	作业内容	作业支架	评价标准
单元长周期作业	综合运用本单元所学的语言材料进行多种角度、多种方式的展现，鼓励学生发表自己的感受和看法，将学生的思维能力和学习能力在真实情境中显性展示，提高学生的自信心，增强文化自信和民族自豪感	冬奥会期间，你作为一名志愿者，和同学们在国际会议中心展厅里负责介绍中国传统文化，请你们以小组的形式分别选择不同的传统文化进行介绍，介绍方式可自由选择	可利用视频展示、展板、手绘小报、现场演讲、产品说明等方式，展示学习成果。提示：本单元学习了相关语言材料，请正确使用	小组成员分工明确，各自贡献自己的观点和能力，在展示环节各成员均有表现，展示内容准确、丰富，展示方式多样，总体表现严肃、自信 评价方式为： 自评＋互评（遵照下面的评价标准进行评价）
作业评价标准	视频、演讲及说明要求：语言表达优美、声音洪亮、停顿适当、内容详实		展板及手绘小报要求：字迹清晰、排版合理、语言精练、内容翔实	

表2　课时作业（第一课时 Section A 1a~1c）

作业意图及说明	引导学生系统梳理本单元需要的基础词汇，并初步感知新的语言结构（一般现在时及一般过去时的被动语态）。作为本单元的第一课时，以夯实基础为主要任务。同时，以探索生活中的真实情境为任务，使学生明确本单元学习的意义以及如何评判产品的价值。
进阶作业内容（选择一项完成即可）	词汇积累：请整理对话中所提到的物品名称、原材料及产地。
	句型运用：请使用被动语态描述对话中所提到的物品名称、原材料及产地。
	探究整理：看看你的日常用品上的标签，他们都是什么材料制作的？哪个地方生产的？哪件物品是你最喜欢的？你为什么喜欢它（可以从材质、产地等方面描述）？请用本课所学习的句型描述这些物品。
作业支架	可以使用思维导图或者图表的方式系统整理词汇，也便于记忆。例如日常用品中的服装类、玩具类和一些经常会注明产地和原材料的装饰品等。可以拍照记录的方式加以说明。

评价标准	能够运用思维工具系统整理词汇,要求字迹工整、内容丰富、有拓展 评价方式:师评
拟完成时间	20 分钟
预测学生的 难点	对真实物品材料的英文单词量储备不足
解决措施	在作业支架中给学生补充真实物品材料的英文词汇

表3　课时作业(第二课时 Section A 3a–3c)

作业目标 及说明	通过自主观看与主题文章相关的视频《没有"中国制造"的一年》节选,完成不同任务,进一步感受中国制造的快速发展,以及在世界经济竞争中的优势,触发民族自豪感。本课时作业以不同任务的呈现与展示,降低观看视频的难度,保持学生的英语学习兴趣,提高学习能力,也是对本单元的前部分内容进行复习
进阶作业内容 (选择一项 完成即可)	A. 中国制造:下面表格中的物品都是一个美国普通家庭常用的,请你猜测一下哪些物品源于中国(中国制造);请观看视频,核实你的猜测。哪些物品源于中国? 请在相应的表格下面画"√" | table	chair	plates	Barbie	lamp	dog bed	coffee maker | |---|---|---|---|---|---|---| |						| B. 物品产地:请观看一段美国普通家庭常用的物品来源的视频,记录下视频中至少 10 件所提到的物品及它们来自哪些国家 C. 视频感受:请观看一段美国普通家庭常用的物品来源的视频,列出文章中所提到的物品及产地,感受人物语言表达的情感,并描述你观看视频后的感受
作业支架	提示:此视频 5 分 49 秒,先连续看一遍,理解主要内容,然后使用暂停键,帮助准确记录。将此视频链接复制到浏览器地址栏即可观看,或者打开资料包,可看下载视频 https://mp. weixin. qq. com/s/lVUpFGN-li5LHdTgiRmFVJw
评价标准	记录内容正确、丰富,能够表达出自己的真实感受。 评价方式为:互评+师评
拟完成时间	20 分钟

预测学生的难点	因不能正确记录所需信息而反复暂停,从而造成时间的浪费——导致作业超时
解决措施	在作业支架中给学生提供表格,已知信息由少到多,学生根据自己水平选择表格,完成听写任务

表 4　课时作业(第三课时 Section A 2a-2c)

作业目标及说明	引导学生在参观活动中关注展品的细节,并理解本单元目标语言的使用场景,对学生进行潜移默化的人文教育及引导学生感悟创造力之美。本课时作业,意在引导学生关注目标语言的结构,并有意识地运用目标语完成任务
进阶作业内容 (选择一项 完成即可)	A. 巩固练习:根据对话内容,请以 Nick 的视角复述此次参观的经历
	B. 能力提升:假如你是此次展览的一名解说员,请以对话内容为基础,拟一篇解说词,介绍此次展览的展品(开头和结尾见下表) *Ladies and gentlemen,Good morning!* *Welcome to the art and science fair in our city.I am Nick .Today I am very glad to stand here and introduce some works in the fair.* _____ _____ *That's all for my introduction.Thank you for your listening! If you want to learn more about the fair,please scan the QR code there! Hope you can really enjoy the fair ,Goodbye!*
	C. 拓展阅读:请自主阅读教材 P102 页文章,根据教材所给的表格内容,选取一个环保人士,使用被动语态描述他的做法,并给出你的评价。 | Names	What materials did they use?	What did they made?
---	---	---

续表

作业支架	提示:关注参观的物品及制作材料,以此内容进行复述和撰写解说词。拓展阅读关注环保的做法,可以利用教材文章下面所给的表格进行概括和汇总
评价标准	正确选用对话中的语言材料进行复述和解说,同时能够表达自己的看法,文字材料字迹工整 评价方式为:师评
拟完成时间	20 分钟

表 5　课时作业(第四课时 Section A 2d +Section B 1a–1e)

作业目标 及说明	激活学生已有的中国传统文化的风俗和有关背景知识,促使学生有意愿用英文去表达相关内容,进一步巩固本单元的目标语言结构。本课时作业配合课时计划中教材内容的调整,结合两篇对话材料的相关性和不同之处设计不同任务,为单元长周期作业做准备
进阶作业内容 (选择一项 完成即可)	A.巩固内化:两人一组朗读两段对话,并摘录描写茶叶和风筝句子 B.理解运用:请以两段对话内容为基础,梳理对话是从哪些方面入手来介绍中国的风筝和茶的,利用思维导图理清结构,两人一组展示 B.改编拓展:两人一组,请根据从对话中梳理出的思维导图,仿照对话语言结构作业支架材料,撰写一篇介绍中国茶的演讲稿,并在班级展示。 Good morning, everyone! I am ..... Today, I'd like to talk about Chinese tea._____ That's all for my introduction.Thank you for your listening!
作业支架	分别关注两段对话的主要内容,厘清对话结构,画出思维导图。再利用思维导图、教材第六单元(P43 页 3a)阅读材料及一个介绍中国茶的视频,编写一篇演讲稿。要求关注文章的结构合理化和语言的逻辑性。演讲稿已给出开篇语和结束语。将此视频链接复制到浏览器地址栏即可观看,或者打开资料包,可看下载视频 https://www. bilibili. com/video/BV14u411d7H6? p = 74
评价标准	两人一组分工合作,有思维碰撞,思维导图逻辑清晰,内容全面。演讲内容和观众有互动性语言,演讲稿字迹工整。 评价方式为:自评+互评+师评
拟完成时间	20 分钟

表6　课时作业（第五课时 Section B 2a-2d）

作业目标及说明	正确使用目标语言描述中国特色的传统艺术以及象征意义,拓宽目标语言运用情境,提升跨文化交际意识和学习能力。本课时作业提供本单元基本词汇和目标语言的真实情境,进一步巩固和内化本单元所学的被动语态和有关制造原材料的词汇,实现英语学科的学以致用,同时为单元长周期作业提供有意义的语言材料
进阶作业内容（选择一项完成即可）	A. 夯实基础:请利用文章后的表格,正确使用被动语态描述三种传统艺术所使用的原材料。（见下面表格）
	B. 复述内化:请选取其中一种艺术形式,辅以思维导图,描述它的特点。
	C. 拓展运用:你还知道哪些中国的传统艺术形式呢？ 请仿照本篇文章的说明方法以及写作语言的特点,口头介绍一种北京的传统文化形式。
作业支架	提示:正确使用本单元的目标语言结构——被动语态,可复习其语法结构讲解:教材 P36。可在网络上搜索《Hello,China》视频作为参考,介绍一种我国的传统文化形式
评价标准	正确使用本单元词汇和目标语言,能够利用本单元语言材料成文,文章段落清晰,有逻辑性,字迹清楚整洁。 评价方式为:自评+师评
拟完成时间	20 分钟

A. 夯实基础表格：

Traditional art form	Material used
1.	
2.	
3.	

三、作业实施过程

一是本单元作业设计遵循以教学目标为依据,在精确了解学情的基础上,以促进学生的学业发展诊断性、过程性与终结性为目标,为后续的教学提供改进的方向。

二是在单元教学前布置了解学情的前置性作业,单元前置作业为自主探究类作业,没有统一答案,为学生预留了生成空间,在第二天的展示和学习环节中,学生能够自我评价、自我修改、自我改进,体现了个性化学习。

三是在单元教学伊始布置单元长周期作业,引起学生的持续性思考,也为后续的学习做好了思想上的准备。单元长周期作业为小组合作式的推介展示,学生在完成任务的过程中需要进行组员的合理化分工和最优化合作;在展示环节,根据评价标准需要各组员均参与,需要全体成员在活动前互相帮助,协同改进;同时要根据评价标准对其他组的展示情况做出评价,训练了学生的客观评价能力。

四是在课时结束时布置课时作业,用以内化课堂学习内容,巩固学习内容,部分作业在第二天的课堂上进行展示,用以诊断课堂学习效果,也为学生提供了互评作业的机会。

四、作业实施改进反思

在作业的实施过程中,发现给学生提供的作业支架不够充分。例如,当学生在运用句型描述产品的产地和制作材料的时候,遇到了分不清时态的问题,教师应在教学前再精准调研学情,从而在此语法项目上给学生提供必要的思考路径,给予学生足够多的作业支架。如:不同时态的语法细目表等,让学生根据自己的实际需求选择使用,逐步提高学生完成作业的自信心,提高学习能力。

另外,在布置完单元长周期作业后,在课时学习的同时,应不断提醒学生进行作业素材的积累,真正做到在思考中完善任务,在解决问题中提高能力。

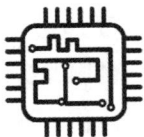

物化生增理性一

机械和功

尤凤林　张春丽

一、作业设计说明

（一）单元教学内容说明

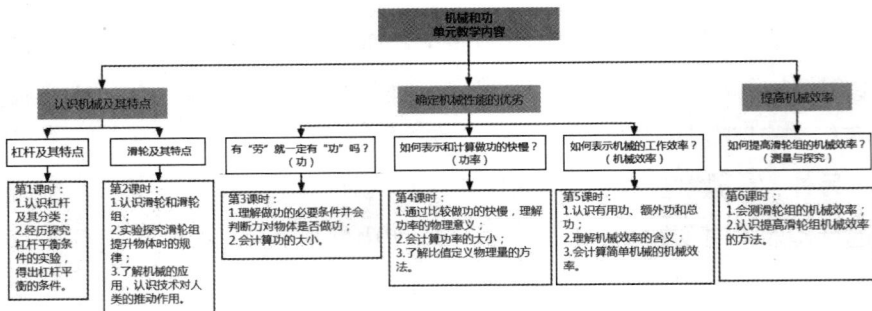

图1　机械和功单元教学内容

（二）学情分析

通过之前的学习，从知识、技能和方法方面，学生已经学习了速度的概念,学习过画点到线的距离、画力的示意图、用弹簧测力计测量重力和拉力、对平衡态的物体进行受力分析、速度概念的建立方法、速度的计算、占比的含义、间接测量性和探究性实验的设计思路。以上这些都将是在这一单元中进一步用到的内容。从思维逻辑上,初二学生是从形象思维向抽象思维发展过渡的阶段。具备一定的观察能力和实验探究能力,也具备一定的控制变量的物理思想。生活或生产中的一些杠杆和滑轮对学生来说并不陌生,但是由于学生的抽象思维能力正在逐步发展,要想建立杠杆和滑轮的抽象模型比较困难。对于功、功率和机械效率这种较为抽象概念的建立也存在一定的困难。学生对动手操作的实验非常感兴趣,但在实验前的思考、实验中的操作以及实验后的表达能力等方面都需要通过本单元的学习进一步提高。

(三)作业目标

1.通过诊断类作业了解学生对以下知识、方法和技能上存在的问题和发展点:

(1)画点到线的距离;

(2)画力的示意图;

(3)用弹簧测力计测量重力和拉力;

(4)对平衡态的物体进行受力分析;

(5)速度的概念;

(6)速度的计算;

(7)速度概念的建立方法;

(8)占比的含义;

(9)间接测量性和探究性实验的设计思路。

2.通过巩固类作业巩固以下基础知识、方法和技能:

(1)画杠杆的力臂;

(2)对生活中常见杠杆进行分类;

（3）杠杆和滑轮及其特点，杠杆的平衡条件，实验探究的方法；

（4）调节杠杆水平平衡的方法，读出力臂的大小；

（5）有用功、额外功、总功的概念以及它们之间的关系；

（6）功、功率、机械效率的概念，功率和机械效率概念建立的方法；

（7）利用功、功率、机械效率的公式进行有关计算；

（8）测量滑轮组的机械效率、探究提高滑轮组机械效率的方法。

（四）作业类型

纸笔类、制作类、探究类、实践类、阅读类、建构类。

（五）作业使用

表1　作业使用时长

	诊断类作业题号	预估时间	巩固类作业题号	预估时间
第1课时	1,2,3	6分钟	1,2,3,4	8分钟
第2课时	4,5	5分钟	5,6,7,8,9	10分钟
第3课时			10,11	5分钟
第4课时	6,7	5分钟	12,13,14	7分钟
第5课时	8,9,10	7分钟	15,16,17,18	8分钟
第6课时	11,12,13	7分钟	19,20,21	8分钟

二、详细作业设计

表2　机械和功单元作业设计蓝图

课时	本节课包含知识、技能、方法	诊断类作业	题号	巩固类作业	作业类型	题号
1.杠杆	通过操作、体验、观察,归纳杠杆的概念,找出支点、动力和阻力的作用点	会画力的示意图	1	自选器材制作戥子标刻度	制作	4
	建立力臂概念,在实际应用中准确画出动力臂和阻力臂	会画点到线的距离	2	画生产生活工具的力臂	纸笔	1
	能区分省力和费力杠杆			选择填序号	纸笔	2
	经历杠杆平衡条件的探究过程,得出结论;利用杠杆平衡条件解决问题	测力计测量物体重力	3	自选器材制作戥子标刻度	制作	3
2.滑轮	识别生产和生活中定滑轮和动滑轮,了解结构	杠杆的五要素	4	选择填序号	纸笔	5
	会组装和使用滑轮组			画图,动手组装	实践	6
	依据实验数据,学习处理数据,处理信息			复盘课堂探究	探究	7
	能依据滑轮组特点解决简单问题	受力分析能力	5	计算题	纸笔	8
	了解机械的应用,认识技术对人类的推动作用			观看视频(机械对人类的影响)	阅读	9

课时	本节课包含知识、技能、方法	诊断类作业	题号	巩固类作业	作业类型	题号
3. 功	认识功的概念,理解做功的两个因素			判断题,写原因	纸笔	10
	知道功的计算公式并进行有关计算			计算题	纸笔	11
4. 功率	知道功率的物理意义及实际应用	功概念的理解	6	测上楼功率	实践	12
	建立功率的概念,并用公式进行计算	速度的计算	7	计算题	纸笔	13
	学习比值定义物理量的方法	速度概念建立	7	比值定义例子	建构	14
5. 机械效率	知道什么是有用功、额外功、总功,以及它们之间的关系	理解功的概念,辨别功是否有用	8	计算题	纸笔	15
	经历探究使用机械是否省功的实验过程,培养观察能力,体会实验研究方法,知道使用任何机械都不省功	用弹簧测力计测拉力;用刻度尺测长度;计算功的大小	9	单项选择题(基础)解答题(提高)	建构	16(基础) 16(提高)
	知道什么是机械效率	占比的含义	10	解答题	建构	17
	会计算简单机械的机械效率	计算功的大小;计算百分比	9、10	计算题	纸笔	18

课时	本节课包含知识、技能、方法	诊断类作业	题号	巩固类作业	作业类型	题号
6.测滑轮组的机械效率	学会测滑轮组的机械效率,体会测量性实验的设计思路,培养动手操作的实验能力	平衡态物体的受力分析;组装滑轮组;计算滑轮组提升物体时的机械效率;间接测量性实验的设计思路	11、12	实验操作和解答	实践	19
	了解与机械效率有关的因素,认识提高滑轮组机械效率的方法	影响滑轮组机械效率因素的猜想;探究性实验的设计思路	13	实验操作和解答	探究纸笔	20、21

(一)诊断类作业设计

1.如图1所示,一个密度均匀的长方体木块放在水平地面上,在 A 点用竖直向上的力 F 拉木块,使其处水平静止状态,请画出拉力 F 的示意图;木块所受重力的示意图。

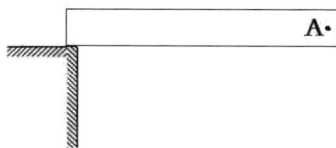

图1

2.如图2所示,过 A 点,做 A 到直线 BC 的垂线。

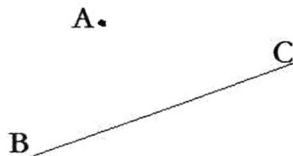

图2

3. 使用弹簧测力计前,应先检查指针是否在__
_____刻度线的位置;如图3所示,弹簧测计的
量程为_____N;最小分度为_____N;弹
簧测力计的示数为_____N;物体 A 的重力为
_____N,该物体的质量为_____g(g 取
10N/kg)。

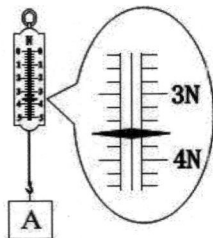

图3

4. 人用撬棒撬石头,如图4所示,石头所受的重
力为 G,撬棒可以视作一个杠杆,则_____为杠杆的支点,动力为____
_____,动力臂为_____,阻力为_____,阻力臂为_____
(均用图中字母表示)。

图4

5. 如图5所示,一个重300N的行李箱放在水平
地面上,当用竖直向上160N的力提行李箱时,(1)
请对行李箱进行受力分析,画出受力分析图;(2)地
面对行李箱的支持力为多少牛?

6. 小轩从教学楼一层大厅经楼梯走到四层,已
知小轩的质量为 60kg,请你估算小轩上楼过程中克
服重力做的功是多少?

图5

7.2021 年 8 月 1 日晚东京奥运会田径男子百米半决赛中,代表"中国速度"的苏炳添跑出 9 秒 83,成功晋级决赛! 苏炳添成为自 1932 年以来首位闯入奥运男子百米决赛的黄种人选手。9 秒 83 的成绩则创造了新的亚洲纪录。在百米半决赛中,苏炳添跑的路程为_____米,所用时间为_____秒,平均速度为_____ m/s(结果保留 1 位小数);我们用速度来表示物体运动的_____;物理学在定义一个物理量的时候常采用比值的形式定义,请再举出一个采用了比值定义法的物理量,如_____。

图 6

8.如图 6 所示是某学校升旗仪式,学生升旗的情景。在这个情景中,正在升旗的男生所做的功,其中哪部分是需要并有价值的? 哪部分是不需要但又不得不做的?

9.如图 7 所示,小明同学在研究滑轮组提升物体时的规律。请你帮助他完成以下问题:

(1)如图 7 甲所示,物体被提升的高度为_____cm,同时,绳端移动的距离为_____cm;

(2)小明匀速拉动绳端的过程中,拉力大小如图 7 乙所示,此时弹簧测力计的示数为_____N;

(3)以上过程中,小明对滑轮组做功为_____J。

10.根据已学或已有经验,请你描述"占比"的含义,并举例说明。

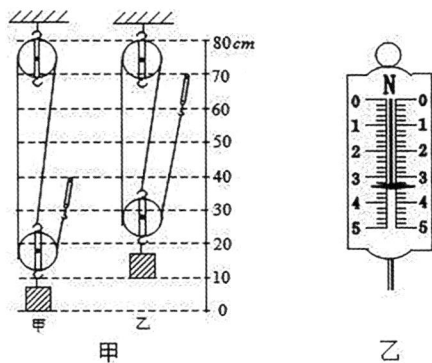

图 7

11. 请根据图 8 完成以下的问题:

(1)为了竖直向上提升物体,请你画出最省力的滑轮组绳子缠绕的方式;

(2)若滑轮组上的物体被匀速竖直向上提升,请你对物体进行受力分析,并画出受力示意图;

(3)若物体被匀速提升的过程中,滑轮组对物体的拉力为 T,物体升高的距离为 h,绳端拉力为 F,绳端移动的距离为 S,那么该滑轮组的机械效率可以用以上已知量推导为 η = ＿＿＿＿＿＿＿。

图 8

12. 请你回忆在实验室测量小车平均速度的方法,完成下面的填空:

想要测量 V —不能直接测→ 根据＿＿＿＿计算 —需要转化为→ { 测量＿＿＿→测量工具＿＿＿ / 测量＿＿＿→测量工具＿＿＿ }

13. 通过交流和讨论,你认为影响滑轮组机械效率的因素有什么？请你提出一个合理的猜想,并完成下面探究方法的梳理。

(1)猜想:滑轮组机械效率的大小与＿＿＿＿＿＿有关;

(2)探究方法:

因变量:＿＿＿＿ { 自变量:＿＿＿＿ { 如何测量:＿＿＿＿ / 如何改变:＿＿＿＿ } / 控制变量:＿＿＿＿ —→如何控制:＿＿＿＿ }

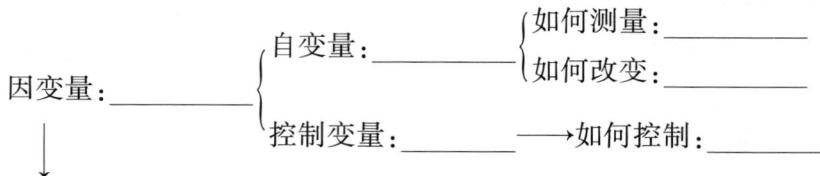

如何测量(计算):＿＿＿＿

(二)诊断类作业设计答案

1. 如图所示:

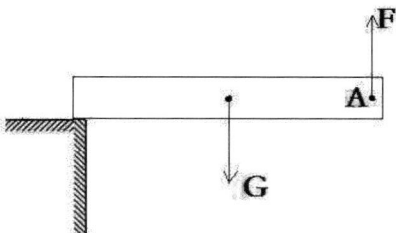

2. 如图所示,AD 为垂线。

3. 零、$0\sim5N$、0.2、3.6、3.6、360

4. 0、F_1、OA、F_2、OB

5. (1)如图所示,N 为支持力;(2)$G=F+N$　　∴$N=G-F=300N-160N=140N$。

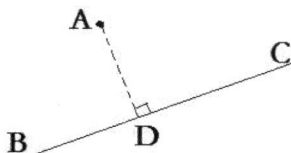

6. 四层楼的高度 h 约为 12m;小轩的重力约为 $G=mg=60kg\times10N/kg=600N$,小轩克服重力做功:$W=FS=600N\times12m=7200J$

7. 100、9.83、10.2、快慢、密度(压强)等。

8. 升旗的男生对国旗做的功是需要并有价值的,对绳子做的功和克服摩擦做的功是不需要但又不得不做的功。

9. (1)10、30;(2)3.4;(3)1.02。

10. 占比是指在总数中所占的比重,常用百分比表示。比如,本班学生总共 20 人,其中本月有 5 人参加了社会实践活动,那么本月社会实践活动人数的占比就是 25%。

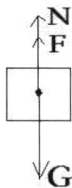

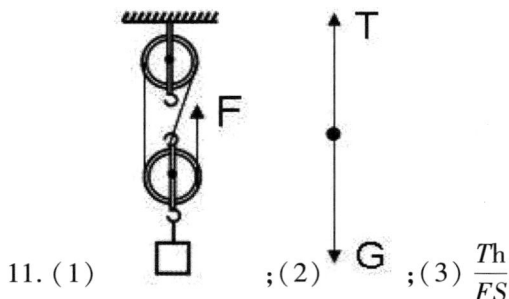

11.（1） ；（2） ；（3）$\dfrac{Th}{FS}$

12. $V = \dfrac{S}{t}$ ；路程；时间；刻度尺；秒表。

13.（1）物体重力；（2）（如以下或其他答案合理均可）

$$因变量：机械效率 \begin{cases} 自变量：物体重力 \begin{cases} 如何测量：弹簧测力计 \\ 如何改变：改变物体重力 \end{cases} \\ 控制变量：动滑轮重力 \longrightarrow 如何控制：动滑轮不变 \end{cases}$$

↓

如何测量（计算）：$\eta = \dfrac{Gh}{FS}$

（三）巩固类作业设计

1. 开瓶使用的开瓶器，可以简化为一个不计重力的杠杆，如图9所示；（1）请在图中标出支点，用字母"O"表示；（2）画出动力臂 L_1；（3）画出阻力 F_2 的示意图；（4）画出阻力臂 L_2。

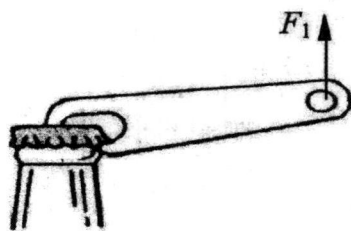

图9

2. 一根硬棒在力的作用下，能绕固定点转动，这根硬棒叫作＿＿＿＿＿；从支点到力的作用线的距离，叫作＿＿＿＿＿＿；对于省力杠杆，其动力臂＿＿＿＿＿＿＿阻力臂的杠杆，依据杠杆平衡条件＿＿＿＿＿＿，可知此时动力＿＿

_____阻力;对于费力杠杆,其动力臂_____阻力臂,动力_____
__阻力;对于等臂杠杆,其动力臂_____阻力臂,动力_____阻
力;以下工具在正常使用过程中,属于省力杠杆的是_____;属于费力
杠杆的是_____;属于等臂杠杆的是_____(均填写序号)。

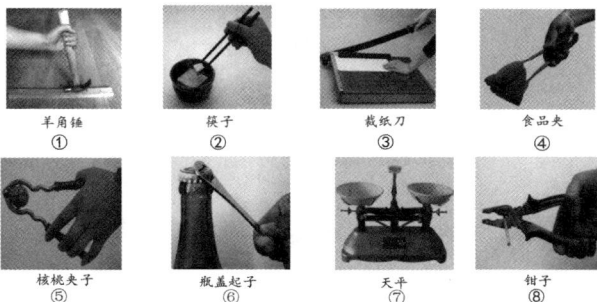

| 羊角锤 ① | 筷子 ② | 裁纸刀 ③ | 食品夹 ④ |
| 核桃夹子 ⑤ | 瓶盖起子 ⑥ | 天平 ⑦ | 钳子 ⑧ |

请你选择一个常见的机械,如自行车、塔吊、起重机、收割机等机械,观
察这些机械中哪些地方使用了杠杆,使用的是省力杠杆还是费力杠杆?

3. 在"研究杠杆平衡条件"的实验中,杠杆刻度均匀,每个钩码的质量
都相等。

(1)实验开始前,杠杆如图 10 甲所示处于静止状态。为使杠杆在水平
位置平衡,应将右端的平衡螺母向_____移动(选填"左"或"右");

(2)调节杠杆水平平衡后,如图 10 乙所示,在 M 点挂上 3 个钩码,在 N
点挂上 4 个钩码。此时,杠杆在水平位置_____平衡(选填"能"或"不
能");

(3)用弹簧测力计和钩码配合使用,也可以研究杠杆平衡条件。如图
10 丙所示,A 点悬挂 4 个钩码的总重力为 2N,若用弹簧测力计在 B 点竖直
向上拉杠杆,使杠杆在水平位置平衡,弹簧测力计的示数为_____N。若
在 B 点沿着 BP 斜向上施加拉力 F,使杠杆在水平位置平衡,则拉力 F 的力
臂将_____,拉力 F 将_____。

4. 戥子学名戥秤,是一种衡量轻重的器具。属于小型的杆秤,是旧时
专门用来称量金、银、贵重药品和香料的精密衡器。请你利用身边的器材,

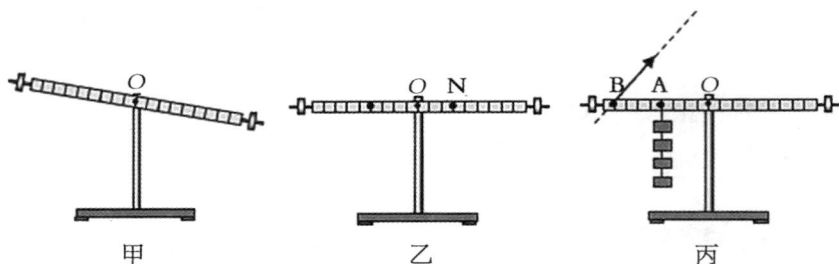

图 10

制作一个戥子,并在秤杆上标出刻度
值;思考如何增加杆秤的量程?

5. 能够绕固定中心轴转动的滑轮,
称为_____滑轮;能够绕中心轴转
动,使用时轴随物体一起移动的滑轮叫
作_____滑轮;在下列四幅图中,
任选一幅,分别圈出定滑轮和动滑轮并注释。

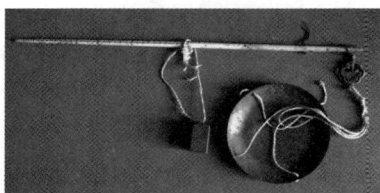

图 11　戥秤

图 12A 至图 12D

6.(1)在图 13 甲中,画出人站在地
　　面上提升物体时,绳子的缠绕
　　方式;在图 13 乙中,画出最省
　　力的绳子缠绕方式;

(2)在图 14 中,对动滑轮进行受力
分析,画出受力分析图;

(3)在图 14 中,物体重 40N,动滑轮

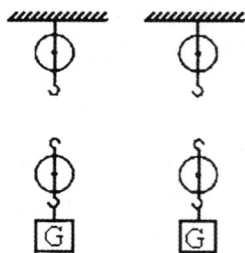

甲　图 13　乙

重 20N,在拉力 F 的作用下,物体以 0.2m/s 的速度匀速上升,若不计绳子重力和轮与轴之间摩擦力,则拉力 F 为_____N,绳子自由端移动的速度为_____m/s,4S 内绳子自由端移动的距离为_____m。

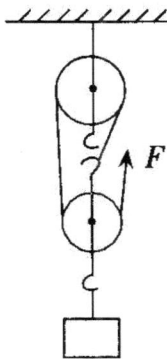

图 14

7.(1)小易想探究使用定滑轮的特点,设计了如图 15 甲所示装置,当竖直向下匀速拉动测力计时,测量实验数据如表格所示;则依据表格_____两组数据可猜想:使用定滑轮时,拉力大小与物体重力_____;

依据表格_____两组数据可猜想:使用定滑轮时,绳子自由端移动距离_____物体上升的距离。

实验次数	钩码所受的重力 G/N	弹簧测力计的示数 F/N	钩码上升的高度 h/cm	绳子自由端移动的距离 s/cm
1	0.5	0.5	10	10
2	1	1	10	10
3	1	1	20	20

(2)小东想探究使用动滑轮的特点,设计了如图 15 乙所示装置,当竖直向上匀速拉动测力计时,测量数据如表格所示;则依据表格_____两组数据可猜想:使用定滑轮时,拉力 F 为动滑轮和物体总重的_____;依据表格_____两组数据可猜想:使用定滑轮时,绳子自由端移动距离为物体上升的距离的_____。

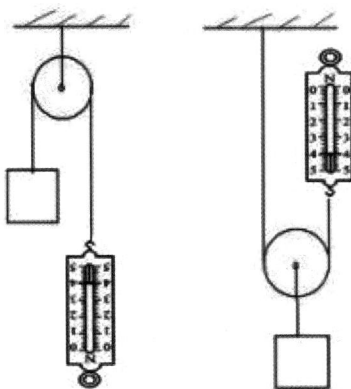

甲　图 15　乙

实验次数	动滑轮和钩码所受的重力 F_2/N	弹簧测力计的示数 F/N	钩码上升的高度 h/cm	绳子自由端移动的距离 s/cm
1	0.6	0.3	10	20
2	1.2	0.6	10	20
3	1.2	0.6	20	40

8. 户外登山旅游被越来越多的年轻人所喜欢,既能体验旅游又能锻炼休闲;近年来由于旅游登山爱好者经验不足,导致受伤救援的案例也呈上升趋势。如图 16 甲所示为救援滑轮,当受困者质量为 60kg 时,若不计动滑轮的重力、绳子的重力,滑轮与轴之间的摩擦力,则救援人员至少需要＿＿＿N 的拉力,才可以将受困者提升起来;若其他条件不变的情况下,改用图 16 乙所示的缠绕方式,则救援人员至少需要＿＿＿＿＿N 的拉力,就可以将受困者提升起来(g 取 10N/kg)。

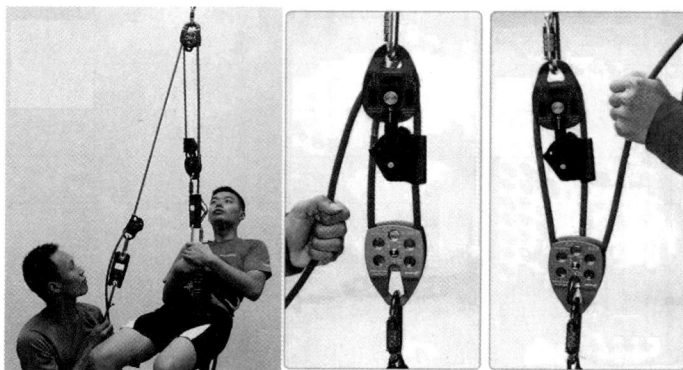

甲　　　　　　图 16　　　　　乙

9. 观看视频《机械对人类的影响》,写出一个生活中利用机械解放人类双手,提高生产力的例子。

10. 在国际单位制中,功的国际单位是＿＿＿＿＿＿;力对物体做功的两个必要条件是＿＿＿＿＿＿、＿＿＿＿＿＿;在举重比赛和赛前准备的过程中,下面力对物体做功的判断是否正确,对的画"√",错的画"×",并说明你的理由。

（1）举重运动员将杠铃举起的过程中,人对杠铃的推力做了功（　　　　）

____;

(2)举重运动员将杠铃举过头顶静止不动,人对杠铃的推力做了功(　　)____;

(3)举重运动员将杠铃放下,杠铃脱离手后下落的过程中,人对杠铃做了功(　　)_____;

(4)工作人员用竖直向上的力将杠铃片沿水平面搬到比赛场地的过程中,工作人员的提力对杠铃片做了功(　　)_____。

11. 一个质量为 50kg 的初中生,其重力为_____N(g 取 10N/kg);当他每分钟跳绳 140 次,每次跳起重心升高约 10cm,求该名学生跳绳 5 分钟,克服重力做功至少为_____J。

12. 在国际单位制中,功率的国际单位是_____;功率是表示_____的物理量;请你测量自己上楼的功率,依据测量原理_____,她需要测量的物理量有_____、_____;需要的测量仪器有电子秤、_____、_____;请将下面的实验步骤补充完整:

(1)用电子秤测量自身的质量 m,并记录在表格中;

(2)用_____测量每个台阶的高度,根据自己所上台阶的阶数,计算上楼的高度;

(3)用_____测量自己从一层到四层所用_____;

(4)利用公式_____,计算自己上楼的功率;

(5)画出实验数据记录表,并将测量实验数据补充完整;

(6)观察身边机器铭牌上的参数,了解各种机器的功率大小,比如载重汽车、轿车等,记录这些机器的名称和功率,按照从大到小排序,并与(5)自身上楼的功率相对比。

13. 一辆马车,在水平路面上做匀速直线运动,马对车的拉力为 600N,10 分钟内马拉车前行了 200m,则(1)马对车的拉力做多少功? (2)马对车拉力的功率多大?

14. 小刚认为做功越多的机械,其功率一定越大。你是否同意他的观点,理由是什么?

15. 如图 17 所示,这是工人施工的场景。若工人把重 80N 的物体匀速提升 1m,所用拉力 F 为 50N,则在此过程中的有用功、总功和额外功分别是多少?

16(基础)大量实验表明:使用任何机械工作时 (　　)

　　A. 能省力,也可以同时省功

　　B. 可能省力,但一定不可能省功

　　C. 不一定省力,但可以省功

　　D. 以上说法都不对

图 17

(提高)小明同学在学滑轮的特点后知道:动滑轮可以帮助人们省力。于是他认为:动滑轮既然可以省力,也一定能省功。请你利用如下实验器材设计实验,证明小明的观点是错误的。请写出实验步骤,可配图加以说明。实验器材:钩码(50g)一盒、弹簧测力计(0—5N)一个、刻度尺(0—100cm)一把、动滑轮一个、铁架台一个、细绳(长约 1m)一根。

17. 请你回答下列问题:

(1)机械效率可以理解为_____在_____中的占比,即_____的比例越大,机械的工作效率就越高;(2)某起重机的机械效率是 60%,它表示的含义是_____;(3)通过学习,我们知道:机械效率不能达到 100%的原因是_____。

18. 一台起重机把重为 6000N 的货物匀速提升了 3m,它的电动机所做的功是 $3.0×10^4$ J,则起重机的机械效率是多少?

19. 请你利用实验室提供的器材,测量滑轮组匀速提升物体时的机械效率,并将下面的实验设计思路和实验报告补充完整:

(1)实验设计思路:

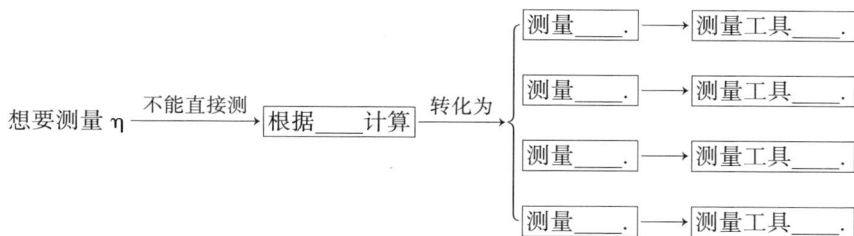

```
                                        ┌─→ 测量____. ──→ 测量工具____.
                                        │
                  不能直接测              │   测量____. ──→ 测量工具____.
想要测量 η ───────────→ 根据____计算 转化为 ┤
                                        │   测量____. ──→ 测量工具____.
                                        │
                                        └─→ 测量____. ──→ 测量工具____.
```

（2）实验报告：

"测量滑轮组匀速提升木块时的机械效率"实验报告

1. 测量目的:用弹簧测力计和刻度尺测量滑轮组匀速提升木块时的机械效率(不计空气阻力)。

2. 测量依据:用弹簧测力计测出木块的重力 G 和绳端匀速提升时的拉力 F,用刻度尺测出木块升高的距离 h 和绳端移动的距离 S,不计空气阻力的情况下,根据 $W_有 = Th = Gh$、$W_总 = FS$、$\eta = \dfrac{W_有}{W_总}$ 计算出滑轮组的机械效率。

3. 实验器材:木块(约 100g)一个、弹簧测力计(0—5N)一个、刻度尺(0—100cm)一把、定滑轮一个、动滑轮一个、铁架台一个、细绳(长约 1m)一根。

4. 测量步骤:

①弹簧测力计调零,各器材检查完好。用弹簧测力计测出木块的重力 G,,记录在表格中。

②取下木块,按照图 18 所示组装滑轮组,将木块挂在动滑轮上,固定好刻度尺,分别标记绳端和木块的初位置。

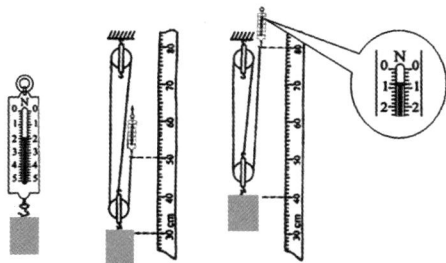

图 18

---

③_____拉动弹簧测力计,使木块缓慢上升,拉动过程中读出弹簧测力计的示数 F,,记录在表格中;移动一段距离后,计算绳端移动的距离 S 和木块移动的距离 h,记录在表格中。

④用_____计算出滑轮组对木块做的有用功;用_____计算出绳端拉力对滑轮组做的总功,并将它们记录在表格中。

⑤用_____计算出滑轮组的机械效率,并记录在表格中。

5. 测量数据记录表:

木块重力 G/N	木块移动 距离 h/m	绳端拉力 F/N	绳端移动 距离 S/m	有用功 W$_有$/J	总功 W$_总$/J	机械效率 η

6. 测量结论:滑轮组匀速提升木块时的机械效率为_____(结果保留到整数)。

20. 利用实验室的器材,试着验证本组课前对影响滑轮组机械效率因素的猜想。写出主要实验步骤,画出实验数据记录表,得出实验结论。

21. 在"探究影响滑轮组机械效率的因素"实验中,小明用同一滑轮组做了 3 次实验,实验数据记录如下表所示,其中 G 动为动滑轮重力、G 物为滑轮组所挂钩码的重力、h 为钩码上升高度、F 为绳子自由端的弹簧测力计的拉力、s 为弹簧测力计上升的距离。

次数	$G_动$/N	$G_物$/N	T/N	h/cm	F/N	s/cm	η
1	1	2	2	5	1.0	15	66.7%
2	1	4	4	5	1.7	15	78.4%
3	1	6	6	5		15	

(1)请根据实验数据,在图 19 甲中完成滑轮组的绕线;

(2)进行第 3 次测量时,弹簧测力计示数如图 11 乙所示,则测力计的拉力为____N,滑轮组的机械效率约为_____%(计算结果保留一位小

数);

(3)分析1、2、3次实验数据发现,用同一滑轮
组提升重物时,重物的重力越大,滑轮组的机械效
率越_____(选填"高"或"低")。

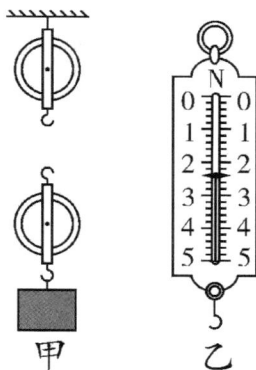

图19

(四)巩固类作业设计答案

1. 如图所示;

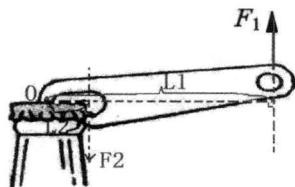

2. 杠杆、力臂、大于、$F_1L_1 = F_2L_2$、小于;小于、大于;等于、等于;①③⑤
⑥⑧、②④、⑦。

3. (1)左;(2)能;(3)1、小、大。

4. 如图所示;增加秤盘的质量;(或者减少向上提的位置与秤盘挂点间
距离)

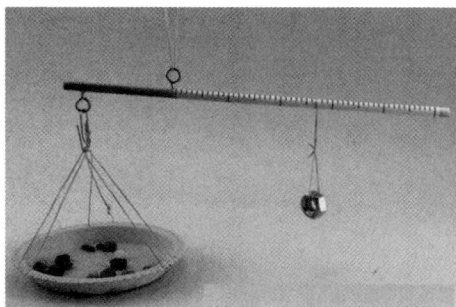

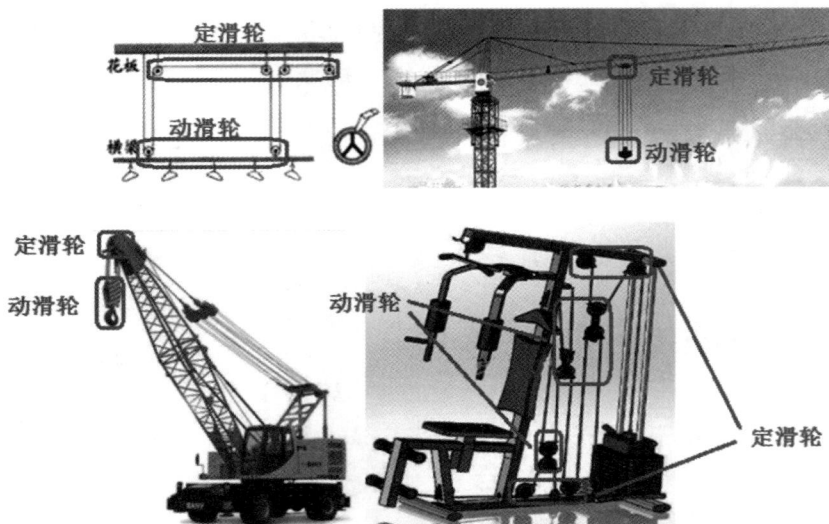

5. 定①动;如图所示;

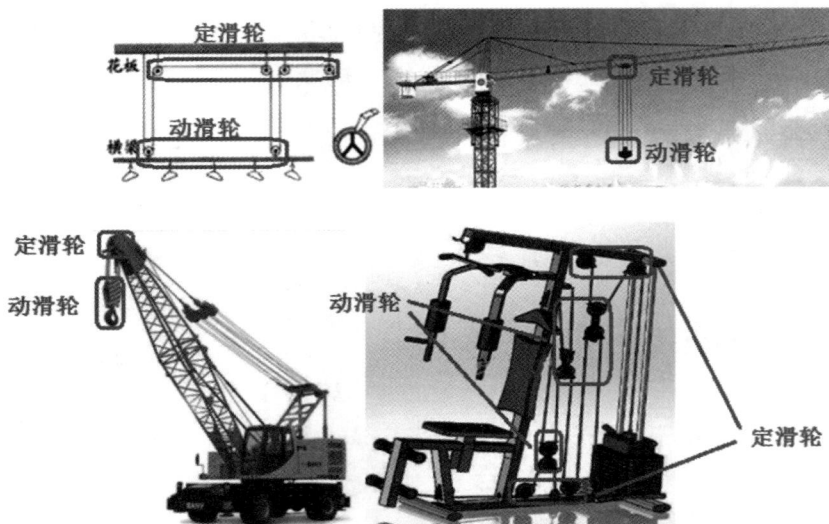

6.(1)如图所示;(2)如图所示;(3)20、0.6、2.4。

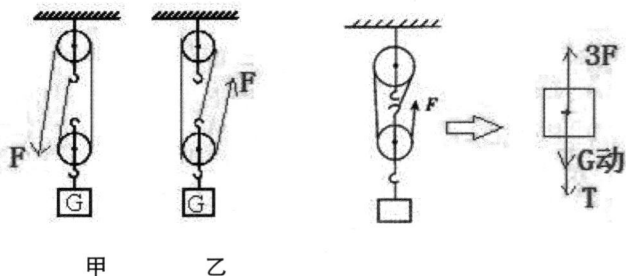

甲　　　乙

7.(1)1、2;相等;2、3;等于。(2)1、2;一半;2、3;2倍。

8.300、200。

9.例如农业插秧机、收割机。

10.焦耳;有力作用在物体上、物体在力的方向上移动一段距离。

(1)√;(2)×,物体没有在力的方向上移动一段距离。(3)X,人没有施加力在杠铃上;(4)×,物体没有在力的方向上移动一段距离。

11.500N、$G=mg=50kg \times 10N/kg=500N$、$h=0.1m \times 140 \times 5=70m$、$W=Gh$

= 500N×70m = 35000J。

12. 瓦特、做功快慢、P = W/t、功、时间、刻度尺秒表;(2)刻度尺;(3)秒表、时间;(4)P = mgh/t;

(5)

人的质量 m/kg	上升高度 h/m	所用时间 t/s	登楼功率 P/W
60	12	18	400

(6)速腾汽车 110KW、塔吊 25KW、砂浆搅拌机 18KW、电动自行车 800W、人登楼功率 400W、小风扇功率 30W。

13. W = FS = 600N×200m = 120000J; $P = \dfrac{W}{t} = \dfrac{120000J}{600S} = 200W$

14. 不同意。没有强调时间是否相同,若机械做功多,所用时间也长,则功率不一定大。

15. $W_有$ = Gh = 80N×1m = 80J、S = nh = 2×1m = 2m

$W_总$ = FS = 50N×2m = 100J、$W_额$ = $W_总$ − $W_有$ = 100J − 80J = 20J

16(基础)B

(提高)(1)取一个钩码悬挂在已调零的弹簧测力计上,竖直向上匀速提升弹簧测力计,记下示数 F_1,用刻度尺量出钩码上升的高度,记为 h。根据功的公式计算拉力 F_1 做功的大小,即 W_1 = F_1h。

(2)取细绳,将其一端系在铁架台上。取动滑轮,将同一钩码挂在动滑轮上并用细绳缠绕,弹簧测力计钩住绳子的另一端,使之可以向上提升。将钩码匀速向上提升同一高度,记下弹簧测力计匀速移动时的示数 F_2,用刻度尺量出绳端移动的距离 S。计算拉力 F_2 做功的大小,即 W_2 = $_F2$S。

(3)比较 W_1 和 W_2 的大小,发现 W_1 < W_2,所以证明小明的观点是错误的。

17. (1)有用功、总功;有用功;(2)起重机工作时所做的有用功占总功的60%。(3)机械工作时,不可避免地会对动滑轮做功和克服摩擦做功,即使用机械并不省功,所以有用功总是小于总功,因此机械效率不能达到 100%。

18.∵ 货物受到的拉力和重力二力平衡,所以大小相等,即 T=G

∴ $W_{有}=Th=Gh=6000N×3m=18000J$∴ $\eta=\dfrac{W_{有}}{W_{总}}=\dfrac{18000J}{3.0×10^4J}×100\%=60\%$

19.(1)实验设计思路:$\eta=\dfrac{W_{有}}{W_{总}}=\dfrac{Gh}{FS}$;物体重力,绳端拉力,物体移动距离,绳端移动距离;弹簧测力计,刻度尺,刻度尺。(2)4.③竖直向上匀速;

④$W_{有}=Gh,W_{总}=FS$;⑤$\eta=\dfrac{W_{有}}{W_{总}}$。

5.测量数据记录表:

木块重力 G/N	木块移动距离 h/m	绳端拉力 F/N	绳端移动距离 S/m	有用功 $W_{有}$/J	总功 $W_{总}$/J	机械效率 η
2	0.1	0.8	0.3	0.2	0.24	83%

6.83%

20.答案一:(猜想一:滑轮组机械效率与物体重力有关)

(1)实验步骤:

①用调好的弹簧测力计分别测出 1 个和 3 个钩码的重力 G_1、G_2,记录表格;

②测量滑轮组竖直向上匀速提升 1 个钩码时的绳端拉力 F_1、钩码移动距离 h_1、绳端移动距离 S_1,利用 $\eta=\dfrac{W_{有}}{W_{总}}=\dfrac{Gh}{FS}$ 计算机械效率 η_1,记录表格;

③滑轮组不变,测量滑轮组竖直向上匀速提升 3 个钩码时的绳端拉力 F_2、钩码移动距离 h_2、绳端移动距离 S_2,计算机械效率 η_2,记录表格;

(2)实验数据记录表:

钩码重力 G/N		
钩码移动距离 h/m		

钩码重力 G/N		
绳端拉力 F/N		
绳端移动距离 S/m		
机械效率 η		

（3）实验结论:滑轮组机械效率与物体重力有关。

答案二:(猜想二:滑轮组机械效率与动滑轮重力有关)。

（1）实验步骤:

①用调好的弹簧测力计分别测出 1 个和 2 个动滑轮的重力 $G_{动}1$、$G_{动}2$,记录表格;

②测量 1 个定滑轮和 1 个动滑轮组成的滑轮组匀速提升 1 个钩码时的绳端拉力 F_1、钩码移动距离 h_1、绳端移动距离 S_1,计算机械效率 η_1,记录表格;

③钩码数量不变,测量 1 个定滑轮和 2 个动滑轮组成的滑轮组竖直向上匀速提升钩码时的绳端拉力 F_2、钩码移动距离 h_2、绳端移动距离 S_2,利用公式 $\eta = \dfrac{Gh}{FS}$ 计算机械效率 η_2,记录表格;

（2）实验数据记录表:

动滑轮重力 $G_{动}$/N		
钩码移动距离 h/m		
绳端拉力 F/N		
绳端移动距离 S/m		
机械效率 η		

（3）实验结论:滑轮组机械效率与动滑轮重力有关。

（其他答案待考证）

21.(1)如图甲所示;(2)2.4,83.3%;(3)高。

三、作业评价设计

表3　作业评价设计

课时	题号	作业类型	评价方式	可能出现的错误	原因分析	教学策略
6.测滑轮组的机械效率	19	实践	自评、组员评、师评	(1)机械效率公式错写成: $\eta = \dfrac{W_{有}}{W_{总}} = \dfrac{FS}{Gh}$	有用功和总功的概念混淆。	1.从有用功、总功的含义入手重新建构概念; 2.从机械效率的含义入手明确有用功、额外功、总功的关系; 3.以滑轮组为例,重新明确滑轮组的有用功、总功和额外功的表示。

课时	题号	作业类型	评价方式	可能出现的错误	原因分析	教学策略
				(2)测力计未匀速竖直向上拉动	弹簧测力计的使用不够规范或表达欠缺严谨。	实验前讨论、梳理测量仪器的正确使用方法并提供细致、规范的演示——弹簧测力计应匀速竖直向上拉动
				(3)③S 和 h 的读数没有换算成国际单位就记录在表格中	在数据测量和记录时,缺乏对单位的关注习惯,导致审题欠缺仔细	设计含有单位换算的数据测量和记录的专题练习,强化对物理量单位的敏感性和熟练程度,同时注重审题的训练
				(4)⑥计算错误;用分数表示;结果保留成小数	1. 带有小数的除法运算能力或转换成百分数的运算能力较弱; 2. 审题缺乏细致; 3. 态度上轻视复杂数据的计算。	1. 在测量数据准确的基础上,辅导数学相关运算的技巧; 2. 加强审题的训练; 3. 提示学生正视真实科学实验的可靠数据,以及数据运算的重要性。帮助学生树立实事求是的科学态度

课时	题号	作业类型	评价方式	可能出现的错误	原因分析	教学策略
	20	探究	自评、组员评、师评	1. 对自变量的操作不合理或表述不清； 2. 实验步骤中没有明确说明改变自变量后的控制变量是谁,怎样操作； 3. 实验步骤顺序欠合理;比如第一步直接组装滑轮组,没有先测量物体或滑轮的重力； 4. 测量滑轮组提升1个钩码时的绳端拉力 F_1、钩码移动距离 h_1、绳端移动距离 S_1,利用 $\eta = \dfrac{W_有}{W_总} = \dfrac{Gh}{FS}$ 计算机械效率,记录表格； 5. 实验数据记录表中的数据与实验步骤中记录的数据不一致;表格中的数据没有写单位。 6. 数据测量或计算错误导致不能得到合理的结论	1. 猜不出自变量是谁,不清楚该改变哪个量,或表述欠缺严谨性； 2. 对控制变量表述不明确或不确定控制变量是谁； 3. 对实验步骤没有进行顺序的规划； 4. 实验操作和公式的利用不匹配,弹簧测力计的操作没有表述清楚,或不清楚 $W_有 = Gh$ 的适用条件； 5. 设计表格时,遗漏了步骤中的数据,或没有按照步骤中的顺序填写表格,只凭经验或印象设计表格;对数据记录的合理性和规范性欠缺认识。 6. 小组分工不明确,仪器使用不熟练或欠规范,实验次数不够,分析数据缺乏严谨	1. 强化实验探究方法的训练,分别从数学函数的角度、生物中单一变量的角度等讲解自变量、控制变量、因变量的含义,从学过的知识中举例帮助学生理解。利用现有器材让学生充分体验滑轮组的机械效率的测量实验,并提供条件与同伴讨论、交流,猜想影响机械效率不同的因素。 2. 加强实验步骤的设计和书写的练习,尤其是对自变量、控制变量和因变量的操作。从实验的设计开始做到会思考,加强实验过程中的仪器使用的规范演示,数据记录的标准要求等的训练,做到会操作,并展示书写优秀案例和典型案例,再分享、展示

课时	题号	作业类型	评价方式	可能出现的错误	原因分析	教学策略
						的过程中分析数据、归纳结论,及时提供学生交流、反思和改进的机会,做到会表达; 3.实验前,做好学生分组及分工的具体安排,发挥学生的主动性,组内有交流的条件
21		纸笔	师评	(1)从定滑轮开始绕线;不画绳端的箭头;不标绳端的力的符号	滑轮组的绕线方法不清楚,画图标注欠规范	设计滑轮组绕线的专题练习,巩固绕线的方法和熟练程度
				(2)把 F 读成 2.2N;机械效率计算错误或百分数转换错误;不计算;没有保留一位小数	弹簧测力计的分度值不清楚;带有小数的除法运算能力或转换成百分数的运算能力较弱	在测量数据准确的基础上,辅导数学相关运算的技巧
				(3)归纳结论错误	观察数据、分析数据的能力较弱或	加强对数据的观察和分析方法的指导,设计专题性练习

四、作业设计的特色说明

本单元作业设计以《初中物理作业设计指导手册》(以下简称为《手册》)为重要依据,符合《手册》中对于作业的功能、类型的界定标准,并按照作业设计蓝图进行作业的设计。作业内容和教学内容匹配，部分实践类作业能够利用课后服务的时间在学校内完成。作业的目标依据《义务教育初中物理课程标准（2022年版）》，结合本校学生学情的基础上设计，具有一定的针对性。本单元所设计的作业题目，是在参考了部分中考和模拟试题，并结合教材中素材的基础上进行适当的改编或自创，同时认真学习了《手册》中不同功能的作业设计策略，参照了其中的部分建议。作业的类型设计得尽量丰富，减少枯燥，以满足学生动脑、动手、动口的兴趣和需求，借此也能了解学生的思考过程、操作过程和表达过程中的问题，减少了以往只留纸笔类作业的单一功能，减少学生作业负担的同时提高了作业的质量。作业评价的设计是以本单元最后一个课时为例呈现了作业评价设计的思路，不仅设计了学生可能出现的错误答案及原因分析，还提出了针对性的教学策略，保证作业设计的完整性，改进后的可持续性，从而达到用作业指导教学的目的。

（指导教师：侯继泉）

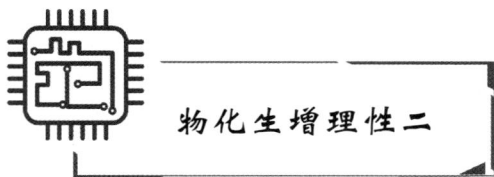

物化生增理性二

化学方程式

王伟华　于宏丽　陈美奇

一、教学内容说明

(一)内容框架

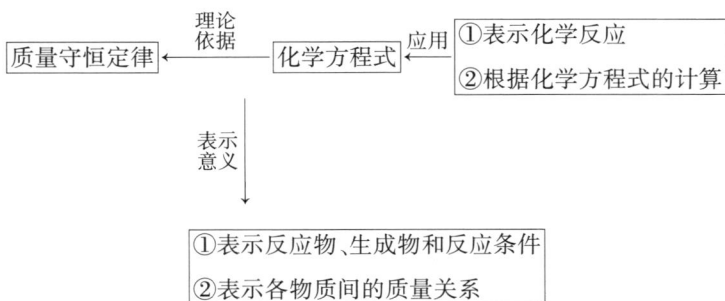

图1　内容框架

(二)教材内容

本单元包括课题1质量守恒定律、课题2如何正确书写化学方程式、课题3利用化学方程式的简单计算。课题1通过系列实验和探究活动,引导学生用定量的科学方法对化学现象进行研究和描述，并得出化学反应所遵循的一项基本规律——质量守恒定律，并从微观角度分析质量守恒定律的实质。课题2介绍了书写化学方程式的原则、方法和步骤，是对课题1中质量守恒定律的应用，也是对第三单元"物质构成的奥秘"和第四单元"化学式与化合价"等知识进一步应用的过程。课题3根据化学方程式的简单计算从反应物、生成物的质量关系来研究物质的化学变化，需要以正确书写化学方程式为基础，基于对化学方程式含义的理解，展开化学方程式在化学计算中的具体应用。

（三）课时分解

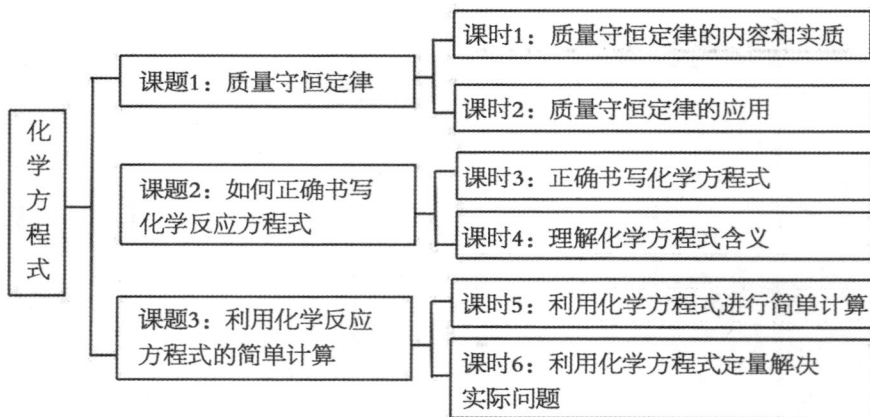

图2 课时分解

（四）教学目标

1.通过实验探究认识质量守恒定律，了解常见化学反应中的质量关系，从微观角度解释质量守恒定律并认识化学反应。

2.通过分析化学反应遵循质量守恒定律，能够正确书写化学方程式，理解化学方程式的含义，建立宏观、微观与符号之间的联系。

3.通过理解方程式中的质量关系,能够进行简单计算,并简单应用。

二、学情分析

一是通过前几单元的学习,学生能够说出反应物、生成物以及反应条件,但是对化学反应中的质量关系需要较多练习,并将方法得以应用巩固,在验证质量守恒定律的实验方案课堂上有初步认识,但是具体变化、寻找具体方案和正确评价改进实验,还需要拓展。

二是通过学习学生已经认识到微观粒子与质量守恒定律的关系,但在具体变化中分析应用的能力需要发展。应用原子守恒推断化学变化中未知信息的能力有待发展。

三是学习了配平方法,但在熟练应用上存在欠缺,因此需要通过作业让学生熟练应用配平方法,明确化学方程式配平的意义,从而能正确书写化学方程式。

四是部分学生对化学方程式的意义死记硬背,需要练习用宏观物质、微观粒子、化学符号三重表征的学科思维来认识化学反应,对化学方程式中隐含的质量关系需要在具体变化中分析运用,因此需要通过作业,丰富从化学方程式多角度认识化学反应,从给定的陌生情境中识别有效信息,在作业中提升解题能力。

三、单元作业

表1　单元作业

课题	作业目标	主要功能	作业内容	作业完成时长	备注
课题1：质量守恒定律（第1课时）	1.能运用质量守恒定律解释化学反应中的质量变化（水平2）	深化理解概念类知识	1-1	3分钟	课题1第1课时后必做作业
	2.能对给出的验证质量守恒定律的实验进行评价（水平3）	发展实验分析能力	1-2 1-3	3分钟 3分钟	课题1第1课时后必做作业
课题1：质量守恒定律（第2课时）	1.能从微粒的角度解释质量守恒定律（水平2）	深化质量守恒定律的实质	2-1	3分钟	课题1第2课时后必做作业
	2.能依据质量守恒定律，通过简单计算推断化学反应中的未知信息（水平3）	质量守恒定律微观角度的应用	2-2	2分钟	课题1第2课时后必做作业
课题2：如何正确书写化学方程式（第1课时）	1.能说明书写化学方程式的原则，能正确书写常见化学反应的化学方程式（水平1）	加强概念类知识记忆及简单应用	3-1	5分钟	课题2第1课时后必做作业
	2.能举例说明化学方程式的书写要求及步骤，规范书写常见的化学方程式（水平2）		3-2	3分钟	课题2第1课时后必做作业

课题	作业目标	主要功能	作业内容	作业完成时长	备注
课题 2:如何正确书写化学方程式(第2课时)	1. 能根据化学方程式从多角度认识化学反应(水平 1)	拓展提升认识与能力	4-1	2 分钟	课题 2 第 2 课时后必做作业
	2. 能根据教师提供的信息书写未知反应的化学方程式(水平 3)	加强概念类知识记忆及简单应用	4-2	2 分钟	课题 2 第 2 课时后必做作业
	3. 能从宏观与微观相结合,定性与定量相结合的角度说明化学方程式的含义(水平 2)	深化理解概念类知识	4-3	3 分钟	课题 2 第 2 课时后选做作业
课题 3:利用化学方程式的简单计算(第 1 课时)	1. 在正确书写化学方程式的基础上,分析反应物、生成物之间的比例关系(水平 2)	落实和强化事实性知识和基本技能	5-1	2 分钟	课题 3 第 1 课时后必做作业
	2. 应用利用化学方程式进行简单计算的解题模型进行解题(水平 2)		5-2	3 分钟	课题 3 第 1 课时后必做作业
	3. 在正确书写化学方程式的基础上,依据化学方程式进行简单计算(水平 2)		5-3	3 分钟	课题 3 第 1 课时后必做作业
课题 3:利用化学方程式的简单计算	1. 在正确书写化学方程式的基础上,依据化学方程式进行简单计算(水平 2)	落实和强化事实性知识和基本技能	6-1	3 分钟	课题 3 第 2 课时后必做作业

四、详细作业设计

(一)课题：质量守恒定律(第 1 课时)

1.作业设计框架

表 2　作业设计框架

教学目标	作业目标	主要功能	作业内容	作业完成时长	备注
1.通过实验探究认识质量守恒定律，了解常见化学反应中的质量关系	1.能运用质量守恒定律解释化学反应中的质量变化。(水平2)能	深化理解概念类知识	1~2	3分钟	课题1第1课时后必做作业
	2.能对给出的验证质量守恒定律的实验进行评价(水平3)	发展实验分析能力	1~3	2分钟	课题1第1课时后必做作业
2.了解质量守恒定律的发现过程	3.能依据化学史资料制作科学家在发现质量守恒定律历史中的著名的科学探究活动及其重要贡献的手抄报(水平3)	拓展提升认识与能力	1~4	20分钟	单元结束后选做分组单元作业

2.作业具体内容

(1)将 20gA 和足量 B 混合加热，A 和 B 发生反应，20gA 完全反应生成

16gC 和 9gD,则参加反应的 B 的质量为＿＿＿＿＿＿＿＿＿＿＿。（时长 3 分钟）

要求:在作业空白处写出简要的推导分析过程。

【作业批改建议】:参考答案:5g。

实验 1　　　　　实验 2

图 3　实验图

（2）下列实验方案中,不能用于验证质量守恒定律的是＿＿＿＿＿＿,并说明理由＿＿＿＿＿＿＿＿＿＿＿＿＿＿。（时长 3 分钟）

要求:在作业空白处写出简要的分析过程。

【作业批改建议】:

参考答案:实验 2。对学生推导分析过程的批改如下。

表 3　学生推导分析作业 1

作答情况	评分
论述了蜡烛燃烧的反应物质有氧气参与,生成物质为二氧化碳气体和水蒸气,实验 2 气体没有被称量	2 分
在上述前提下,分析实验 1 是一个密闭装置,实验 2 是个开放装置,有气体参与或生成气体的实验应在密闭容器中进行	+1 分

(二)课题：质量守恒定律(第 2 课时)

1. 作业设计框架

表 4　作业设计框架

教学目标	作业目标	主要功能	作业内容	作业完成时长	备注
从微观角度解释质量守恒定律并认识化学反应	1. 能从微粒的角度解释质量守恒定律(水平2)	深化质量守恒定律的实质	2-1	3 分钟	课题 1 第 2 课时后必做作业
	2. 能依据质量守恒定律,通过简单计算推断化学反应中的未知信息(水平3)	质量守恒定律微观角度的应用	2-2	2 分钟	课题 1 第 2 课时后必做作业

2. 作业具体内容

(1)根据质量守恒定律解释下列现象：

铜在空气中加热与氧气反应生成黑色固体氧化铜,生成物的氧化铜质量比原来铜的质量大。

要求：在作业空白处写出简要的推导分析过程。

完成时长：3 分钟。

作业批改建议：

①参考答案：依据质量守恒定律,参加反应铜的质量与参加反应氧气的质量之和等于生成物氧化铜的质量,因此生成物氧化铜的质量大于铜的质量是因为没有称量参加反应氧气的质量。

②对学生推导分析过程的批改：

表5 学生推导分析作业2

作答情况	评分
关注反应物氧气参加的质量,依据质量守恒定律,解释清楚两种反应物与生成物的质量关系,推导出生成物的质量大于铜的质量	3分
没有关注参加反应氧气质量,只关注氧化铜质量与铜相比多了氧元素质量	2分

高锰酸钾受热分解后,剩余固体的质量比原高锰酸钾的质量小。

要求:在作业空白处写出简要的推导分析过程。

作业批改建议:

①参考答案:高锰酸钾质量等于剩余固体与氧气的质量总和。

②对学生推导分析过程的批改:

表6 学生推导分析作业3

作答情况	评分
解释清楚反应物高锰酸钾质量等于剩余固体与氧气的质量总和	3分
只提到了氧气,都没有论述之间的质量关系	2分

(2)电解18克水可以生成16克氧气和2克氢气,再将2克氢气完全燃烧可生成18克水。画出电解水的微粒示意图,并用微粒的观点进行解释。

要求:在作业空白处写出简要的推导分析过程。(时常:5分钟)

作业批改建议:

①参考答案

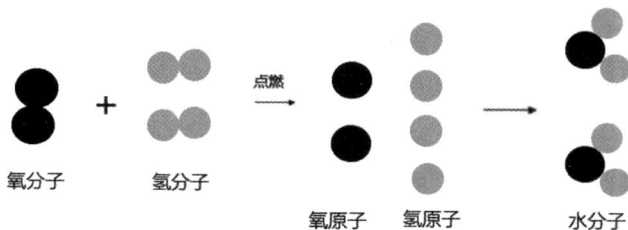

图4 参考答案

化学反应前后原子种类、数目不变,电解水反应前氢原子和氧原子的个数与反应后氢原子和氧原子的个数相等。

②对学生推导分析过程的批改:

表7　学生推导分析作业4

作答情况	评分
画出电解水和氢气燃烧的微粒示意图表示出反应前后原子种类、个数相等	2分(微粒个数不等-1)
以文字形式解释化学反应前后原子的种类、个数不变	2分(种类、个数没有同时考虑到-1)

(3)人们积极寻找不含碳元素的燃料,经研究发现 NH_3 燃烧的产物没有污染,且释放大量能量,有一定应用前景。请将 NH_3 燃烧反应的化学方程式补充完整: $4NH_3 + 3O_2 = 6H_2O +$ _____ 。

要求:在作业空白处写出简要的推导分析过程。

作业批改建议:

①参考答案: $2N_2$ 。

②对学生推导分析过程的批改:

表8　学生推导分析作业5

作答情况	评分
推导过程完整,分别计算了反应物质与生成物的原子个数,找出未相等的原子,正确写出化学式	5分
没有推导过程,但答案正确	4分
有推导过程,原子种类与个数正确,化学式写错	2
推导过程不准确	0

五、作业改进反思

本单元作业内容主要是为了夯实学生基础,浓缩作业的数量,减轻学生的负担,提高作业的质量。通过学生作答情况分析,大多数学生达到了预期目标。

课题1作业习题引领学生思维的进阶,从加强概念类知识记忆及简单应用,到深化理解概念类知识,再到发展学生的实验设计和探究能力,逐步提升。可以尝试设计单元长程式作业,引领学生关注科学家对质量守恒定律发现的过程,体会科学研究的艰辛,感受严谨与批判思维的重要性。题型情景设置可以更贴近解决实际问题;依据学情设计的分层作业可以更精准一些,习题可以成为菜单式的选择,满足不同层次的学生需求。

(指导教师:解林山)

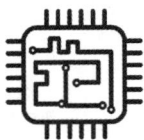

物化生增理性三

解密腐烂现象

刘晓婷

一、作业设计说明

（一）项目情境

之所以以解密腐烂现象作为主题进行单元学习，一方面是因为腐烂现象是生活中的常见现象，对学生具有一定的吸引力，学生对造成这一现象的本质不够清楚，因此探讨造成腐烂的原因，能够激发学生的好奇心，同时，这一任务也具有一定的挑战性。另一方面是因为要解密腐烂现象，需要学生综合运用微生物类群、营养类型等方面的知识，具有一定的综合性，有利于学生将不同的生物学概念建立关系，从而更好地帮助其学以致用，解决实际问题。所以学习本单元对认识生物多样性以及探究生活中的现象，学会运用所学解决实际问题具有重要意义。

在与细菌和真菌的生活相关的现象中，最常见的一种现象是"腐烂"。从细菌和真菌在生态系统中的角色来看，它们属于分解者，可以导致腐烂现象，参与生态系统中的物质循环。从本质上来看，他们通过呼吸作用分解有机物，从中获得能量，实现自身的生长和增殖，从而产生腐烂现象。在生产和生活中,人们通过控制和利用它们这一特性,达到食品保鲜或者获得特定产品的目的,从而更好地利用细菌和真菌为人类生活提供服务。

(二)单元教学内容分析

1.学习内容分析

"解秘腐烂现象"单元的学习内容包含人民教育出版社七年级上册第一单元第二章"了解生物圈"的生态系统组成中的分解者部分和八年级上册第五单元第四章"细菌和真菌"。知识内容包括对腐烂现象本质的认识;观察细菌和真菌的形态结构特征、繁殖方式以及分析其营养方式;通过资料分析细菌和真菌在生态系统中的作用;联系实际了解人类对细菌和真菌的利用。学生在学习这一单元的知识后对生活中的腐烂现象有深刻的认识,认识到为什么会腐烂? 什么情况下会腐烂? 怎么防止或延缓腐烂现象的发生? 腐烂有什么意义? 对细菌和真菌在自然界和生活、生产等各个方面的利弊也有了辩证的认识。学生通过完成活动,进而完成对问题的思考与探究,对提升科学思维能力有一定帮助。

2.学生情况分析

学校的学生主要来自农村,知识面比较窄,利用网络、电视、书本获取知识的能力比较差,科学探究的能力比较欠缺,但是他们的好奇心和观察能力是比较突出的。学生从生活中知道各种腐烂现象与细菌、真菌有关,但并不清楚细菌、真菌为什么能够引起腐烂。具体来说,学生能够说出各种腐烂食物或物品上有细菌和真菌,但并不理解是细菌和真菌广泛分布,使其有更多机会接触有机物,不理解细菌和真菌个体微小,能快速繁殖,引起有机物快速分解,是自然界物质腐烂的重要原因。学生对细菌和真菌在自然界中的作用的认识主要关注到其对人类的负面影响,而对细菌和真菌在医药、能源开发和环保等诸多方面为提高人类生活质量而发挥的积极作用则关注甚少,不能全面地理解腐烂的意义在于参与和促进自然界的物质循环过程。

二、"解秘腐烂现象"单元设计框架图

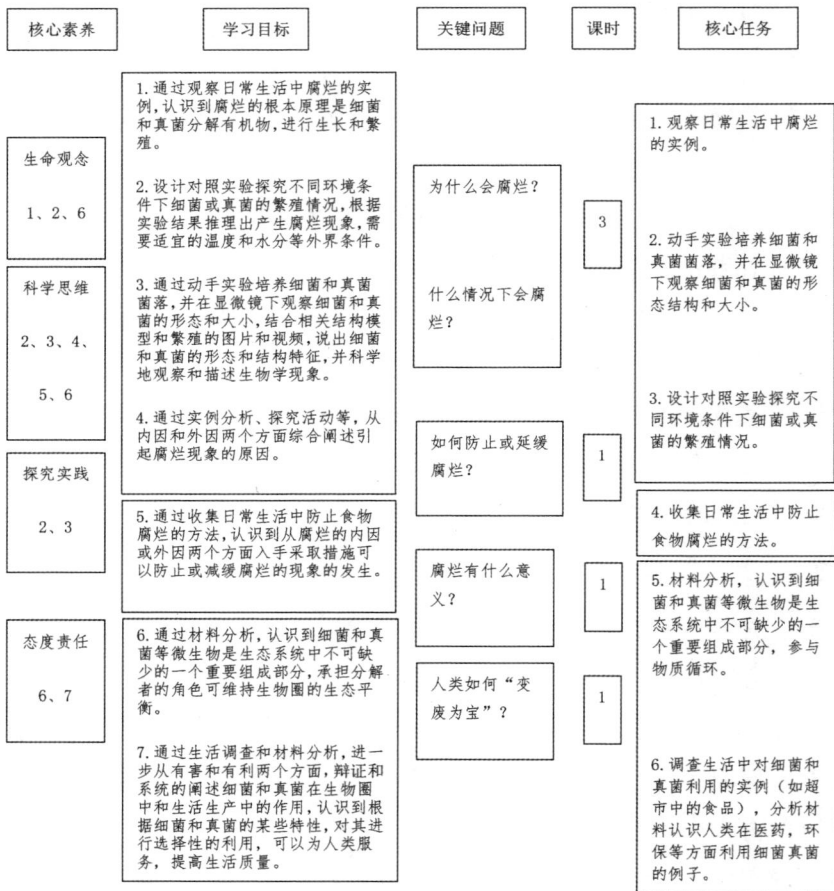

核心素养	学习目标	关键问题	课时	核心任务
生命观念 1、2、6	1.通过观察日常生活中腐烂的实例，认识到腐烂的根本原理是细菌和真菌分解有机物，进行生长和繁殖。 2.设计对照实验探究不同环境条件下细菌或真菌的繁殖情况，根据实验结果推理出产生腐烂现象，需要适宜的温度和水分等外界条件。	为什么会腐烂？ 什么情况下会腐烂？	3	1.观察日常生活中腐烂的实例。 2.动手实验培养细菌和真菌菌落，并在显微镜下观察细菌和真菌的形态结构和大小。
科学思维 2、3、4、 5、6	3.通过动手实验培养细菌和真菌菌落，并在显微镜下观察细菌和真菌的形态和大小，结合相关结构模型和繁殖的图片和视频，说出细菌和真菌的形态和结构特征，并科学地观察和描述生物学现象。			3.设计对照实验探究不同环境条件下细菌或真菌的繁殖情况。
探究实践 2、3	4.通过实例分析、探究活动等，从内因和外因两个方面综合阐述引起腐烂现象的原因。 5.通过收集日常生活中防止食物腐烂的方法，认识到从腐烂的内因或外因两个方面入手采取措施可以防止或减缓腐烂的现象的发生。	如何防止或延缓腐烂？ 腐烂有什么意义？	1 1	4.收集日常生活中防止食物腐烂的方法。 5.材料分析，认识到细菌和真菌等微生物是生态系统中不可缺少的一个重要组成部分，参与物质循环。
态度责任 6、7	6.通过材料分析，认识到细菌和真菌等微生物是生态系统中不可缺少的一个重要组成部分，承担分解者的角色可维持生物圈的生态平衡。 7.通过生活调查和材料分析，进一步从有害和有利两个方面，辩证和系统的阐述细菌和真菌在生物圈中和生活生产中的作用，认识到根据细菌和真菌的某些特性，对其进行选择性的利用，可以为人类服务，提高生活质量。	人类如何"变废为宝"？	1	6.调查生活中对细菌和真菌利用的实例（如超市中的食品），分析材料认识人类在医药，环保等方面利用细菌真菌的例子。

图1　"解秘腐烂现象"单元设计框架图

三、"解秘腐烂现象"单元作业设计

(一)单元作业目标

1.课前观察某一种水果或蔬菜的腐烂过程,并记录。学生可以直观地感受到腐烂是由细菌和真菌的生长和繁殖造成的。

2.关于细菌和真菌的结构特征、生殖方式以及营养方式的纸笔测试,结构图的绘制和模型的制作,目的是帮助学生深刻理解细菌和真菌细胞结构之间的差异,明确各个结构的功能,为理解腐烂的本质奠定基础。

3.通过收集日常生活中防止食物腐烂的方法,初步认识生活中常用的防止腐烂的方法,为本节课"如何防止或延缓腐烂"的学习打下基础。

4.课前:调查生活中应用细菌和真菌进行生产、生活的具体实例。结合所学内容,归纳细菌和真菌在自然界中的利弊,为课上进行小型辩论赛做准备。一方面锻炼学生的归纳总结能力,另一方面锻炼学生的语言表达能力。

5.课后:自制米酒或酸奶。认识到根据细菌和真菌的某些特性,对其进行选择性的利用,可以为人类服务,提高生活质量。

(二)详细作业设计

第 1 课时——"对腐烂现象本质的认识"

(1)**作业**:课前观察某一种水果或蔬菜,如橘子、香蕉、西葫芦、生菜等易腐烂的水果和蔬菜,目的是缩短观察时间,并用相机记录。

(2)**设计意图**:直观地感受腐烂是由于细菌和真菌大量繁殖造成的。

如,果表皮有损伤,腐烂会更快。

(3)**评价:**能直接、清晰地观察到腐烂处发生的变化,凭借观察到的现象和生活经验猜测是细菌和真菌引起的。并且在观察过程中学生还会发现如果保持干燥环境或者温度较低的话,腐烂现象是比较慢的。

第2课时——"显微镜观察细菌形态和结构特征、繁殖方式以及分析其营养"方式

(1)**作业:**课时纸笔练习;绘制细菌结构图;超轻黏土制作细菌模型。

(2)**设计意图:**帮助学生黏深层理解细菌作为简单生物,具有细胞结构能够独立完成生命活动,但无成形细胞核。

(3)**评价:**

①绘制结构图评分标准(10分)

a.各部分结构齐全。

b.各部分结构名称标注准确。

c.各部分结构特征清晰。

d.美观、整洁。

②模型制作评分标准(10分)

a.模型各部分结构齐全。

b.模型各部分结构分布准确。

c.模型各部分结构特征清晰。

d.能够正确标注各部分的名称和功能。

e.美观、整洁。

第 3 课时——显微镜观察三种真菌形态和结构特征 以及分析其繁殖方式、营养方式

(1)**作业**:课时纸笔练习。绘制酵母菌、霉菌和大型真菌结构图。超轻黏土制作真菌模型。

(2)**设计意图**:引导学生更加深层理解真菌有三个种类,既有单细胞的又有多细胞的,以及细胞的各部分结构与功能。

(3)**评价**:

①绘制结构图评分标准(10分)

a.各部分结构齐全。

b.各部分结构名称标注准确。

c.各部分结构特征清晰。

d.美观、整洁。

②模型制作评分标准(10分)

a.模型各部分结构齐全。

b.模型各部分结构分布准确。

c.模型各部分结构特征清晰。

d.能够正确标注各部分的名称和功能。

e.美观、整洁。

第 4 课时——如何防止或延缓腐烂?

(1)**作业**:收集日常生活中防止食物腐烂的方法。

(2)**设计意图**:认识到从腐烂的内因或外因两个方面入手采取措施可以防止或减缓腐烂的现象的发生。

(3)**评价**:能否将收集到的方法进行分类:一类是破坏细菌和真菌的生

存条件,另外一类是杀死细菌和真菌本身。

第 5 课时——细菌和真菌在生态系统中的作用

(1)**作业**:课时纸笔练习。

(2)**设计意图**:引导学生进一步理解细菌和真菌作为分解者在生态系统中的作用。

(3)**评价**:纸笔练习顺利过关。

第 6 课时——人类对细菌和真菌的利用

(1)**作业**:

①课前:调查细菌和真菌在生产、生活中被利用的具体实例。

②课上:结合所学内容,归纳细菌和真菌的利弊,课上进行小型辩论赛(辩题:微生物的利大于弊)。

③课后:自制米酒或酸奶。

(2)**设计意图**:设计制作方案时关注菌和真菌生存条件和发酵原理的知识。通过调查了解人类在食品制作(面包、醋、酸奶、泡菜等)、食品保存、疾病防治、清洁能源和环境保护等方面利用细菌和真菌,以此激发学生的创新热情还可以帮助学生辩证地看待细菌和真菌的利弊。

(3)**评价**:

①制作评分标准(10分)

a.设计制作方案时,是否考虑到材料的选择和处理。

b.设计制作方案发时,是否考虑到器具的处理。

c.设计制作方案时,是否考虑到细菌和真菌生存条件。

d.是否能用所学知识解释每一个步骤的目的。

e.制作成功,并有其他设计,如制作不同口味的酸奶等。

（4）单元长程作业：

1."探究细菌或真菌在不同外界环境条件下的繁殖速度"如研究问题：温度是否影响酵母菌的繁殖速度。

2.绘制思维导图。

（5）设计意图：通过实验探究过程，学生进一步学会实验设计，落实探究实践和科学思维的学科核心素养。

（6）知识支撑：

1.实验设计的一般步骤。

2.酵母菌的繁殖也是一项生命活动，会通过代谢（呼吸作用）分解有机物，有利于自身的生长和繁殖，并产生二氧化碳和水，可通过比较面团体积和状态的变化，判断酵母菌的繁殖速度快慢。

3.熟知酵母菌的生活条件。

四、作业评价设计

表1 作业评价设计

课时作业	布置方式	作业类型	评价标准
1.对腐烂现象本质的认识	课前	观察类	优：学生展示记录的照片，描述腐烂现象时条理清晰，并能说出观察过程中的什么条件腐烂现象更快 良：有照片记录但是描述不详细 差：未完成作业

续表

课时作业	布置方式	作业类型	评价标准
2. 课时纸笔练习。 2-1 绘制细菌结构图	课堂	基础巩固	优:纸笔练习正确率高。绘制结构图各部分结构齐全;各部分结构名称标注准确;各部分结构特征清晰;美观、整洁 良:纸笔练习正确率较高。绘制结构图各部分结构齐全;各部分结构名称标注准确;各部分结构特征清晰;美观,整洁度较低 差:纸笔练习正确率低。绘制结构图出现结构名称不明,功能不明
2-2 超轻黏土制作细菌模型	课后	基础巩固	优:模型各部分结构齐全;模型各部分结构分布准确;模型各部分结构特征清晰;能够正确标注各部分的名称和功能;美观,整洁等方面整体的表现都优秀 良:模型各部分结构齐全;模型各部分结构分布准确;模型各部分结构特征清晰;能够正确标注各部分的名称和功能;美观、整洁等方面整体的表现都较好
课时纸笔练习 绘制酵母菌,霉菌,大型真菌结构图	课堂	基础巩固	优:纸笔练习正确率高。绘制结构图各部分结构齐全;各部分结构名称标注准确;各部分结构特征清晰;美观,整洁。 良:纸笔练习正确率较高。绘制结构图各部分结构齐全;各部分结构名称标注准确;各部分结构特征清晰;美观,整洁度较低 差:纸笔练习正确率低。绘制结构图出现结构名称不明,功能不明

课时作业	布置方式	作业类型	评价标准
超轻黏土制作真菌模型	课后	基础巩固	优:模型各部分结构齐全;模型各部分结构分布准确;模型各部分结构特征清晰;能够正确标注各部分的名称和功能;美观、整洁等方面整体的表现都优秀 良:模型各部分结构齐全;模型各部分结构分布准确;模型各部分结构特征清晰;能够正确标注各部分的名称和功能;美观,整洁等方面整体的表现都较好
4. 收集日常生活中防止食物腐烂的方法,并汇报	课前	调查类	优:材料收集丰富,汇报条理清晰 良:材料收集较少 差:未完成作业
5.1 调查生活中应用细菌和真菌进行生产、生活的具体实例,并汇报	课前	实践类 调查类	优:材料收集丰富,汇报条理清晰 良:材料收集较少 差:未完成作业
5.2 结合所学内容,归纳细菌和真菌的利弊,课上进行小型辩论赛(微生物的利大于弊)	课堂	实践类	优:条理清晰,自信表达,材料准备充分
6. 自制米酒或酸奶,可带入校内分享成果	课后	实践类	优:制作步骤清楚,并能制作成功 良:制作时出问题,经过指导后可成功 差:未完成作业
7. 探究作业:温度是否影响酵母菌的繁殖速度	课后	实践类	优:明确实验设计的一般步骤,并能正确设计实验,考虑周到,实验效果好 良:实验设计出现不同问题,经过指导可以改进
8. 绘制本单元思维导图	课后	制作类	优:知识间的联系是否完整、正确 良:思维导图不完整,经过指导可以改进 差:未完成

五、反思

（一）成功之处

1.适应学生的需要，提高学生对作业的兴趣，提高作业的有效性

作业主要是学生独立完成的任务，为单元的学习、知识的理解、能力的培养和学科核心素养的形成等做补充和辅助。学生对作业感兴趣，才能在完成作业的过程中真正有所收获。

2.适应课改的需求，提高作业的科学性

对本单元的知识进行了重新整合，突破教材的限制，将人民教育出版社七年级第一单元第二章"了解生物圈"的生态系统组成中的分解者部分和八年级第五单元第四章"细菌和真菌"的知识一起整合为本单元。为帮助学生深度解密腐烂现象而服务。将以往重视细菌和真菌的形态结构特点的教学重点转向加深对单元核心概念的理解，知识弱化，突出细菌和真菌的形态结构特点，决定其在生物圈中的分解者的身份，以及其对其他生物产生的影响。从生命观念、科学思维、探究实践和态度责任四个素养维度设定学习目标，既有活动载体，又有素养指向。

在教学中，以解密腐烂话题贯穿整个单元，解决学生对腐烂现象的表层认识，学生根据生活经验只知道腐烂与细菌和真菌有关，但是对为什么会腐烂？什么情况下会腐烂？怎样防止或延缓腐烂现象的发生？腐烂有什么意义等问题还是有很大疑问。本单元引导学生真正去思考这些问题，细菌和真菌的结构特点和其引起腐烂有什么关系？引导学生不断思考重要概念以及加深学生对这些概念的理解。本单元课堂上学生通过深度学习将自己提出的问题进行深入延展剖析，获得深刻理解，达到预期的设计目标。搭配更有针对性的作业设计，将本单元的目标再一次深化。

不足:作业设计还不够科学,为学生学习和理解本单元知识提供的帮助还不够完善;基础巩固方面作业设计不够具有层次性,不能满足不同程度学生使用;学生在实践类作业的实施过程中不够严谨。

改进:继续在后续的教学中完善本单元的作业设计;将基础巩固方面的作业设计为分层作业,满足不同层次学生的需求;实践类作业要给予明确、严谨的指导。

(指导教师:解林山)

历史道法育人一

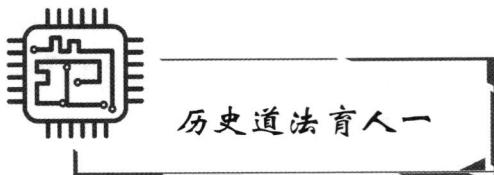

秦汉时期：统一多民族国家的建立与巩固

郭志新　祁瑞昕　徐莹　林金芳

一、作业设计说明

（一）单元教学内容说明

1. 单元教学主题

本单元的主题是统一多民族国家的建立和巩固。夏商周时期早期国家产生，秦汉时期，秦始皇统一六国，建立了中国历史上第一个统一的多民族国家。

远古时期的"邦、国"是"宗、氏、族"的同义词，不是真正意义上的国家，夏商周三代的国家制度不同程度地存在不完整、不确定等各种早期性特征。秦的统一完成了自先秦以来一直在进行中的由多元向一体的过渡，在历史上第一次完整地建构起地理中国、政治中国和文化中国的概念，在这个意义上，秦是中国历史上第一个统一的多民族国家。本单元中秦朝的疆域图和西域都护的设置直观地呈现了国家的多民族属性；秦朝和汉朝建立和巩固中央集权制度突出体现了国家的统一属性。秦朝建立之后采取的各项措施和汉武帝"大一统"的措施则进一步从外在和内化两个层面固化了对统一多民族国家的认同,并成为中国古代史的一个显著特征。

秦皇汉武在统一多民族国家的建立与巩固的过程中高举创新的火炬,用高歌猛进的行动诠释着创新的民族魂,使创新的民族底色更加光彩夺目。正是在这个创新精神的推动之下,把中华文明推到了一个全新的高度,造就了统一多民族国家的基本治理模式。

中央集权制度的建立使中华古代文明领先了世界两千多年,成为中国古代政治制度的本质特征,也是世界国家治理历史成果中的宝贵财富。中央集权制度让国家真正成为国家,一改分封制下家大于国,情大于法的局面,让中国人的价值观和精神风貌完成了中国历史上又一次伟大的转变。

统一文字、货币度量衡,使中华民族拥有了无限巨大的凝聚力,创造了从未中断并一以贯之的中华文明的奇迹。汉武帝的大一统措施是在保有秦朝中央集权制度的基础上进行了修正和发展,这本身就是一种创新。统一多民族国家的建立与巩固让大一统的观念融入民族的血脉,让统一的意识血脉相传。

丝绸之路纵贯东西,让千里之外、万里之遥都能听见中华的声音。从此,自信开放的姿态就成为以后不同时期最好的名片。汉代发明的造纸术使人类从迈出鸿雁传书的第一步一直走到了信息时代,改变世界的脚步从秦汉时代就已经开始了。从中医中走出来的青蒿素挽救了数以亿计人的生命,正是汉代张仲景的创新开创了中医治疗学的理论基础才让这一切成为可能。当西方还在放血止疼中徘徊的时候,华佗发明的麻沸散已经站在了时代之巅。史学发展到秦汉时代,究天人之际,通古今之变的司马迁创造了纪传体通史的体例,成为以后历代正史编纂不二的体例,秉笔直书挺起了中国史学的脊梁。

"匈奴未灭,何以家为""马革裹尸",民族之间激烈的竞争成就了伟大的时代精神,锻造出了不朽的家国情怀。面对文字背后的这个层面我们要拥有敬畏之心,要有大视角、大情怀,我们的时代也需要一群具有这样情怀和视角的传承人。这是我们历史学科需要扛在肩上的责任,应帮助学生树立家国情怀,这是历史人作为中华文化摆渡者拨火人的荣光。

秦汉时期奏出的时代主旋律就是"统一多民族国家的建立与巩固",在此基础上创造了辉煌的秦汉文明。可以说秦汉时期锤炼了中华民族的风骨,奠定了以中央集权制度为骨架的基本国家治理模式,而文化血脉的源泉和国家治理基本模式共同固化了统一多民族国家的认同。

2. 单元教学立意及课时教学立意

单元立意:创新为统一多民族国家的建立与巩固发挥了巨大作用。

创新是秦汉时期国家治理制度建立和以儒家思想为核心的国家治理思想确立以及这一历史时期文明成果取得的前提。本单元的历史再次印证了"创新是中华民族的底色,创新是中国古代文明领先世界的根本原因"的这一客观规律。

秦始皇统一六国,建立了一个统一的多民族国家,建立了一个加强统治的中央集权制度,在地方上采用了与分封制完全不同的郡县制,迈出了亘古未有的一步;汉武帝为了解决地方诸侯王势力强大、威胁中央统治的问题,巧妙地运用了"推恩令",彻底规避了东周时期地方势力强大引发的诸侯争霸、战乱不断的局面,实现了政治建制创新,也巩固了国家统一与安定。秦朝为了巩固统治,实现了车同轨、书同文,统一货币发展了经济。军事技术的进步,如弓弩的使用。汉武帝北击匈奴,巩固了边疆,丝绸之路的开辟更是把华夏的视域拓展到一个全新的境界。造纸术等科技和文化的创新成为这个时代的名片。创新的基因在秦汉时代得到了空前的张扬,收获了无与伦比的璀璨。创新改变世界的脚步从未停止,只有创新才能拥有未来。

(二)单元学情分析

1. 已知未知:第一,已知。学生知道秦始皇、陈胜、吴广、刘邦、项羽、汉武帝;知道一些秦朝巩固统一的措施和秦末农民起义;知道华佗和司马迁等。第二,未知。对相关的历史人物、事件一知半解;对历史现象、规律完全不知情。基于此,我们的作业设计在重视巩固新知的基础上,增加作业的趣味性,让作业命制指向学生的未知领域。

2. 学科能力:学生仍未掌握科学的学习方法,阅读史料能力有限,缺乏分析和归纳能力,对文言文的材料比较恐惧。因此,在命制作业时尽可能把文言文翻译过来,为学生提供答题支架,出示解答示例,帮助同学在仿写中提高学科能力。

3. 素养水平:素养意识不足。学生有一定水平的唯物史观素养,比如能够理解秦朝灭亡的原因是秦的暴政;历史解释的素养水平较低,比如不能很好的解释秦朝为什么实行暴政;史料实证素养也不高,对历史人物的评价多是个人主观好恶,做不到运用史料进行支撑;时空观念素养一般,时间观念尚可,空间观念混乱,尤其是把人物放到历史时空中进行评析;家国情怀核心素养水平较高,能够对民族认同、国家认同、中华文明认同。为此,我们以辩论为载体,让学生收集史料,撰写论从史出的辩词等进行作业命制,通过作业,进一步提升素养水平。

4. 欲知兴奋点。学生关注成败原因的欲望比较强烈;对细节的热情远远超过对规律的探索;对与自身联系密切的部分的兴趣大于有年代感的历史知识。因此,命制作业时我们尽量创建各种情境,从学生熟悉的角度切入命制作业。在命制作业的过程中注重新情境下的知识体系的重建,避免重复知识考查造成的思维疲惫。让作业的布置具有开放性和选择性,使每个学生都有获得感。

（三）单元作业目标

课程标准与学业要求:知道秦始皇和秦统一中国,了解秦朝的中央集权制度和统一措施对中国历史发展的影响;知道秦的暴政和陈胜、吴广起义,知道秦朝的灭亡和西汉的建立;知道汉武帝巩固"大一统"王朝。了解

"文景之治";通过"丝绸之路",了解其在中外交流中的作用。了解东汉的建立,知道东汉外戚、宦官专权造成的社会动荡;知道佛教的传入和道教的产生;知道司马迁和《史记》;知道造纸术的发明对传播文化的作用;讲述张仲景和华佗的故事。

1. 单元教学目标

一是学生应透过中央集权制度建立和发展的历史现象中看到国家治理模式转变过程中相关的各种历史因素之间(历史的教训和现实情况之间)的内部纵横的逻辑联系,规避线性思维,发展网状思维,提升历史解释的核心素养水平。

二是通过秦汉疆域变化的比较,学生应提升识读历史地图的能力,能够从疆域的变化看到中华民族的发展,认识到简单的地图蕴含着丰富的历史信息和历史价值。

三是学生经过独特思考,能够认识到秦汉的历史中的核心创新成果,国家治理模式和国家治理核心思想的形成是当时历史和现实等多种因素的合力的结果,理解秦汉统一多民族国家的建立与巩固这个主题规律是秦汉历史时空的多维要素共同作用的结果,提升唯物史观的核心素养水平。

四是在归纳梳理秦汉文明成果的过程中,领悟到秦汉时期为统一多民族国家的赓续绵延夯筑了万世之基。在了解秦汉治世的过程中,初步掌握评价历史人物的方法,认同盛世到来的普适性内在的原因,筑牢家国情怀的堤坝。

2. 单元作业目标

一是学生在完成作业的过程中理解掌握秦朝建立的中央集权制度和汉武帝巩固"大一统"措施等秦汉时期的核心历史知识;学生在完成辩论作业的时候,加深对"文景之治"的理解,涵养史料实证的意识和论从史出的历史思维习惯。促进学科思维水平的提升,提高学科核心素养水平。学生在冬奥情境和人物身份带入的情境等情境中完成作业,激发学生学习历史的兴趣。

二是学生在完成作业的过程中,进一步达成对课堂学习收获以及对秦汉历史核心知识、价值判断、研习技能方法的固化。学生在完成作业的过程中,力争能够呈现秦汉核心知识内化→迁移→运用→解决问题的过程可视化。

三是学生在完成作业的过程中领悟到创新对秦汉文明成就取得的不可替代的重要性。从而引发深入的思考,能够对不同情境下的现象问题做出有选择有个性的判断并提出独特的解决办法。

四是教师在对作业留、做、批、评、改的基础上,诊断学生学习效果、发现问题形成新的学情判断。教师在新的学情判断基础上改进课堂教学,优化教学设计和作业设计。

(四)单元作业类型和使用说明

表1　单元作业类型

课时	内容	类型	形式/方式	预估时长	使用说明
第1课时秦统一中国	依据中央集权制度示意图考查中央集权制度的综合题	基础类	纸笔试题作业(习题作业)	10分钟	1. 择机布置作业 2. 作业1所有人必做,作业2和作业3选做
第2课时秦末农民大起义	冬奥情境下的综合题。考查秦朝疆域和秦末农民战争爆发的原因和第一次农民起义的意义	基础类	纸笔试题作业(习题作业)	10分钟	1. 下发纸质习题和答题纸 2. 作业1和作业2必做,作业3选做

续表

课时	内容	类型	形式/方式	预估时长	使用说明
第3课时 西汉建立和"文景之治"	以"文景之治"是否有创新为辩题情境。考查汉初休养生息政策和"文景之治"的措施	实践类	辩论	10分钟	1. 分配辩题、收集材料、整理辩词、实施辩论 2. 作业1和作业2必做,作业3选做
第4课时 汉武帝巩固大一统王朝	制作汉武帝大一统思维导图;分析制度创新对于统一多民族国家的建立与巩固的作用;从创新的角度评价秦始皇与汉武帝的贡献	基础类	制作思维导图	10分钟	1. 作业1思维导图所有人必做 2. 作业2选择自己熟练的角度完成 3. 作业3评价对象中两人选择一人完成
第5课时 东汉的兴盛	1. 三道选择题考察光武中兴、外戚宦官专权、黄巾起义	基础类	纸笔试题作业（习题）	2分钟	1. 选择题必做 2. 策论必写,题目自拟,核心论点是如何看待国家兴亡,方法论从史出
	2. 以写策论为情境,考察外戚宦官专权		纸笔试题作业（小论文）	8分钟	
第6课时 沟通中外文明的"丝绸之路"	基于所学,想象考察丝绸之路的路线、中外交流和历史情境再现能力	拓展类	讲故事	10分钟	1. 作业1和作业2必做 2. 作业3选做。提示:掌握基本史实的基础上进行合理想象,细节要有史实进行支撑

课时	内容	类型	形式/方式	预估时长	使用说明
第7课时两汉的科技与文化	作业指向是科技文化的成就及其代表人物和创新对于科技文化成就取得的重要作用	基础类	纸笔试题作业（习题）	10分钟	1.作业1必做2.作业2和作业3任选其一完成,也可都完成
单元整体	任务一和任务二,通过时间轴角度和历史人物角度梳理秦汉时期的核心史实,并分析创新的巨大作用	基础类	纸笔试题作业（习题）	15分钟	1.两个任务任选其一完成,也可以都完成
	1.观看百家讲坛《王立群读史记之秦始皇》2.观看《王立群读史记之汉武帝》	长作业类	阅读历史著作、课题研究等	120分钟	1.同学通过长作业了解从历史概念的角度学习历史的方法2.引领同学掌握借助课外学习资源学习历史的一般规律

三、单元作业设计

第三单元　秦汉时期:统一多民族国家的建立和巩固

1.单元作业目标

通过三个任务专题,在不同层次上推进对单元主题统一多民族国家的建立与巩固的理解和认知;通过单元作业的完成,与课时作业构成点、线、面的网络作业体系;从而为达成单元教学目标做最后一轮的努力。

2.具体作业内容

（1）作业布置：从任务①和任务②中选择其一完成作业，任务③为寒假作业必做题。

（2）习题类型：任务①和任务②为基础类，任务③为长作业类。作业层级：任务①和任务②整体为Ⅱ级，任务③整体为Ⅲ级。

（3）预估时长：任务①和任务②分别用10分钟，任务③用时90分钟。

（4）作业具体内容。

【任务①：秦汉时空】

作业1.阅读教材，编制本单元的大事时间轴。

作业2.从单元大事时间轴上选取一件具有里程碑意义的历史事件，说明对这件事的理解。

示例：刺史制度。汉武帝把全国划分为13个州部，每州部派刺史一人，代表朝廷监视州部内的地方官吏、豪强及其子弟，严禁他们为非作歹。

这项制度是在监察制度方面的创新，是对国家治理制度的完善。加强了中央对地方的控制，进一步巩固了中央集权。

作业3.汉承秦制,指的是西汉建立后,承袭秦制,虽略有所改,但基本上没有突破秦代模式。请从政治、经济、军事、立法、司法、监察等中选取一个方面,举例说明汉承秦制的表现。

示例:统一货币。秦朝以秦国的圆形方孔半两钱作为标准货币,在全国通行。汉武帝把铸币权收归中央,统一铸造五铢钱。秦汉都采取统一货币的措施,有利于国家对经济的管理,促进经济发展。

表9 评价标准:

等级	描述	自评	师评
等级三	单元大事时间轴大事齐全,条理清晰;对具有里程碑性质的事件理解准确到位,角度准确,文笔流畅;依托史实准确说清汉承秦制的这一历史现象,并有自己的领悟		
等级二	单元大事时间轴大事齐全;对具有里程碑性质的事件理解准确到位;能够依托史实说清汉承秦制的这一历史现象		
等级一	单元大事时间轴大事基本齐全;对具有里程碑性质的事件理解基本准确;基本能够说清楚汉承秦制的这一历史现象		

【任务②:时代精英】

作业1.请结合所学,以表格形式归纳这一时期主要历史人物的创新贡献。

人物	时代	领域	创新成就
张仲景	东汉	医学	《伤寒杂病论》；发展了中医学的的理论和治疗方法

作业 2. 选取上表中一个历史人物概括其成就带来的影响。

作业 3. 从你选择的历史人物创新型贡献的角度，说明如何传承中华优秀传统文化。

示例：张仲景，被后人尊称为"医圣"，是东汉著名的医学家。广泛收集医方，刻苦钻研，不断实践，在前人成就的基础上不断创新，写出了传世巨著《伤寒杂病论》，发展了中医学的理论和治疗方法。

中国当代著名科学家屠呦呦在青蒿素方面取得的巨大成就，就是对传统医学传承和借助现代科技手段创新的结果。中医学是我国的优秀传统文化，我们应该在继承的基础上进行创新。

表 10　评价标准

等级	描述	自评	师评
等级三	单元主要历史人物齐全,条理清晰,能够简单分类;对选取的历史人物的成就和影响理解准确;能够逻辑清楚地说明如何传承中华优秀传统文化,并有自己的领悟和独特的思考		
等级二	单元主要历史人物齐全;对选取的历史人物的成就和贡献理解准确;能够逻辑清楚地说明如何中华传承优秀传统文化		
等级一	单元主要历史人物基本齐全;对选取的历史人物的成就和影响理解基本准确;基本能够说清楚如何传承优秀传统文化		

【任务③:聆听大师】

作业 1. 收看百家讲坛《王立群读史记之秦始皇》或《王立群读史记之汉武帝》,结合所学,选取本单元一个重要的国家治理制度或者国家治理思想,归纳王立群的观点。

作业 2. 收看百家讲坛《王立群读史记之秦始皇》或《王立群读史记之汉武帝》,说出你选出的一个重要国家治理制度或者国家治理思想,比较教材和专家对此看法的异同。

作业 3. 收看百家讲坛《王立群读史记之秦始皇》或《王立群读史记之汉武帝》，谈谈如何利用课外资源学习历史。（100-150 字）

表 11 评价标准

等级	描述	自评	师评
等级三	选取的概念有价值,能够准确概括出专家的观点,言简意赅;能够分角度说出专家对于选取的概念认识的异同,适度的说明不同的原因;对于如何利用课外资源学习历史基本观念正确,并有自己的想法,能够辨别课外资源的可信度和价值		
等级二	选取的概念有价值,能够准确概括出专家的观点;能够分角度说出专家对于选取的概念认识的异同;对于如何利用课外资源学习历史基本观念正确,并有自己的想法		
等级一	选取的概念有价值;能够说出专家对于选取的概念认识的异同;对于如何利用课外资源学习历史基本观念正确		

4.设计意图

通过分析秦汉不同时期,经济、政治、军事、文化等领域的进步创新,认识到创新是推动社会进步与发展的原动力,中国领先世界的重要内核就是创新。通过作业的完成,提升学科核心素养水平,固化本课形成的国家认同、民族认同、文化认同和统一多民族国家历史发展规律的认同。

四、作业实施过程

(一)作业留、做、批、评、改等设计及设计实施环节

在"双减"大背景下,作业命制面临新的挑战。在作业留、做、批、评、改等设计及设计实施环节一定要做到精准、精细,避免不必要的时间损耗和学习资源的浪费。提质增效是在作业命制和实施各个环节中必须遵循的一条基本原则。

传统的作业的布置一般都是课堂教学结束后或者下课铃响后进行,这样的效果一般不好。这个时候,很多学生的心思已经飞到了课外。所以,

我们的作业布置一般在教学过程中择机布置，作为课堂教学活动的一个升华，进一步激发学生的求知欲望。择机布置作业的机会是什么？这个点可以是学生思维活动的高潮，这时候需要提出问题深化学习；这个点也可以是打破学生思维平衡的时候。比如，"东汉的兴衰"一课，东汉中期之后的国势急转直下与光武中兴形成鲜明对比。这时就把策论这个作业布置给学生，学生的使命感油然而生，仿佛天下苍生的命运都被他们扛在了肩上，学习的主动性和荣誉感获得很大幅度的提升。

作业命制面向的是课标要求、单元教学主题和课前的学情调查。但是，具体到每个学生身上具体情况又不一样。因此，结合教学中观察到的学情变化，灵活机动地选择作业让同学完成，实现作业的分层化、个性化、选择化，让作业成为学习活动的延续。比如，在单元作业中我们设计了三个任务系列：秦汉时空、时代精英、聆听大师，让学生结合自身情况选择其中一个任务完成。对一些个性化较强的作业，教师要对作业完成的路径、要求进行说明。通过作业，引导学生对本单元的学习主题进行深入的思考，促进他们对本单元有更深刻的领悟。每节课的作业时间控制在 10 分钟左右，长作业放在假期实施，避免增加学生的负担。一般情况下，作业需要同学独立完成。

在批、评作业的环节引进信息技术。在必要的情况下，我们使用智学网系统阅卷，得到基本数据进行留存分析，掌握学情，写出今后教学设计的调整方向。作业发给学生进行修改，教师复判。在作业讲评的时候，要适度展示优秀作业和问题作业，帮助学生看到努力的方向和应该避免的不足。这里要说的是，不是所有的作业问题都要教师进行讲评。学生自己能够解决的问题教师不讲评，同学之间能够解决的问题教师不讲评。教师要对学生共性问题进行点评。通过这样的操作，进一步调动学生的主动性，提高学生的动手能力，从而促进学科能力水平和核心素养水平的提升。比如，在一些作业中我们设计了评价量规与作业内容一起交给学生，就是让他们眼中有题，心中有量规，知道自己的努力方向。

作业是基于单元教学师生之间交流的桥梁。作业要留有痕迹,师生都要积累。通过积累,学生明确自己在学习过程中存在的主要问题,包括知识性的问题、能力性的问题、认识性的问题,或者核心素养的哪个层面需要完善;通过积累,教师要对不断变化的学情把好脉,形成对当下学生学情的科学判断,从作业反馈中分析学生所具备的学科能力水平和历史学科核心素养的程度,找到每个学生的相关增长点和可行措施,为教师今后的教学设计提供可靠的学情参照。比如,通过作业我们发现了很多学生看不明白作业问题,即使我们给出了示例效果也不尽如人意。这就让我们明白,教学的实施和完成一定要符合学生的站位和知识能力素养的储备情况,不能自己想当然。这和寓言故事"小马过河"一样,河水既没有老牛说得那么浅,也没有小松鼠说得那么深。历史教学和作业也是一样,很多我们认为不是问题的问题对于学生还是问题。比如,黄继光为什么烈火中没有发出声音,他身上的手榴弹为什么烈火焚烧却不爆炸,开国大典为什么安排在下午等。

(二)作业特色和亮点

"双减"背景下,作业成为各方的焦点。本单元作业命制实施的特色和亮点如下:

1. 习题的命制从大单元教学出发,以单元整体为视域,以核心素养为经纬,具有分层性、选择性和开放性。这样可以引发学生深入思考,让每个学生都有获得感。这充分体现了多元智能理论,条条大路通罗马,过河不一定用船,完成作业的手段是多样的。

2. 作业的命制在基于课标的前提下更注重学情。在作业布置的阶段更依据课堂教学的学情变化做出有针对性的调整。

3. 作业命制聚焦单元主题围绕核心概念展开,形成符合学生认知特点和符合学生习惯具有进阶性的习题链。

4. 作业命制过程中积极创设情境,以学习情境、生活情境、社会情境、学术情境为依托，考查学生的本单元学业完成情况。追求并实现了在新情境下对学生学习效果的考查，达到了学以致用的学习追求。

5.作业命制和实施注意了发散性和留白，激发学生思维的活力和对单元核心概念的深入思考，积极落实学科核心素养的目标。

6.编制了作业细目表。通过作业细目表，对于在作业中落实课标做到了心中有数、有的放矢。通过作业细目表，能够清晰地呈现教师对于学生完成作业的预期与学生完成作业的实际之间的差距。

7.本单元作业命制的重要线索就是围绕创新展开，从形式到内容进行创新，把核心历史贡献用创新引领起来，帮助学生领悟秦汉时代的伟大成就和创新分不开的，进而培养学生的创新意识。

8.以视频的形式给学生布置作业是作业命制的一大突破。这种探索对作业命制开辟了一个全新的视角。同时，辩论赛和策论形式的引进，为作业设计提供了新的上位的形式。这样的作业命制对那些"已经在罗马了"的学生提供了新的探索空间和维度，避免这些优秀的学生"吃不饱"。

五、作业实施改进反思

通过本次单元作业的命制和实施，我们深刻认识到减负仅从作业角度分析是片面的，更要从教学目标、教学内容上着手。不同学科之间也要协同共进。比如，在学科综合实践活动的目录中，历史与道法学科在一些层面上就有接近或相似的地方。从减负的角度来看，这些目录就需要进一步进行整合。受此启发，在历史单元作业命制的时候，是否也要整体考量，把前后单元的作业布置，直至整个初中阶段的作业命制和实施进行系统考虑，从而避免发生作业的重复性和效用较低等情况。

本次作业命制注重了情境的创设，因而开放性、综合性的基础习题比重较大。为了压缩作业的整体时间，舍弃了基础题中的大部分选择题。出于对时间的考虑，长作业仅命制了一道题，而且把实施的时间放到了寒假。

这个长作业的设置突破了以往作业命制的形式,具有视频作业的特征。另外,关于"文景之治有没有创新"辩论作业的命制和围绕"外戚与宦官专权"策论作业的命制都得到了学生的喜爱和关注。这两个作业完成时虽然有挑战,但是乐在其中。

在基础类习题的命制上创新性还有待加强。这些需要我们教师加大日常的学习和积累,这样才能弥补素材不足的缺憾。同时,对一些习题的评价量规的编制不是很具体、专业,还需进一步规范;作业设计要更明确。另外,规划学生学习进阶路线图的能力还要加强,将终结性目标分解为多个适宜的阶段性目标,有目的、有计划地精心设计与不同阶段教学目标、教学内容相适应的作业。

在作业命制实施的时候,要立足课标,锚定三年整体目标,作业是教学活动的重要组成部分。除了作业肩负的传统功能外,它还应具有在另一个层面学习、提高、升华历史教学活动和落实学科核心素养的使命。作业的命制和实施要注重人的成长,让不同发展程度的学生都有获得感。立德树人应该是整个历史教学活动不朽的执念。由于疫情制约,对于实践类作业中的考察历史场馆、遗迹、采访、辩论和拓展类作业中制作表演作业(讲故事)等形式采用得比较少,也是一大遗憾。

（指导教师：郝晓丽　　杨立君　　崔文静）

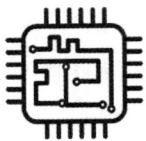

历史道法育人二

文明与家园

郭津聿

一、作业设计说明

（一）内容框架

本单元由第五课"守望精神家园"和第六课"建设美丽中国"组成。在教学过程中以"建设文明中国"为主线，从"守望精神家园"和"建设美丽中国"两个视角，展现我国文化建设和生态文明建设所取得的历史性成就、面临的现实挑战和所作出的积极应对。引导学生认识文明是社会进步、国家发展的目标，守望精神家园、共筑生命家园是实现国家富强、人民幸福的必由之路，对学生进行社会主义核心价值观教育。

在教学过程设计中，第1课时以世界文化遗产与非物质文化遗产为线索，激发学生探究不同民族文化的兴趣，引发学生对中华优秀传统文化能够传承至今原因的思考，培养学生的民族自豪感，增强政治认同。

第2课时从民族精神的意义与价值出发，让学生能够自觉传承和弘扬民族精神，践行社会主义核心价值观。

第3课时通过具体数据的呈现，肯定我国取得的巨大经济成就，同时明确人口、资源、环境问题严重影响并制约着我国经济社会的可持续发展,引导学生初步形成环保意识和生态文明观,能够在日常生活中自觉践行生态文明的理念,培养责任意识。

第4课时以地方特色民宿发展成功路径为出发点,引发学生对和谐美好生态环境的向往以及对人与自然关系的深入思考。

(二)学情分析

本班学生来自远郊区寄宿制农村学校,学生对于中华优秀传统文化有所了解,有些学生还掌握了一定的传统文化技艺。但是,学生对中华优秀传统文化的认识仅停留在一般的知识层面,对其深层次的文化价值和意义思考不多。

怀柔区是北京市绿色生态、低碳节能、宜研宜业宜居的典范区域。但是生活在本地区的学生对怀柔区人口、资源、环境问题的认识深度不够,且具有一定片面性,对解决这些问题的历史必然性、迫切性认识不足。学生对人与自然和谐共生、走绿色发展道路的内涵了解并不全面,也没有进行过深度思考。

(三)作业目标

1. 基础型作业目标在于落实课程核心知识,检验学生的知识掌握程度。体现道德与法治教学的时效性和时代性,拓宽学生视野,培养与锻炼学生的时事分析能力。

2. 提高型作业目标在于培养学生核心观点的理解与运用能力,提高学生解决实际生活问题的能力,考查学生课堂知识的迁移与运用。

3. 拓展型作业重在培养学生的学科核心素养,提高学生的实践探究能力、综合运用能力和解决问题能力,强化学生的思辨能力、创新能力和探究能力。利用多样的作业形式,提高学生完成作业的积极性。

4.整体作业设计体现出分阶段、分层次、分难度、多维度设计,充分考虑学生的差异性,满足学生的全方位学习需求。选择贴近学生生活的案例,提高作业的针对性。

二、课时作业设计

课时 1"延续文化血脉"

（一）基础型作业

作业一:课堂学案。

1.列举一个你知道的传统节日习俗。

作业二:考点链接。

1.2022 年 5 月 25 日,北京市十五届人大常委会第三十九次会议对《北京市公共文化服务保障条例(草案)》进行第一次审议。草案提出,北京市要通过创作文化艺术作品、开发文化艺术衍生品等多种形式的公共文化服务活化利用首都历史文化资源,更好地展示和保护胡同、四合院、京剧、京韵大鼓等京味文化内涵和独特价值。对此,下列评论正确的有(　　)

①北京市人大行使地方立法权,为保护京味文化提供法律保障

②该条例的出台有利于提升北京的文化创新能力,建设创新北京

③保护文化成果是政府的责任,与我们普通市民无关

④保护条例的实施有利于全面传承传统文化和革命文化

A.①②　　　　B.①④　　　　C.②③　　　　D.③④

2.从孟子的"乐民之乐者,民亦乐其乐;忧民之忧者,民亦忧其忧"到范仲淹的"先天下之忧而忧,后天下之乐而乐",他们的"忧乐思想"一脉相承,共同体现了中华传统美德中的(　　)

A.自尊互敬、助人为乐的和乐风范

B.勤劳勇敢、自强不息的奋进品格

C.忧国忧民、道济天下的爱国情怀

D.律己宽人、扬善抑恶的处世准则

(二)提升型作业

1.学校举办"读书漂流瓶"活动,请你向同学们推荐一部传承中华美德的经典著作,并说明你的推荐理由。

(三)拓展型作业

体验非遗文化

中国是一个多民族国家,悠久的历史和灿烂的古代文明为中华民族留下了极其丰富的文化遗产。文化遗产承载着中华民族的基因和血脉,是不可再生、不可替代的中华优秀文化资源。守住传统文化,让更多人知道并为之骄傲。请你从所知的非物质文化遗产项目中任选其一进行体验,并在班级中进行成果展示。

课时2《凝聚价值追求》

(一)基础型作业

作业一:课堂学案。

1.在下列古语后填写相对应的民族精神内涵。

①人生自古谁无死,留取丹心照汗青。＿＿＿＿＿＿

②天行健,君子以自强不息。＿＿＿＿＿＿

③国虽大,好战必亡。＿＿＿＿＿＿

作业二:考点链接。

1.2022年6月19日,永定河水域3名儿童不慎落水,周宏勃、周思维和李瀑三位见义勇为群众先后下水合力施救,3名儿童均获救,其中90后

父亲周宏勃却因体力不支沉入水中不幸遇难。他们的感人事迹（　　）

①提高了全民族的思想道德水平

②奠定了建设文明中国的物质基础

③是弘扬中华民族精神的真实写照

④是践行社会主义核心价值观的生动体现

A.①②　　　　B.①④　　　　C.②③　　　　D.③④

2.把社会主义核心价值观融入法治建设全过程、各领域、各方面，是中国特色社会主义法治体系建设的内在需要。新修订的《中华人民共和国国歌法》《中华人民共和国公务员法》《中华人民共和国电影产业促进法》《中华人民共和国广告法》等都将社会主义核心价值观写入法律文本。这表明（　　）

A.培育社会主义核心价值观与法治建设相互渗透、相互替代

B.社会主义核心价值观是发展中国特色社会主义的价值导向

C.法治是社会主义核心价值观国家层面的价值目标

D.法治要求实行良法之治，还要求权力机关要依法行政

（二）提升型作业

1.请你搜集资料，从"2022北京榜样"年榜人物中，选出一名你喜欢的榜样人物向同学们推荐，并制作一张"榜样人物推荐卡"。要求字迹工整，图文并茂，写清人物姓名、主要事迹、推荐理由（需要写出人物身上展现出的民族精神或社会主义核心价值观内容）。

课时3《正视发展挑战》

（一）基础型作业

作业一：课堂学案。

1.材料：国务院新闻办公布第七次全国人口普查主要数据。

从人口总量看,普查人口总数为141178万人,与2010年第六次人口普查时相比增长了5.38%,年平均增长率为0.53%,增速有所放缓。

从年龄结构看,0—14岁、15—59岁、60岁及以上人口的比重分别比2010年上升1.35个百分点、下降6.79个百分点、上升5.44个百分点。

从性别构成看,男性人口占51.24%,女性人口占48.76%。总人口性别比与2010年基本持平,略有降低。新出生人口性别比明显下降,人口性别结构持续改善。

阅读材料并结合课堂所学,总结我国人口现状及其新特点。

作业二:考点链接。

1.我国从"双独二孩""单独二孩"到"全面二孩"再到"三孩"生育政策,这说明了( )

①"三孩"生育政策改变了人口与资源环境的紧张关系

②我国科学把握人口发展规律,努力促进人口长期均衡发展

③人口问题始终是我国面临的全局性、长期性、战略性问题

④"三孩"生育政策能从根本上解决人口压力

A.①②　　　B.①④　　　C.②③　　　D.③④

2.《北京市2021年国民经济和社会发展统计公报》显示,北京市2017至2021年细颗粒物(PM2.5)年均浓度值为33微克/立方米,下降13.2%。二氧化氮和二氧化硫年均浓度值分别为26微克/立方米和3微克/立方米,分别下降10.3%和25.0%。下列说法符合题意的是( )

①北京市生态环境已经彻底改善

②北京市坚持绿色发展,追求人与自然和谐发展

③北京市以环境建设为中心,推动高质量发展

④北京市重视环境保护,努力建设环境友好型社会

A.①③　　　B.①④　　　C.②③　　　D.②④

(二)提升型作业

1. 为进一步适应人口形势新变化和推动高质量发展新要求,促进人口长期均衡发展,2021 年,我国开始全面实施一对夫妻可以生育三个子女政策及配套支持措施。请你结合本课所学知识,针对"人口多助力经济发展 VS 人口多制约经济发展"这个辩题,谈谈你的看法。

课时 4《共筑生命家园》

(一)基础型作业

作业一:课堂学案。

1. 北京市生态环境局、市委宣传部等六部门联合印发实施《北京市"美丽中国,我是行动者"提升公民生态文明意识行动计划(2021−2025 年)实施方案》,推动形成人人关心支持、参与生态和环境保护的良好局面。作为一名中学生,请你结合课堂所学知识和日常生活经验,写一份"低碳行动"倡议书。

作业二:考点链接。

1. 2021 年,北京市坚持以习近平新时代中国特色社会主义思想为指导,深入实施城市总体规划,加强生态文明建设,加快推进绿色低碳转型,统筹推进污染治理、生态保护、应对气候变化。北京市生态环境质量显著改善,生态文明建设实现新进步。下列说法正确的是(　　)

①北京市为其他地区发展提供了可借鉴的宝贵经验

②说明北京市应该避免对自然进行开发和利用

③体现了北京市自然资源丰富,总量大,种类多

④说明北京市坚持绿色发展,追求人与自然和谐共生

A. ①②　　　　B. ①④　　　　C. ②③　　　　D. ③④

2. 小巧精致的"口袋公园"是利用零星空间"见缝插绿"的城市开放空

间。它具有运动休闲、文化娱乐等功能,让居民能够"推窗见景、开门见绿、出门进园"。如今,它越来越多地走进了人们的生活。"口袋公园"的建设（　　）

①倡导了节能、低碳的生活方式　②践行绿色发展理念,绿色惠民
③实现了人人参与、人人享有　④旨在满足人们对美好生活的需要
A. ①②　　　　B. ①③　　　　C. ②④　　　　D. ③④

（二）提升型作业

近年来,怀柔区以习近平生态文明思想为指引,践行"绿水青山就是金山银山"理念,坚持人与自然和谐共生。紧紧围绕首都功能重要承载地和生态涵养区定位,深入落实绿色北京战略,在"1+3"整体布局中做好生态涵养的文章,对生态保护常抓不懈,坚持以生态保护优先理念协调推进经济社会发展,坚定不移走绿色发展之路,成功创建"绿水青山就是金山银山"实践创新基地和国家生态文明建设示范区,聚力打造生态文明高地。

推动绿色发展,"一城两都"引领"两山"转化。加速构建以怀柔科学城为统领的"1+3"融合发展新格局,深化以科学城、国际会都、中国影都绿色发展为核心的两山转化模式,"科学+城"生态优势凸显。国际会都将自然资源禀赋与生态文化良好融合,国际国内高规格会议不断落地,开发建设过程涵盖70余项生态技术,倡导绿色建筑和绿色交通,成为北京市绿色生态、低碳节能、宜研宜业宜居的典范。

阅读材料并结合课堂所学,分析怀柔区是如何坚持走绿色发展道路的?

（三）拓展型作业

多年来,怀柔依托良好的自然资源和人文环境,乡村旅游发展取得了显著成效。特别是近两年,在深入实施供给侧结构性改革的背景下,怀柔

紧紧抓住全域旅游示范区创建契机，大力推动传统乡村旅游向高端乡村民宿方向发展，有效带动了区域旅游产业转型升级、提质增效，因地制宜发展壮大集体经济，为乡村振兴注入"新动能"，培育了以老木匠、岑舍、坚果艺术农场等为代表的一批高端乡村民宿，形成了一定的知名度和影响力。

假如你作为一名地处于长城脚下的民宿经营者，请你结合上述材料、本课所学知识以及地理学科知识，以弘扬怀柔特色传统文化和践行绿色发展两方面为特色，设计一份民宿运营方案（内容可包括民宿名称、民宿所在区域文化、地理特点、民宿主要特色、发展理念等），要求特色明显，条理清晰，具有可参考性。

三、作业实施过程

（一）留：基础型作业利用课上时间完成，课堂学案跟随课堂教学进度完成，考点链接利用课堂最后五分钟完成。提升型作业利用当天课余时间完成，拓展型作业利用周末时间布置，班级分小组共同合作完成所选任务。

亮点：作业分层布置、学生自主选择，充分尊重学生个性，落实"双减"政策。

（二）做：基础型作业、提升型作业学生单独完成，拓展型作业小组合作完成。

亮点：既培养学生的自主学习能力，又培养学生的团队合作能力。

（三）批：基础型作业课上讲解；提升型作业课下全批全改，优秀作业进行班级推荐、课堂展示；拓展型作业成立学科实践探究小组，进行小组内研讨、项目推进，最终进行项目成果展示。

亮点：多角度、全覆盖、全批全改，尊重学生学习成果，调动学生积极性。

（四）评：作业评价维度分为 A、B、C 三个等级，多角度进行作业评价，不仅仅只赋分于学生作业，更加注重促进学生综合能力发展。

表1　作业评价量表

作业评价维度	评价标准	学生自评	小组互评	教师评价
沟通协作能力	1.能有序参与提升性作业,积极与同学合作完成作业			
	2.较为有序参与提升性作业,与同学合作热情不高			
	3.参与提升性作业无序、杂乱,不愿与同学合作			
观点表达能力	1.分析问题时思路清晰、全面、深刻,能够有条理地表达观点			
	2.分析问题时思路一般、角度单一、浮于表面,表达观点时条理和逻辑不够清晰			
	3.分析问题时思路不清、答非所问,表达观点时主次不分,没有逻辑			
思维迁移能力	1.能够灵活地把学科知识应用到生活情境中,解决生活中遇到的实际问题			
	2.面对生活情境中遇到的实际问题,能够运用学科知识进行分析			
	3.对生活情境中遇到的实际问题有感知,但不能联系到学科知识			
素养呈现能力	1.作业展示过程中有创新性认识,富有逻辑,内容科学,凸显学科核心素养			
	2.作业展示过程中有创新性认识,内容丰富,能呈现一定的学科核心素养			
	3.观点表述中有自己的认识,不能体现学科核心素养			

四、作业设计特色及实施改进的反思

（一）作业设计特色

1. 充分利用怀柔地方特色，从学生身边情境出发，让学生置身于情境之中，调动学生参与的积极性。

2. 作业设计前对学生的知识基础、学习方法、心理态度、理解能力、学习兴趣等方面进行学情调查，基于学生的心理特征和认知发展特点，设计出的作业更具有针对性，能够更好地服务学生的学习和成长，真正体现了"以生为本"。

3. 在作业内容选择上，作业与教学紧密相关。作业设计内容广泛、形式丰富，不仅涵盖学科知识与技能，还囊括其他相关学科知识。作业能够解决综合、复杂的问题，注重发展学生的学科核心素养。

4. 学生的作业能够以多种方式完成，让学习呈现可持续发展态势。设计的作业能够以多种形式达成目标，不再局限于单一形式，充分调动学生完成作业的积极性。

（二）反思

1. 作业设计中的拓展型作业存在普适性不够的问题，在具体实施过程中需要学生的综合专业能力，部分作业超出学生的实际能力范围和视野之外，学生容易产生挫败感，对拓展型作业兴趣不高，完成度低。

2. 根据学生反馈，基础型作业难度有待提高，应该适当增加高阶思维作业。学生在完成基础型作业的过程中，都在低阶思维滑行，作业样式再丰富也无益于学科核心素养的形成。

参考文献

[1]李红娟,田娟,吕丽君.基于 PBL 教学模式的中学物理的教学设计探究[J].赤峰学院学报(自然科学版),2022,第 38 卷第 6 期.

[2]于霜.问题导向教学法在初中数学教学中的应用[C].教育部基础教育课程改革研究中心,教育部基础教育课程改革研究中心,2019.

[3]麦克泰格,威金斯.让教师学会提问[M].中国轻工业出版社,2015.

[4]郭梅娥,马懿宁,宋志华.基于 PBL 的初中地理图像教学案例研究——以《巴西》教学为例[J].教学研究,2022,31-34.

[5]格兰特·威金斯 杰伊甸园·麦克泰.理解为先模式[M].2018.

[6]盛建国。UbD 模式下的初中物理逆向教学设计的实施策略——以"静电现象"教学为例[J].新校园,2023(10):41-42+72.

[7]魏莹,郭永昌.基于 UbD 理论的乡土地理教学设计——以"城镇化"为例[J].中学地理教学参考,2023(26):46-47+50.

[8]兰海儒.指向提升学生物理科学思维能力的 UbD 教学设计研究[D].哈尔滨师范大学,2023.

[9]熊芯敏.基于 UbD 理论的单元教学设计在初中生物学教学中的应用研究[D].西南大学,2023.

[10]罗利君.基于 UbD 理论的单元逆向教学设计初探——以"一次函数"单元为例[J].教育观察,2021.

[11]中华人民共和国教育部.义务教育化学课程标准(2022 年版)[S].北京师范大学出版社,2022.

[12]奥苏伯尔.教育心理学:认知观点[M].任夫松,译.北京:人民教育出版社,1978.

[13]陈隆升.从"学"的视角重构语文课堂——基于语文教师"学情分析"

的个案研究[J].课程·教材·教法,2012(04).

[14]黄玉春.对课堂教学结构美的思考[J].宿州教育学院学报,2012(03).

[15]张嬿.初中数学课堂教学精致化的行动研究[D].上海师范大学,2012.

[16]刘美玲,吴伶."遥感地学应用"课程混合式教学模式初探[J].地理空间信息,2021,19(02):109-112+8.

[17]田沛瑶,范艳花.ClassIn平台在中学化学教学中的应用与实践——以"配制一定物质的量浓度的溶液"的教学为例[J].化学教与学,2022(08):10-13+20.

[18]石珂昕.ClassIn教学平台在线上汉语教学中的应用研究[D].山东师范大学,2022.

后 记

北京市怀柔区桥梓中学围绕"深度学习"课堂教学改革的研究已经进行到了第四个年头,改革实践的过程也是教师不断成长的过程。从学校教师发展共同体的组建,到"深度学习"理论学习研讨交流;从专家指导教研工作坊,到联研打磨研究课实践;从学科专业学习提升,到教学实践反思感悟,伙伴们不断迎接挑战,超越自我,躬身入局,全心投入,在这所乡村学校里,留下了无数精彩的研究画面和美好的实践回忆……

回首每一次教师团队成长的足迹,都让我们感慨良多。乡村学校的发展依赖于乡村教师能力素养的不断提升,当我们用教育理论涵养思想,用教育行动丰富经验,同事之间彼此激励、相互点亮,让原本沉寂的校园、办公室、课堂充满了生机。是青年教师的青春活力让教育研究不再遥远,是骨干教师率先前行让教育实践充满力量,当教师团队凝聚在一起,乡村学校也点燃了新时代的教育改革热情。以自然为师,向未来生长!我们立足课堂,面向未来,用教师的成长引领学生的成长;我们立足乡村,面向自然,用乡村地域文化滋润师生校园生活。

感谢各级领导、专家的鼓励与支持,我们才有信心和勇气将几年的实践经验成果整理成册,以行走的足迹促进乡村教育的新发展。由于我们的认知水平和表达能力有限,书中难免存在一些错误和疏漏,恳请大家不吝赐教,以待今后我们的不断完善修正和提高。

编者

2024 年 5 月